社会研究方法评论

Social Research Methods Review Vol. 4

第4卷

主编　赵联飞　赵锋

重庆大学出版社

图书在版编目(CIP)数据

社会研究方法评论.第4卷/赵联飞,赵锋主编.--
重庆:重庆大学出版社,2023.12
(万卷方法)
ISBN 978-7-5689-4322-2

Ⅰ.①社… Ⅱ.①赵…②赵… Ⅲ.①社会学—研究
方法 Ⅳ.①C91-03

中国国家版本馆 CIP 数据核字(2023)第 253696 号

社会研究方法评论 第 4 卷
SHEHUI YANJIU FANGFA PINGLUN DISIJUAN

主 编 赵联飞 赵 锋
策划编辑:林佳木
责任编辑:石 可 版式设计:林佳木
责任校对:关德强 责任印制:张 策
*
重庆大学出版社出版发行
出版人:陈晓阳
社址:重庆市沙坪坝区大学城西路 21 号
邮编:401331
电话:(023)88617190 88617185(中小学)
传真:(023)88617186 88617166
网址:http://www.cqup.com.cn
邮箱:fxk@cqup.com.cn(营销中心)
全国新华书店经销
重庆华林天美印务有限公司印刷
*
开本:890mm×1240mm 1/32 印张:10.5 字数:254 千
2023 年 12 月第 1 版 2023 年 12 月第 1 次印刷
ISBN 978-7-5689-4322-2 定价:42.00 元

栏 目

2022 年 2 月创刊   总第 4 卷

论　文

新知与书评

征稿启事

目 录

周飞舟,许方毅,薛雯静.在方法与方法论之间:围绕"田野调查实践"课程的对谈[M]//赵联飞,赵锋.社会研究方法评论:第4卷.重庆:重庆大学出版社.

在方法与方法论之间：围绕"田野调查实践"课程的对谈

周飞舟　许方毅　薛雯静①

编者按：

北京大学社会学系自 2020 年开始探索开设"田野调查实践"课程，将田野教学落实到本科生常规培养过程中。课程采用每周 3 学时的平行小班课教学形式，每学期开设 2 个班，每个班由 2~3 名老师、2 名助教和 10~12 名本科生组成，通过教师指导、助教跟进和学生独立研究的方式，既示范又实践，帮助学生利用一个学期的时间完成一次完整的田野研究。

北京大学社会学系的周飞舟教授经过 3 年的教学探索，对于社会学的田野方法教学有了诸多经验体会和心得总结。他与课程的两名研究生助教就课程的设计、教学、案例进行了一次深入对谈。

受访人：周飞舟老师（简称"周"）

访谈人：许方毅助教（简称"许"）、薛雯静助教（简称"薛"）

---

①作者简介：周飞舟，北京大学社会学系系主任，教授。许方毅，北京大学社会学系博士生。薛雯静，北京大学社会学系博士生。联系方式：xfy@stu.pku.edu.cn。

一、教学：能力而非方法

许：周老师好，我们这次是以田野调查实践课的助教身份跟您对谈。我们想借助具体的例子聊聊田野调查这件事本身，以及田野调查作为一门技艺要如何通过课堂培养。我们设计的访谈内容包括"田野调查实践"课程的设计理念，学生确定选题、访谈和逐步深入的调查过程，研究问题的聚焦与材料的分析，课堂内外指导的意义，理论与田野调查的关系等。

首先想跟您请教一下在"田野调查实践"的课程定位和课程设计背后，您的社会学"方法"教学理念是什么？

周：关于社会学方法的教学，有些学校把方法课拆成两门课，一门叫量化方法，一门叫质性方法。田野调查没有专门的课，因为田野调查也不适合在课上讲，咱们传统的讲授方式肯定不合适。田野调查方法与量化方法很不一样，与质性方法也很不相同。

薛：我们本科阶段的质性方法课一般按质性研究的那几个阶段来讲，比如理论范式、研究问题的提出、如何访谈、如何分析材料等。课上会附带对一些案例的讨论，但主要还是教科书上的东西。

周：教科书的主体部分都是技术。现在社会学的"方法"和经典社会学家用这个词的意义不太一样，有日益技术化的倾向，质性方法也是如此。经典作家说"方法"的时候，面对的主要是方法论问题，无论社会学还是人类学都是这样。现在的问题则是技术化，有学者对此加以批评，将此称为"方法主义"，并指出了极端技术化和科学主义带来的一些弊端。这种批评主要就是从古典社会学的意义上，尤其是从方法论层次上进行讨论的。

　　我们这门田野方法的课，起名字时就没叫"田野调查方法"，而叫"田野调查实践"。这个课的主旨其实蕴含了我对现在的方法教学和方法训练的一些看法。我认为在大学里对学生在方法方面的训练，最重要的并不是传授技术。一方面你当然要有技术，但技术一定得是一些有理论能力的人去运用，或者至少是要有对方法论的把握能力。现在有一个问题，就是特别具体的技术和一般的方法论中间有一道鸿沟，以至于社会学这个学科发展到今天，学方法的同学好像没有必要去学方法论问题，好像无论定性还是定量方法，都是我学会技术然后按照这个技术去做就行了。其实方法论和方法之间的这个问题，就是我们经常说的社会学面对的经典问题，理论和现实之间、理论和经验研究之间的这个鸿沟。它在方法的问题上也有相应的表现，仿佛方法是方法，方法论是方法论。

　　这门课叫作"实践"，就是想要实践我的一个想法，要填补这个鸿沟和空白，其实就是要在方法与方法论之间进行一个训练。这个训练通俗地说可以叫能力的训练，"田野调查实践"说的就是一种能力。能力和方法不一样，这是第一个问题。能力很差的人会认为，只要用了这个方法，我也可以做好田野调查。我从来没炒过菜做过饭，但你告诉我一份菜谱，然后再给我一些原料和工具，我就能精确地按照你的方法来做，结果也不会太差，这是"方法"这个词的含义。我觉得现在方法教学的问题就是这个，重方法，不重能力，好像我们的方法教学能化腐朽为神奇。好像有了方法，烂泥也能扶得上墙。

　　许：问题在于如果是"烂泥"，学完方法仍然是烂泥，其实没有改变。

　　周：但是学完方法会给本人一个错觉，就是不认为自己是烂泥了，因为他原来做不到，现在做到了。他通过把自己变成方法，把自己工具化之后做到了。这跟项飙说的"把自己作为方法"（项飚，2020）正好相反，他把自己搞没了。这门课程要提供的不是一套程序、一份菜谱，或者一些工具，而是要训练一种能力。你还是你，但通过这个课长了本事。长了本事和有了工具是不一样的。"本事"是运用"工具"的本领，不是工具本身。如果我不教你活学活用的本领，只给你一些工具，在课堂上教会你怎么使用这个工具，你可以到处都这样用，但能力是没增长的。这样的教育在方向上就是有问题的。老师要是带着学生这么做，他本身就对方法有误解，这样来教学生，就是古人所说的"一盲引众盲，相牵入火坑"。我们谈方法的时候背后是有陷阱的。咱们说的能力，如果放在现在社会学的"方法"教学里面定位，它其实既不是纯粹的方法技术，也不是方法论的讨论，而是在方法和方法论之间的一个东西。

薛："田野调查实践"课程具体的教学设计，采用的是"老师-学生-助教"三方互动参与的模式，要求学生以两人小组为单位、以一学期的课程为周期，完成一项完整的田野调查，这样设计的思路和用意是什么呢？

周：既然"田野调查实践"课程要培养的是学生的"能力"，那就要以学生为主，学生的自主性或能动性就最重要。所以这门课的三个主体，老师、助教和学生，都是围绕这个能力来培养的。

首先说老师，老师最重要的就是要控制自己。这个我其实经常做得不好，这对我来说也是一种训练。我觉得这是老师主要需要关注的问题，就是要学会什么话忍住不说出来。能力训练就是要小心翼翼，学生没有这个能力的时候，你说一些层次太高的话，对这个学生其实没有什么好处。能力的训练注重的是这个人，把他由一个能力比较差的人变成一个能力强的人。这个高墙不是他自己跳上去的，是我们把他扶上去的，那你的训练就得以他为主。他通过一个田野材料能想到 A，这个时候你就不应该给他说 C、说 D，你就得说 B，这对他的能力来说才最合适。老师在课堂上的作用主要是一些启发式的点评，包括两个层面：一方面是"启发"，能引着学生再往前走一点；另一方面是"修正"或者叫"校正"，看学生要走歪了，把他往回拉一点。之所以用这两个词，就是说你不是主导，你只能把他往回拉一点，他要死不回来呢，你也由着他，你不能真正做主。这课开了三年，其实我一直在琢磨这件事，觉得不太好做，因为咱们的学生时时刻刻在探究、摸索老师的意思。当一个特别聪明的学生在摸索你的意思的时候，你只要微露其意就已经够了，你说得太多就过了。这也不是个方法问题，我没法把它说得特别具体，就是在上课的时候有的一些感受。

　　然后就是助教，助教就是课下的老师。在我们这个设计中，助教有老师没有的优势，就是学生在助教面前会更加放松一些，他在老师面前说三分话，在你们助教面前就能说七分，是吧？而且他向你们求助的意思也更多一些。我们这课因为是小组作业，学生还面对一个团队内部磨合的问题，这个老师根本就够不着了，你们助教大概能够得着。其实我一直觉得这个课很重要的内容是团队合作，就是跟别人合作的能力。为什么呢？你跟同学的合作，和你在田野当中跟调查对象的"合作"本质上是一个道理，不是两个道理。助教这样的角色定位，就会导致你们在课下要花好多时间，你们也花、同学们也花。所以这课虽然是小班课，但要设两个助教。

　　最后是学生，这课的主体是学生，主要发言的是学生。他们在课堂上主要的时间是在"表达"，要报告调研进展，次要的时间是在相互"交流"。"交流"我们现在做得不太够，可能每个小组内部的课下交流更多一些，课上小组之间的交流还不太够。课上的"表达"成了我们这个课特别重要的部分，因为你要表达好就要准备，主要的能力训练就是这个准备过程。我们训练的不是学生的表达能力，其实是他"准备"表达的能力。很多工作是在课下做的，课上是他准备的结果。这种小班的形式，我觉得有一个挺好的效果，就是学生们之间还有个比试的意思，但又没到"卷"的程度。因为我们就这么几组，给的分都挺好的，也不用"卷"，是吧？我当时是想都给好分，不想分数有什么太大的差距。就是说，你的竞争意识、你的比试只是在课堂上，大家都觉得他讲得清楚一点，他讲得稍微差一点，也就到此为止了，并不是要体现在这个课程最后的结果上。这个就是"田野调查实践"课程基本的架构。

薛：刚才老师您提到"在方法和方法论之间"，感觉这门课要教的其实是高于技术层面的东西。但我觉得我所接受过的那些技术教学，其实根本够不着最底层的田野。实际在田野当中，你的感觉是空学了一身功夫，但这套技术不是一个你可以直接拿来用的、让你接地气的东西。你感觉你和那个田野之间、和你做的调查之间其实还缺一段东西，这个东西只能靠能力来补。我个人感觉技术并不是最底层的那个东西，而是在技术之外有一套东西。因此这个"方法和方法论之间"的提法，我觉得还不是太能领会到那个意思，我觉得能力应该是低于方法的一个东西。

周：我们说的"能力"，就是灵活地运用方法，就是知道在什么地方、在什么情境下运用什么方法。要做到这个，你要靠实践，而你实践的来源不是方法，来源其实是方法论。就是你对这个问题有一些理论性的认识，然后这个方法是个工具箱，是随身携带的一个东西。到了该和谁打架的时候，我把什么工具拿出来，靠的则是能力，能力就是帮你拿对工具，这是我说的这个"之间"的含义。

许：我感觉当你觉得单纯运用方法不够，其实这时你就已经在反思，你的反思已经达到了能力的层面，这是跟单纯运用方法去完成问卷调查的区别。你是想说单纯的方法不足以支撑这个所谓的底层，好像能力反而是一种更底层的东西。但那是因为你已经进入到了田野的情境中，因此才提出了这样的困惑。所以我觉得把能力定位在这样一个中间层次，其实也是合适的，因为它恰恰是我们在田野中的一个真实的理解，就是我们是从单纯的方法和技术逐渐上升，这个上升的过程其实也是我们自己深入田野的一个过程。

周：方法就是交给你一个工具箱，如果你只有这个工具箱，好像满身本事、满手武器，但不会打仗，对吧？这个就是现在田野教学存在的问题，所以咱们这个课程的设计主要就是为了解决这个问题。比如，我们其实是把一个在田野里面的实践过程拉长到一学期，变成一门课。田野调查能力的集中训练，它的理想方式通常是老师带着学生去田野里，白天做调查，晚上一起讨论，然后整个调查集中在比如说一周的时间里。这种高强度的田野调查时间也不能太长，长了就没效果。这种方式的好处就是现场感非常强，不只是同学们在现场，老师本人也在现场，老师本人也能感同身受。但这种方式的问题就是太急了，对于能力训练来说，它就相当于是一个短训班或集中培训班。比如说我们在集中的田野调研中，对材料的分析其实是非常不细致的，你不可能对它仔细地分析。而我们"田野调查实践"课程的设计，是把调查的时间拉长，比如说中间好多周的时间你不停去访谈，然后回来不停地说这个材料。在这个过程中你会有能力训练的自觉意识，思考自己应该怎么样去分析这些材料，这就与身处田野的状态不太一样。这是这门课的一个目标，它设计的是一个拉长的田野调查，不是田野中的课堂，而是把田野搬到课堂中来，或者说是课堂里有田野。这个课程开展的顺序，都体现了"在方法和方法论之间"的能力训练的目标。

二、阅读："比着做"的范本

许：这门课的前几周都是阅读课，要读两三本田野调查的经典作品，包括《禄村农田》《礼物的流动》《跨越边界的社区》《大河移民上访的故事》这样一些书。为什么要设置这样一个阅读的环节？又为什么要选择这些作品呢？

周：这个课最早的时候是四周的阅读课，后来变成三周，最后又变成两周，这其实也是不断摸索的过程。前面阅读部分花的时间越长，学生进入田野就越慢。其实前面阅读的部分对我们北大同学来说太轻车熟路了，因为北大所有的课都是这样，你读了一本书之后到课堂上来讲讲这本书说了什么，好在哪儿。这个还是非常有必要的，《禄村农田》《礼物的流动》《跨越边界的社区》，以前还有《大河移民上访的故事》，这是这门课三年里读过的书，这门课每开一次大概读两到三本书。这些书本身很有特点，它们既不是调查技术，又不是理论，而是田野调查研究的一个完整的范本、一个案例。说它是一个范本，就是说你能比着它做一个研究，跟着它学习，然后你在跟着它做的过程中有所提高。另外，它又是一个高标准，它们都是最优秀的田野研究的作品。我是觉得对北大学生来说读这个书就挺合适，北大学生的好处就是他能跳得高嘛。你弄一个高墙，你说墙那边都有些什么，他跳一下就能看见。如果他没有这个能力，他跳起来他也看不见，那你这个东西就太高了，是吧？

这几本书的选择也有个摸索的过程。刚开始，第一年是《大河移民上访的故事》和《跨越边界的社区》这两本书。《跨越边界的社区》同学们读起来特别亲切，因为项飙算是大家的学长，而且这个调查就是他上学时候做的。我所说的"比着做"的意思很强，前辈学长就是在本科上学的时候做了这么一个田野，然后写出了这么一本名著。所以这三年都有这本书。另外几本其实是相对配合性的，《大河移民上访的故事》是个高标准，因为它的理论性很强。《礼物的流动》是一个特别可以比着做的东西，虽然背后的理论性也挺强。

《禄村农田》就不是特别一样，这本书是第三年放进去的。当时为什么放《禄村农田》呢？我是觉得像《大河移民上访的故事》《跨越边界的社区》这种书，在材料的深度挖掘方面都做得很好，这是我们训练的主要目标。你跟一个人谈了话，或者你看那个人做了一件事，你得能挖进去，挖出东西来，这就是深挖的能力。而《禄村农田》是一个让材料"周全"的能力——不是我说一个问题，我就只用一个人的一段话；而是我有一堆材料，像众星捧月一样围着这个观点，让它跑不掉。另外，《禄村农田》在社会学的人看来，提供了另外一种田野调查的方式。其实《大河移民上访的故事》《跨越边界的社区》和《礼物的流动》都不是集中式的田野调查，而更像人类学的蹲点调查，跟咱们学生面对的情景不是很一样。但是《禄村农田》是比较集中式的调查，最初好像就一个月，收集的是各种各样的资料，背后有一个很明显的研究问题。费老就是因为在江村的调查有一个问题没搞清楚，或者在江村看不到，所以禄村这里的调查主题就相对更集中一些。这就很像我们这个课的任务，学生们都有一个比较明确的研究问题，研究问题并不是在田野当中不停转换的。这并不是说搞蹲点调查的人没有研究问题，他是有的，但是他的研究问题是在田野当中形成的，比如说《大河移民上访的故事》就是这样。应星专门写过一篇文章，讲他这个叫"在科学与艺术之间"（应星，2018），就是在讲研究问题的形成过程。我们课程的调查其实就是去访谈一下，不是天天住在田野里不走，所以很难灵活地转换研究问题，我们的调查是在研究问题的指导下去访谈的。这是《禄村农田》这本书对我们这门课的价值所在。

　　许：因为我们自己也是从本科生过来的，我的感受就是，以前我去做调查喜欢比着像《大河移民上访的故事》这种研究去做，但效果反而不好。因为我过于着急去追求一种理论感受，觉得好像田野就应该带来这样一种冲击，把这个当作田野本身的追求。这种追求使我反而忽略了像《禄村农田》这样对材料周全性的充分重视，因此做出来的研究可能就是纯粹主观的感受，反而与真正的经验有所隔阂。不知道您在调整阅读材料的时候，是不是意识到有这样一个问题？

　　周：我们社会学的一般训练是那种收集式的、捡贝壳式的调查，很多人把调查当作纯粹的工具，哪个贝壳能证明自己的观点就拿哪个来用。这种研究必然是"轻飘飘"的。所以这门课程的前两年，我们选那几本书，重点训练的是学生怎么能深挖材料，争取让学生能够能用一根针扎下去，训练学生将材料与理论用感受连接起来的能力。但是这个强调多了也有弊端，所谓"不入于杨则入于墨"，就是你觉得学生往这边倒了的时候，稍微扶一下，用我刚才说的"启发"或者"校正"的方式，让他稍微往那边倒一点。然后你就会发现学生还是没从中间走，他一下子就倒到那边去了，所以又要往这边再扶一下。我强调深挖材料，但它很容易变成一个话语分析，或者一个纯粹主观意义的解读。北大学生能力强，就是表现在你往左边扶，他往左边倒，你往右边扶，他一下就倒到右边，非常快。学生们没有冥顽不灵的，都是太聪明的学生。材料的深挖是一个问题，材料的周全性和完备性是另外一个问题，不能只顾一点不计其余。什么时候这两个都全了，调查才会好。这也是把《禄村农田》作为阅读材料的一个重要想法。

三、选题：回到"内在动力"

薛：阅读部分结束，同学们就要确定选题了。在课上我们有很明显的感觉，不同小组因为田野和研究问题的选择，导致截然不同的调查难度与进度。您认为对于初学者而言，好的或者说合适的田野应该是怎样的？

周：选题是田野调查特别重要的问题，这是我这两年体会最深的地方，它是成功的开始。你做什么样的题目？最重要的东西是什么？有人说我看了一些文献，这文献里有个漏洞，我想给它补上；或者是这个文献进展到了什么地方，我把它往前再推进一下。但这些都不适合做研究选题，这个已经是后一步的问题了。选题还要再往前面追。其实是你已经有了要研究的问题，你再去看这个问题在"文献丛林"当中是不是一个空白，或者是不是要在这个问题上再往前追一追。那真正的问题是什么呢？是研究这个问题的内在动力，就是你觉得它有意思、有价值，你想知道为什么，到这里就不用再往前追了。因为你想了解一个问题的动力背后不一定有原因，你喜欢一个人也不一定非要说为什么，对吧？你喜欢做一件事情，那你就是喜欢，你非要理性地分析原因，那其实已经不是真正的原因了。而我们社会学研究的问题就在于，你追溯原因，追着追着就都追到外面去了，都变成由结构决定的了。比如你为什么喜欢这件事，是你家庭背景决定的，跟你出生在什么地方有关，那这最后得出来的结论还是你吗？

我印象比较深的是，在上课的过程中我需要不断地返回去问学生，你当时为什么要做这个选题？因为学生有了访谈材料之后，他就动摇了，他会经常去说别的。那组去做农民工研究的同学，我就老问他们："你为什么要做这题目？"其中一位同学就说，有一天早晨他去参加英语考试，住在昌平一个宾馆里，早晨起来透过宾馆窗户发现下面聚集了好多人，一看都是农民工。他觉得这跟他脑子里的农民工形象，跟以前读过或者感兴趣的那种形象都不一样。他以为的农民工一般是在工厂里努力工作的，是送外卖的小哥，或者是躺平的三合大神。但他没见过这种看起来非常闲散，扎堆打牌聊天，但又随时都可能投入到特别辛苦的工作状态的短时工。所以他就有一种特别迫切的欲望，想要了解为什么有这么多农民工里的短工，这是他研究的动力。这种问题意识的重要性就在于你往前追溯，会发现它才是那个使你往前走的一个特别重要的东西。问题意识就好像一盏灯，它照着你往前走，让你在迷惑的时候能看见前面是什么，能照见路，这是问题意识的作用。当你有困惑的时候，你就要回到灯这里，看你是走在路上，还是走在野地里。你迷惑的时候就要回过来看，你要依靠这个灯。

许：最近一两年，我们课上很多同学选择首先从自己身边找题目，把学生群体和校园文化作为研究对象。您觉得这种类型的田野有什么特点？

周：这两年因为疫情的影响，大家选的题都是学校里的，这个没办法。今年再开这个课的时候，就可以走出校园了。如果从方法论的层面上讨论，那无非就是经典的方法论问题：你应该去熟悉的地方还是去陌生的地方做田野。我说它是方法论，是因为它与我们对研究科学性的认识有关。在熟悉的地方调查，比如说北大学生以北大学生为研究对象，好处是容易进入，坏处是熟视无睹。核心的问题是你本身也是一个潜在的研究对象，你也身处在这个田野中。比如说有一组同学研究北大校园里的礼物流动，那这两个同学本身也都身处其中。当你本身也在其中时，你对一些事情会天然地不敏感。这个是方法论里面的陈词滥调了，就是说你去一个陌生环境你会很新奇，比如中国人做中国研究会觉得平平无奇，外国人一做就觉得全是创新。其实哪是什么创新啊，很多时候是因为他了解得不够，他用他的理论一讲，你也没听过，觉得"哦，原来还可以这么想"，你就也觉得是创新，其实有些就是误解。

当然这里面有一些更加复杂的问题，比如说像研究学生兵的那个选题。他是北大的学生，去服兵役了，回来之后就选择这个题目，他要调查北大当过兵的学生。那我们跳出来想，一个像他这样当过兵的人去做学生兵的研究，或者像你俩这样没当过兵，但是是北大学生的人去做他的研究，或者是另外一个外面的研究者去做这个研究，你们面对的问题是非常不一样的。这就关系到我一直要强调的问题，田野调查最重要的一种能力是要通过反思来找到自己。你提高能力就得这样，是吧？你不能把自己方法化，不能把自己工具化、外在化，你得不停地回到最初的追求：我为什么这样想？我这样想到底是因为我也是个学生兵，还是因为其他原因？这种选题的困难就在于熟视无睹，但是它的好处是更容易让你有反思性，因为如果没有反思，你就找不到重要问题了。

另外一种选题就是不熟悉的田野，它锻炼的是不太一样的能力。对于熟悉的选题，反身性很重要，对于不熟悉的选题，你就得有一个探索开拓的能力。首先就是你得克服"社恐"。我一直认为克服社恐是咱们能力训练的重要内容，因为它既关乎到团队合作的能力，也关乎到和调查对象沟通的能力。他是否能够认识调查对象、能够搭讪，与他是否能够与队友合作，这都是同一种能力。这也是我认为大学教育应该赋予同学们的最重要的能力，这种能力就是理解别人、和别人沟通，而不是以自己为中心。

许：您说的这个"熟悉"跟"陌生"的问题，如果不是追求一个方法论层次的结论，而是放在学生个人成长的过程中来看，其实有不同的意味。实际上，一个选择校内选题的学生可能是因为他有些懦弱和胆怯。他选择这门课的初心可能不是像其他学生一样要锻炼自己的能力，而是首先想的怎么能够最容易地得到材料，因此一开始就排除了那些校外的可能性。我们说熟悉的田野经验代入感更强，更能够反思，但实际上选择这些题目的学生不一定是以这个初心开始的。

薛：包括之前老师谈的动力的问题，像做短时工研究的那组同学是属于有很强烈问题意识的学生。但另外有一部分学生在找选题时，可能第一时间考虑的是哪个地点我最能够进入、调查难度最小、对它的既往知识掌握最多。所以他选题的出发点并不是他到底对什么东西感兴趣。

许：我觉得那个研究北大礼物流动的小组是非常典型的，一开始我以为他们就是没有研究问题，强行从文献中找了一个问题，就是他们自己读过《礼物的流动》，所以想研究大学生的礼物流动。

但实际上像老师刚才说的，没有人会真的从文献中读出问题意识。其实他们选这个题，还是因为自己有参与礼物互动的经历，所以读文献能找到一些感觉。我觉得那个小组里的女生在田野过程中逐渐意识到这个动力，她自己就是一个对礼物非常有感觉的人，自己有大量的送礼收礼的实践。相比之下，另一个男生组员在礼物方面的感觉就稍微弱一点，所以在同学之间也有气质上的差异。

周：其实这课最开始的设计是不允许学生在校内做调研的，不准以北大学生为对象做调查。因为疫情才导致了这样一个问题。我想今年再设计的时候，我们多资助学生一些调查经费，还是要走出学校。

薛：走出学校之后，田野的进入就是一个大问题。每年都会有几个小组在田野进入上遇到很大困难。您觉得一个田野怎么才算是成功进入了？什么情况下应该引导学生放弃这个题目？

周：从方法论上讲，因为田野调查不追求代表性，所以换访谈对象完全没有问题。比如说你这个题目找不到访谈对象，找到的人一谈就失败，那你就应该换，没有必要勉强。那什么叫访谈失败呢？这也没有固定标准，就是尽你所能，如果他还不配合，这就叫失败。什么叫"不配合"？就是你们俩的访谈像审问一样。当然，你去的时候发现人家不配合，但是我去很可能他就配合了，这是因人而异的。而这不正是锻炼你的能力吗？

如果说真要有标准的话，那标准就是尽你所能，这个"尽"字，是说你是不是已经用尽全力。"尽"才能锻炼能力啊，你要知道自己到底能跳多高，那你得尽力先去试试。这个东西确实因人而异，而且我觉得大学生有大学生的优势，人们跟学生谈的时候防备心差一些。所以总的来说，访谈不顺利就放弃，这没事，也不用太为难，只要迈出第一步就行。你第一次迈步，碰一个小钉子就觉得自己已经尽力了，这个没问题，因为你可能本来能力就不够，只能往前走这么一小步，但是在下一次的时候就可能多走一点。其实调查的时候双方都在试探，可能当你伸出一个触角的时候，对方就感受到了，对方就接受了，这时候你就成了。所以我觉得训练"社恐"，最重要的不是理论，而是实践。你得和人打交道，你得在实践当中去做这个事，没什么好难为情的。

四、访谈："相人偶"的情境

许：接下来就是访谈的问题。田野的核心功夫是"聊"，您在课上甚至提出，一定要跟访谈对象聊一个小时以上。初入田野的同学都会经历一个阶段，就是大概聊一会儿，就觉得问得差不多了，没法把话题聊到深处。另外一类就是访谈对象特别能说，你只能听他讲。"没什么问的"和"插不上话"，可以说是比较典型的两种困难。您觉得应当如何进入一个合适的聊天状态，或者说如何让访谈达到"深度"？这个过程中需要我们自己做出怎样的努力？

周：访谈是比较重要的。这个课程开设三年了，从来没有教过学生访谈的技巧，因为我觉得教他们那些技巧没有用，很多时候反而起副作用。所谓访谈的技巧，就是比如你怎么把主题拉回来，甚至是你应该穿什么衣服、坐成什么姿态、面部什么表情，这在教科书上有很多。我说方法不能太过，就是这个问题。过于讲究技巧的人，基本上都会陷于自以为是的境地。你用技巧炒菜还行，但你现在用技巧对付的是人，而且那个人又不比你差。那人可能考试没你厉害，但是谈话里面他对你的意思、你的想法的理解，比你厉害多了，你一使用技巧他就知道。你在这里自以为是地使用技巧，他在心里暗暗好笑，这是访谈最大的误区。

这跟刚才我谈的，你去找访谈对象的时候到底是不是尽你所能一样，最重要的在于一个"诚"字。"诚"是什么意思？用儒家的话来讲，访谈的那一刻抛弃掉别的因素，你的身份地位、你的知识储备、你的专业技能都抛开，你和被访者是两个一样的人，就是所谓的"相人偶"①。你们是一个"偶"，"相人偶"这个词特别重要的含义就在这个地方。我觉得这是一种真正的平等精神，因为这是非常纯粹的两个人。说到这个词的来源，古代射箭的时候大家都是一对一对进行的，如果咱俩正好赶上身份不对等，我是大夫你是士，最后剩下这一偶就是咱俩，那靶子就不再区分爵位的高低了，这叫作"不异侯"。还有另外一个重要的情景就是作揖，古人走起来都是有先有后的，君先宾后，君右宾左，君走阼阶宾走西阶。但是他们走着走着就要相互作揖，而作揖的时候是没有先后的，这是特别重要的一个东西，这个叫"意相存问"②。

访谈最重要的就是要有"存问"之意，不是"问"，是"存问"，是一种诚恳温和的态度。如果非要说访谈有技巧，那管这个叫技巧也可以。但这其实不是技巧，而是一种态度。这就是费孝通先生晚年在某篇文章里讲的最重要的东西，他认为人与人之间的连接方式不是什么社会资本，而是要把自己那些乱七八糟的想法先抛开，只要你抛开，对方也会跟着抛开，这时候就可以真正地访谈了（费孝通，2005）。你越带着那些技巧、成见，那访谈对象也会跟你

① 《仪礼·聘礼》："公揖入，每门、每曲揖。"郑玄注："每门辄揖者，以相人偶为敬也。"

② 《礼记·中庸》："仁者人也。"郑玄注："人也，读如相人偶之人，以人意相存问之言。"

一样，结果最后你们俩都"各怀鬼胎"地聊天，就应了古人说的那句话，叫"相对而坐，如隔山岳"，这就没法谈了。

访谈的另一个问题就是学生掌握不好谈话的节奏。关于节奏，你可以说是个技巧，但也可以说不是，因为它特别讲究"运用之妙，存乎一心"。依据我个人的观点，访谈就不应该是单刀直入的，而是应该先熟悉，先聊点别的，再转过来问你想问的。当然也有些人认为应该上来就开门见山，我认为那是跟非常熟悉的人聊天的方式。陌生人的谈话方式都是"寒暄"，"寒"是冷，"暄"是暖，就是大家得先互相感受一下温度。当然我觉得这个要灵活运用，有的人就是应该开门见山。判断这个本身也是一种能力，就是说你觉得这个节奏什么时候该紧，什么时候该松。这是一种能力，不是一个方法。如果我告诉你一套节奏的谱子，你拿着这个来用，那就错了。

刚才说的那个"相人偶"的态度，还有这里的节奏，都是为了进入田野调查的理想境界，就是你和被访者要携手进入一个情境、一个状态，双方都要"沉浸"于谈话当中，不能一个人在里头，一个人在外头。那不叫谈话，叫隔门对答，是吧？你的访谈对象只有跟你一起进入了这个情境，他的心态才能够表现出来。他的表现也不一定是以坦诚的方式，他只要有这个状态就行。很多时候他是以遮掩甚至说谎的方式进来的，这都没问题，他进来了就行，这是非常微妙的东西。无论是正面的进来，还是反面的进来，其实都是可以的。他说谎有时也不是故意要说谎，故意说谎就说明他没进入那个情境。比如在村里你问一个人："你哥哥多久没回来了？"他哥哥在外头打工，他说他哥哥很好，打工打得可好了，挣好多钱，能力很强，混得很开。这其实是在说他哥哥不好，因为他哥哥的这些

"好"跟自己没啥关系，他要表达的是这个意思。但是你要整理成文字，就一点儿也看不出来这层意思。文字看起来表达的就是哥哥很好，能力很强，他是我哥，你看我多光荣。我所说的反面的、说谎的状态就是这么一个状态，我们的访谈对象经常进入这个状态，只有在现场，而且只有当你也进入那个访谈情境，你才能觉察出来。

所以我一直认为社会学的访谈被整理成录音稿的时候，很多时候就得像写小说一样有括弧，比如一句访谈对话，后面得跟一个括弧，写着"（略显激动的）"，因为这个东西别人不知道，听录音也不一定能听出来。我们在田野里和人谈话，进行访谈，都是在读一本无字的大书。无字书的特点是什么？就是用眼睛看不出来，得用我说的那个状态，用心去感受。能力很强的访谈者很快就可以进去，该出来的时候他又能出来。

许：我们一般会有个误区。例如，做北大学生兵研究的同学就会说，自己一开始跟访谈对象谈的时候，对方说了一堆，当结束访谈走去吃饭的过程中，对方又说了一些悄悄话，然后他觉得那个悄悄话才是真实的，前面都是假的，但其实悄悄话只是在另外一个情景中说的一些话。同学们遇到的一个问题，就是想要去引导访谈对象多说，他们往往担心对方说得少，但多说本身不一定代表访谈质量就更高。这位同学的感受就是，对方说了很多，面对这个问题很激动，但自己还没来得及插话，他们也并没有真正进入到那种交流状态。所以他得到的这样一些材料对他来说就是外在的，这跟他接下来面临的分析上的困难也有很大关系。

周：这就是谈话的核心和要点，这种你和访谈对象都"进去"的状态不是很容易碰上。《论语》里有一句话说："夫子至于是邦也，必闻其政。"① 孔子周游列国，到每一个国家都要了解国政，有人就问这些东西是孔子打听来的，还是别人主动告诉他的。子贡说都不是，"夫子温、良、恭、俭、让以得之"。夫子的"求"和别人的"求"是不一样的。这个状态的进入不是很容易，你非要进的时候经常进不去，所以前面说的那个"诚"非常重要。你谈十个访谈对象，可能有两个是这种状态，那这两个访谈就比其他的都有价值。很多人一报告就说我用了访谈法，然后我访谈了多少人，这些人有什么代表性，这些都没意义。有意义的反而是你跟访谈对象是怎么谈的，你俩要是隔着一座山谈的，那岂不是谈得越多越糟糕？你跟这个人是进入了这个状态谈的，那就有意义。你谈十个人，只有一个人是这样的状态，那你文章主要就得靠这个人来写。其他人不但起不到辅助作用，还可能起反作用。这个背后就涉及质性研究的所谓"代表性"的问题，那是方法论问题，我们就不去谈了，我们是在方法论和方法之间谈嘛。

薛：关于"真实"或者"真诚"的问题还有另一种体现，就是我们有时会发现不同的人对同一件事有两套完全不同的说法，这时应该怎么判断访谈内容的真实性呢？

周：一个人说这件事是什么样的，说的是不是真的，这是我们访谈法最常遇到的问题。可能下一个访谈对象也谈到这件事，他完全是另外一个说法。这个问题怎么解决是我们课堂当中经常遇到的难题。我认为，只要这两个访谈对象都进入了上面所说的那个状态，那这两个访谈对象说的就都很有价值。它的价值并不在于揭示

① 《论语·学而》："子禽问于子贡曰：'夫子至于是邦也，必闻其政。求之与？抑与之与？'子贡曰：'夫子温、良、恭、俭、让以得之。夫子之求之也，其诸异乎人之求之与！'"

了这个事情客观的真实性，你问他的时候，他说的都是他认为的。即使他以一个客观的态度给你讲也是如此，他总要选重点跟你讲吧？那他是怎么选的？他选择说哪句话，描述那句话的时候用哪几个字，或者用多少字，这就是他的态度。不是非要向你表达说"我赞成这个""我不赞成这个"才是态度，他这样表达的时候反而都不是真正的态度了。

所以说访谈对象的表达都是有他自己的东西在里头的，关键是他为什么说了这个、没说那个，而不是要研究这个事情本来是啥样子的，这个谁也不知道。比如之前那组做民大附中研究的同学，她们讨论的是高考政策变了之后家长闹事。其中一位同学是满族，虽然家在承德，但在民大附中上学，她就可以在北京参加高考。然后北京的家长就觉得这不公平，占了北京的名额，就要求北京市教委出台一项新政策，然后民大附中的那些家长又去教育部闹，她们的论文说的是这么个事。她们一访谈家长，大家都在讲这个事，但是大家都是根据自己的立场来讲的。你不能要求家长对你没有立场，没有立场才是不真实的，对不对？双方都得进入状态，双方都要有一个诚恳的态度，你先诚恳他再诚恳，而诚恳的态度不是你想象的科学客观的态度。对方以他的方式强调这个事件的哪些方面、他所表达的方式、表达的东西，这就是你研究的基本内容，这就是科学客观的。

薛：您这个例子是说访谈对象的表述会受他立场的影响，但这其实还跟这个人的性格有关。比如我自己访谈就遇到一个人，他跟我们聊得非常投入热烈，但他说的东西和其他人说的完全不一样。我们分析是因为这个人具有一种自我表现的性格，所有事件都是以他为中心来讲述的。但性格这个东西就因人而异，比立场还多样化。而且一旦涉及性格，我们就会比较难再回到一个分析或概括的层面。

周：这里要清楚的核心问题是，你的研究对象并不是那件事情本身。我们田野研究不是新闻调查，不是破案，你其实去了解的是你的访谈对象怎么描述这事和对这事的看法，所以他是什么人本身就很重要，而且他对这件事的看法你是不应该直接问的。我认为最愚蠢的访谈问题之一就是"你对这事有什么看法？""你赞成吗？"。我们其实是通过让他给你讲述这件事来了解他的看法，只要这件事他是有兴趣跟你说的。访谈要谈的就是一些重要的东西，而像你喜欢穿什么颜色的衣服，这就不重要。在中国，重要的东西就涉及关系和伦理，这些东西访谈对象都不是直接说，都是通过谈话、通过讲述、通过讲事情、通过说长道短折射出来的。你是通过几面镜子折射去看他的东西，不是直接去看。我们田野调查所要研究的是什么？是研究一个在"什么样"的环境条件下成长的一个"什么样"的人，对某人、某现象、某事有"什么样"的看法，这三个"什么样"才是真正的研究对象。

五、汇报："活"的材料

许：接下来再聊聊课堂展示，它本身是一个很大的挑战，要求同学们在有限的时间内讲出田野调查中的经历。有些同学按部就班地讲自己问到的细节，有些同学尝试把故事讲完整，有些同学重在谈自己的内心感受。您所期待的是一种怎样的课堂交流呢？

周：同学们把访谈的内容拿回来讲一讲，他们讲的时候都有加工，但是加工的程度不一样。有的组基本上没什么加工，有的组很多加工，加工得越多，老师和助教听着就越有条理。没加工的，那就连重点都没有，你就觉得他拉拉杂杂的。这个加工，我觉得也是能力训练里面很重要的问题。你把材料拿回来，你看了一遍或者两遍之后，你要给人讲一下，这里面哪一些要讲，哪一些不要讲，这是一个特别大的问题。我每次听他们汇报都有一种很强烈的感受，哪个组是怎样讲的，这个组就一直都是这样讲。我觉得关键的问题是既不能没有加工，又不能加工过度，得有一个程度或者说标准。我说的标准都是"方法和方法论之间"的问题，这个标准就是你讲的东西必须是鲜活的，不能死，用"死"这个字概括我觉得就可以。你讲东西就好比要做一道菜，你现在是把材料买来了，然后回来汇报一下你弄了些什么材料。那你讲的这些材料都必须是"支棱着"的，叶子必须是水灵的，鱼必须是活的。不能回来就已经给它整理完了，杀死了摆着，你明白吧？大概是这么一个东西。

那怎么叫"支棱着"、叫"活"着呢？田野课跟现场的田野教学不一样，现场教学的时候你的材料支棱不支棱没事，因为老师也参与了，你讲东西时老师本人也在现场，他知道材料是怎么来的。但田野课的老师不在现场，所以老师对这个材料是否是活的，感受非常强烈。这个鲜活的背后主要的道理是啥呢？就是你能把你在田野中、在访谈对象那里感受到的东西，和你自己的感受，这两个感受融在一起，这才是让材料"活"的要害。有些同学的整理就是把感受都弄没了才给你端上来，他讲得逻辑严密，头头是道，但是不是"活"的。这也需要我们在实践当中去体会，田野课训练的就是这个能力。你能够把田野材料的鲜活性一直保留着，这个鱼的鲜味还在，一直到它做熟了端上来，这是田野调查的灵魂。只有把这个东西表达出来，老师才能感受到。到老师这里已经是第三层感受了对吧？调查对象有一层，你有一层，然后你融会贯通在课堂上讲，老师再感受到，这个是我们之后谈材料分析的基础，没有这个东西那后面就很难弄。比如我印象比较深的是这学期同学们谈的社区车委会闹事维权的故事。她俩就挺会讲，她们讲出来我就能感受到她们说的那个"闹"的独特感受。其实我相信她俩讲的时候已经打折了，人家估计跟她们讲的时候眉飞色舞，就是讲的怎么"闹"，只不过人家老百姓不觉得这是"闹"，老百姓觉得自己最有理，怎么能是"闹"呢？换一个角度，"闹"也不一定是个贬义词。课堂汇报要把这个东西弄没了就不行。

六、分析：听于无声，视于无形

薛：同学们在课堂上的汇报其实已经是一个带有分析性质的过程了，想问问老师，您最注重学生在材料分析上哪方面能力的训练呢？

周：我们在田野课上经常看到学生会在材料当中"迷路"，这是我特别强烈的感觉。材料不好那就不用谈了，但材料好就容易迷路。这个时候我觉得特别重要的就是先前说的那个"灯"的问题。你要把这些材料串起来，最重要的就是回到你的问题意识，你要始终回到那盏灯，看看那盏灯照耀的这条路。你的这些材料和这条路的关系到底是啥？回到刚才说的选题的问题，这个是社会学的研究比较重要的特点。社会学和人类学不同，人类学因为一直在田野里待着，一些特别丰富的材料会使他换一盏灯，哪怕题目都可以改掉，但社会学没这个条件。我不是说那样做不好，我认为那样做也是比较理想的一种田野研究的方式。但社会学不是这样的。现在这种田野调查的设计，你每星期去访谈两个人后回来，这些材料能支撑你不断换题吗？我们只能说，在这条路上可以根据材料做一些调整，但是不要轻易把问题彻底换掉，除非你因为访谈失败换选题。你材料都拿来了，你去整理这些材料，把这些材料用线串起来的一个特别重要的方式，就是要不断回到你内心深处最初的疑问。

再一点就是对材料反复阅读。我们这个调查的特点，就是在阅读材料时你已经不在现场了，你把材料拿回来了。如果有条件录音的话，你就在听录音和整理录音的过程当中反复地听和整理。材料分析的这个能力训练的过程，是不断地再回到现场的情境，通过听录音、整理录音的方式让你回到现场，这个时候和当时在现场还不一样，因为你还能听到自己说话的声音，你能听到自己问的问题。材料分析里面有一些特别重要的东西，访谈对象说话都是现场性的，说话速度的快与慢、轻与重，他回答你的问题是不是很痛快地回答？他说哪些话的时候是不带情绪的，说哪些话他带了情绪？那种情绪是一种什么样的情绪？哪些话他是重复说的，他说两遍，或者他着重说的？跟这个相对，另外一个特别重要的部分就是哪些其实是你假设他要说的，或者以为他会说的，但他没说。《礼记》里有句话叫"听于无声，视于无形"①，就是你能感受到他没说的东西。我们读《春秋》时这个意思最明显，本来孔子应该说的东西，但他没说，这背后就特别意味深长。但是你要没有这个能力，你就不知道他本来应该说。我觉得阅读经典文献特别重要的也是训练这个东西，这是一种特别高级的分析材料的能力。

第三点就是，你的材料里有的时候会突然出现一些你觉得重要

① 《礼记·曲礼上》："为人子者……听于无声，视于无形。"郑玄注："恒若亲之将有教使然。"

的地方，这些"点"有时来自田野里的感受，有时来自看材料时的感受，怎么让这个"点"生长起来，让这样一个芽长大，是特别重要的。如果我们是集中调查，比如说你暑假去了，然后回来，那你只能在已有的材料里面不断地找这个芽的痕迹。而我们田野课这种拉长的田野调查，你下次去的时候就可以专门问与这个芽相关的东西。这背后有一个所谓的田野发现的过程。其实是有一个"点"，你原来完全没想到这个访谈对象说了，下一个访谈对象可能又有一个呼应，这是我们田野发现的根本所在。比如说上学期吧，我其实一开始体会不到那组讨论艺考的学生背后的问题意识。但到后来我是觉得看到了一个点，他俩可能也有这个敏感度，就是说艺考生和别的学生有点不一样的东西。艺考生对于艺考的内容、对艺术本身，有一种他们叫"光晕"的感觉。它不是光环，光环的意思是别人能看见，而你自己不觉得，北大学生出去头上就有光环，你自己其实不是太重视。但光晕不是这样，光晕的意思是别人也这样，我自己更这样，"晕"在里头。那些考生多多少少对艺术这个东西有一种特殊的感觉。他们表达得也不是太清楚，我这是在课堂上尽量感受他们到底在说什么，虽然这个东西最后在文章里也没长起来。所以田野发现是逐渐长成的，你可能只是火花一闪，但它最终到底能不能变成火，那是另外的问题。

七、理论：跳跃的能力

薛：很多时候同学们在材料分析当中重视的不是这个灵光一闪的火花，而是非常依赖理论和文献。您觉得理论和材料分析之间是个什么关系呢？

周：理论在材料分析当中会起一些作用。我觉得起的是个次要的作用，千万不能让理论去支配材料的分析。所谓次要的作用，就是它是一个放在你脑子里的参考框架。那它什么时候出来发挥作用？这得看是什么材料，看到一些材料它就会自己冒出来，作为你理解这些材料的参考。比如说"礼物的流动"这个问题，你看了《礼物的流动》，又看了莫斯的礼物研究，礼物的工具性和表达性的分类就成了你的潜意识，或者礼物流动有一个结构秩序成了你的潜意识。有了这个潜意识，你在看材料的时候会不自觉地把它往你的理论里归类。理论就是以这样一种"无以名之"的方式起作用。礼物流动最有意思的地方，或者刚才我说"芽"的地方，其实就是礼物是可能"会错意"的，送礼不是送就完了，你怎么送到别人的心坎上，你怎么正好送到那个地方，这是礼物的一个比较重要的问题。而这又不纯粹是你们送礼收礼两个人的事，啥意思呢？就是说你送的合适不合适，什么时候该送什么对方就大概率会觉得合适，它是有一个社会认知的。

田野材料也不都是散乱的，背后有一些潜在的线索和秩序。打个比方，你买回来好多书，你要上架，如果以原来的理论为框架，把你的书全都安放上了架，这就叫用理论裁剪现实。但是又不能没有理论，如果什么架子都没有，你说我重新建立一个框架，你还没有这能力，你一定得和以前的理论有关系。但是你在上架这些书的过程当中，架子也要做调整。同学们在材料整理中面对很多困难，这是我在这个课程当中感受很深的。我还用过极端的办法，比如像研究社区居民闹事的那组，她们收集回来的故事不知道怎么用，我说你写三页纸吧，第一页纸把故事详细地罗列出来，然后你再简化着写一页，原则是让人一下就看明白这个故事，然后你第三页纸就只用两三百字来描述这个故事，就跟老师要求你用一句话把事情说清楚是一样的。我想让她们通过这种方式去抓住材料里最关键的东西。这是另外一个维度，跟刚才我说的把书放上架还不太一样。

薛：其实很多时候材料分析的困难，跟他们能不能提出具体的研究问题是连在一起的。因为我们最开始谈的其实是问题意识，问题意识可能比较虚、不那么具体，而一旦进入到材料整理阶段，就必须要提出一个能够成文的、能够用一句话概括出来的研究问题，其实大部分小组就是提不出来这一句话。

周：这也跟大家的理论修养有些关系，所以最后得谈一下理论和经验之间的关系。我一直认为理论和经验之间没有中层理论，更没有什么方法和阶梯让你一步一步走上去。那理论和经验之间是不是割裂的呢？现实就是大家都说有鸿沟，都说是割裂的，但它是因人而异的，对有些人来说有鸿沟，对有跳跃能力的人来说就没有。我们说的始终是"能力"。从经验到理论是跳上去、飞跃上去的，是有鸿沟的，但是有人能跨过去，不是我搭一个桥让笨蛋也都能走过去，没有这样的桥，谁也搭不出来。大家训练的这个能力是一个跃升的能力，其实老师没法带着你跳，老师最多也就是启发一下，老师可以给你提供一些跳的踏板，但是提供踏板并不是给学生总结出一个概念，我觉得这都是"一盲引众盲"的办法，学生弄了一个自以为是的概念，觉得我可以了，找到理论了，但那不是真正的东西。

踏板是有很多的。比如说咱们这个田野研究里面，你和理论发生关系的一个重要方式，其实就是发现案例里面和你比较熟悉的理论、和你潜意识不太一样的地方。王明珂管它叫"异例法"（王明珂，2023），他认为理论会在整理经验材料的过程中让你排除掉一些不符合理论的部分，你对理论掌握越好，你就越有自信把那些排除出去。但他说，理论起作用的方式，不是你使用理论去排除掉一些信息，恰恰相反，是你把它要排除掉的那些东西找回来，找回来的东西他管它叫"异例"。他用的词叫"典范"与"异例"，"典范"就是理论的常态，"异例"就是理论的异态，就是说一些和你通常说这些事儿的时候不太一样的东西。比如刚才说的"闹"，"闹"对于社区治理来说就是异例，因为那几派的社区理论都不讲，他们都不重视这个东西，这也是理论的作用。当然，你找到一个踏脚石，学生他也不一定能跳得上去，这个是和能力有关系。我们不要求学生有特别高的理论能力，我们只是训练。理论和经验的关系很复杂，但是我觉得这并不是我们这个课训练的目标，这个比较高级。如果同学们一开始有过强的理论追求，其实也不是什么好事。前面我们谈的那些训练，我觉得比这点更加要紧。这个理论的跳跃与其说是个训练的过程，还不如说是前面那些东西的一个结果。你前面那些东西弄得好一点，后面他可能就更容易跳一点。

许：能不能这样理解，您说的踏脚石就是一些分析性概念，像"闹"这个东西，在原来的理论脉络里面其实不会把它作为一个分析性概念，但是我们把它拎出来，让学生去思考，如果他愿意去追溯，他可能能把这个再关联到一些更深层次的理论，比如说关于中国人的社会行动之类的，这个是他自己的功夫。

周："闹"一开始不是分析性概念，是个纯粹经验的说法。"闹"到现在也不是个分析性概念。具体地说这个跃升的过程，就是由一个经验性的说法和表述，上升到一个分析性概念，分析性概念已经是理论的组成部分。

薛：您课上提到，虽然学生没有办法完成理论跳跃，但他还得看文献，他至少得写出一个文献综述，这个过程中其实涉及他怎么去理解那些理论。我当时印象特别深刻，您就说了一句，我们初学者去做理论并不是要做理论突破，所谓的理论突破就是你对这个理论本身的认识更进一步，就是通过你对材料的认识，让你对这一套理论有更细致的、更深入的一层理解。

　　周：这就像把书摆到架子上，当书摆不下的时候，你就要变架子了，对吧？这个时候对你来说，那个架子就不能是死的。理论是活的，在面对经验材料时尤其是这样。当学生能强烈感受到这一点时，说明我们的能力训练就是成功的了。

参考文献

费孝通，2021，《禄村农田》，北京：生活·读书·新知三联书店。

——2005，《"美美与共"和人类文明(上)》，《群言》第1期。

王明珂，2023，《典范与异例：羌族田野的例子》，《西北民族研究》第1期。

项飙、吴琦，2020，《把自己作为方法——与项飙谈话》，上海：上海文艺出版社。

项飙，2018，《跨越边界的社区——北京"浙江村"的生活史》，北京：生活·读书·新知三联书店。

阎云翔，2017，《礼物的流动——一个中国村庄中的互惠原则与社会网络》，上海：上海人民出版社。

应星，2018，《"田野工作的想象力"：在科学与艺术之间——以《大河移民上访的故事》为例》，《社会》第1期。

——2001，《大河移民上访的故事》，北京：生活·读书·新知三联书店。

栏目导语

龚浩群①

　　近二十年来，海外民族志研究的蓬勃兴起成为中国人类学界取得的最重要的进展之一。一批中青年学者在全球主要区域开展规范的人类学田野调查，通过学会当地人的语言和长期的参与观察，对异文化进行深描，并就许多重要议题展开探讨。这项事业扩展了中国人类学的地理版图，丰富了中国社会科学的经验研究基础，同时也为中国人类学在研究方法方面的自觉提供了新的契机。本期栏目的四篇论文体现了海外民族志研究在推进学科方法方面的独特意义：首先，海外民族志研究对研究者的语言水平、调查时长和适应能力提出了硬性要求，推动了人类学田野调查规范的确立；其次，海外民族志研究者的跨文化比较经验将产生研究方法讨论的新视角；最后，也最重要的是，中国人类学学术共同体基于海外民族志研究的方法反思，将成为中国人类学学科发展历程中的重要学术档案，研究者对探索历程的叙述、分析和总结，将为更多的中国人类学学者走向世界提供借鉴。

---

①作者简介：龚浩群：厦门大学社会与人类学院教授、人类学与民族学系主任，福建省闽江学者特聘教授。曾在泰国、美国与荷兰长期访学，曾任中央民族大学世界民族学人类学研究中心副主任。目前的研究兴趣为一带一路与东南亚社会发展、海外华人与人类命运共同体建设，以及海外民族志方法。联系方式：gonghq@aliyun.com。

杨春宇.古典学:海外民族志之羽翼[M]//赵联飞,赵锋.社会研究方法评论:第4卷.重庆:重庆大学出版社.

古典学：海外民族志之羽翼①

杨春宇②

摘要：本文以澳大利亚田野工作中得来的材料，说明在中国人类学的海外民族志研究中借鉴古典学的研究方法和成果的学术意义。澳大利亚是由英国殖民地演变而来的一个联邦国家，其文化底色是欧洲文明。无论在宗教领域，还是在体育和公共文化中，澳大利亚都显示出古典文明的强大影响。哪怕该国自认为仅处于西方文化的"外省"地带，但我们若要把握住其文化特色，依然需要对欧洲古典文明有切实的了解。在田野工作中如果遭遇引用事件，研究者应当通过识别片段、定位语境和把握分寸这三个步骤，以期完整呈现田野实况。一些具体的案例展示了这种研究进路可能产出的成果。

关键词：海外民族志；田野工作；古典学；文明；人类学方法论

---

①本文系中国社会科学院民族学与人类学研究所创新课题"中华民族共同体建设背景下民族学人类学学科体系改革与完善研究"（2022MZSCX006）和中国社会科学院民族学与人类学研究所铸牢中华民族共同体意识研究基地的阶段性成果。作者在写作过程中曾得到高丙中、赖立里、余媛媛、马强、李正宇和汤艺等师友的批评和建议，谨致谢忱，惟文责自负。
②作者简介：杨春宇，中国社会科学院民族学与人类学研究所助理研究员。联系方式：cyyang@cass.org.cn。

Abstract: Based on the materials obtained from the fieldwork in Australia, this study illustrates the academic significance of drawing on the methods and achievements of classical studies in overseas ethnographic studies of Chinese anthropology. Culturally backgrounded by the European civilization, Australia is a commonwealth evolved from British colonies. Unsurprisingly, the European classical civilization shows strong influences in Australian religions, sports and public cultures. Even this country claims itself to be a "provincial area" of Western culture, we still have to understand the European classical civilization faithfully if we mean to comprehend the Australian cultural identity properly. Consequently, if a quote event occurs in the field, a researcher is expected to fully present the case by three steps: identifying fragments, contextual positioning, and perceiving subtlety. Some cases show the potentials of this research approach.

Key words: Overseas Ethnography; Fieldwork; Classics; Civilization; Anthropological Methodology

一、传略法与巴西尔

我从事田野工作的地点是澳大利亚首都地区领地（Australian Capital Territory，ACT），主要是在堪培拉市，时间从2005年5月至2006年5月，调查的主题是社会组织，以从中了解西方社会的公民生活。

城市生活给我的田野带来了一些便利。相对人类学者常去的乡村而言，城里的居住条件较为舒适，交通便捷，各种基础设施更为完善。不过，城市生活给田野工作带来的一些影响也一度让我不知所措。首先是城市里的"社群"更富流动性，我选择的一家体育俱乐部和一家教会都有固定的活动场所，但其作息不定，只有在固定的活动时间才能找到被访者，平日里杳无一人。这与我期待中的"密集田野工作"相去甚远。

其次是人群异质性高。俱乐部和教会的成员形形色色：论身份，有律师、教授、护工、流浪者；论族别，有英裔、爱尔兰裔、荷兰裔、意大利裔……平时每个人都过着每个人的日子，社群活动只是他们生活中的一个侧面。由社团生活延伸出去的每一次交流，都是另一片天地，对我来说都是一次智力和情感的冒险，必须攒起精神全力应对。

流动性大，异质性高，研究对象的这两个特点要求我必须用一种更为简捷有效的方法来整理所积累的田野信息，以避免工作中的重复和舛误。为此我选择了"传略法"。简单来说，就是把本来按时间排列的田野日记中的信息按个人重新归类，为我在田野里关注的每一位报道人编制一个"小传"，将他的基本信息和生活经历、性情、爱好、人际关系等辐辏到一处，以便随时查阅。

传略法的好处，一来可以避免尴尬，毕竟重复询问一些上次聊过的话题，会在受访者面前显得不够真诚。二来便于查缺补漏，每次见面之前温习一下，心里明白哪些信息还有待跟进，为下次交流做好准备。这两个益处对于我在田野中给人留下良好印象、保持沟通的效率至关重要。随着时间的积累，我多少克服了社团生活碎片化和平面化的问题，对推动组织活动的一个个成员有了具体的了解，经验资料逐步丰厚起来。

传略法的第三个好处由此浮现，它帮助我从社团生活中真正看到了"人"，看到了具体的生活轨迹和社会背景是如何影响着人们的选择和态度，使得澳大利亚繁荣的公共生活成为可能。在我列出的近百位"传主"中，有一位朋友尤其颠覆了我对澳大利亚以往的一些刻板印象，将我对西方文化的兴趣提升到了一个新的高度。

这位朋友名叫巴西尔（Basil），为澳大利亚联合教会（Australian Uniting Church）首都城区教堂的长老（elder）。我们相识于教堂的慈善事工清晨中心（morning center）。中心的主要功能是给流浪汉提供早餐，常来的志愿者有七八个。巴西尔作为长老之一，又住在附近，走路十分钟就到，因此每周二都会过来帮忙。虽然我们每周都能见面，但平时忙于干活，交流止于简单问候。我有机会与他深聊，是在教堂为感谢志愿者而举办的一次晚餐聚会上。

巴西尔当时60多岁，是斯里兰卡裔，生长在一个基督教家庭，父亲自幼信仰天主教，母亲来自英国，信奉英国国教。他在澳大利亚选择参加联合教会，是因为娶了个信奉循道宗的妻子，而且他也更喜欢新教，在印度工作的时候就经常去那里的联合教会（united church）。那个教会跟澳大利亚的渊源不一样，但是也是由几支新教教派融合而来，所以跟澳大利亚联合教会也多有交往。他1974年来到堪培拉，待了一年，然后到新加坡待了一年，又回来在麦考瑞大学攻读了四年，取得博士学位，其后在马来西亚、泰国、纽约等地工作过。巴西尔的专业是翻译圣经，他本人精通希伯来语，古希腊语也懂一些。据他介绍，最接近圣经原意的是希伯来语版本，其次就是古希腊语版本。他于2000年回到堪培拉定居，不过他来城区教堂是1987年，已经快20年了。作为长老，他很乐意积极参与清晨中心的工作，把这当作是一种应尽的义务。他有一子一女，儿子在堪培拉工作，女儿在巴瑟斯特，常来看他。两个孩子都各有子女，他总共有五个孙子孙女。

我问他有没有叶落归根的打算，他说时常回斯里兰卡看看也就够了，不打算回去住。我问他在家做不做饭，他说："当然做啊，印度菜、西餐、中餐都做，今天的牛肉就是我做的。"说起男人做家务这件事，他说他很喜欢澳大利亚的一点就是人人平等。在斯里兰卡，烹饪之类的家务都是女人做的，可是他在新西兰有一次到学校里参观，发现各科成绩最好的学生都是女生，这在斯里兰卡简直难以想象。在他的国家，知识分子从来不动手干活，可是在这里人们从不鄙视劳动，哪怕知识分子和上层阶级也都是自己的事情自己做，不以劳动为耻。他有点激动地说，人应该平等，现在哪怕回到斯里兰卡探亲，他也尽量自己做事，不会随便让人帮他提行李或者雇保姆做家务什么的。

根据我们对澳大利亚的刻板印象，这是一个以英裔白人为主的西方社会，而新教教会则是其中的文化堡垒，但巴西尔的例子告诉我们，一名斯里兰卡移民在这里同样能获得主流的认可，成为教会里的长老和骨干。

斯里兰卡和澳大利亚同属英联邦国家，巴西尔有个英国母亲，自幼接受英文教育，这自然能为他在文化上融入主流社会提供许多便利，但他明显的南亚人外貌和口音还是给他带来了很多困扰。他曾跟我说起本地人给斯里兰卡人起的一个外号——"傻兰卡人"，原因仅在于一些同胞的口音让 Sri Lankan 听起来近似 Silly Lankan。

虽然是玩笑，但其中牵涉到的歧视和辛酸不言而喻。

古典文化在巴西尔顺利融入主流社会的过程中起了至关重要的作用，巴西尔精通古典语言和圣经，这一雄厚的"宗教资本"使他足以为普通信众们提供有益的指导和建议。加上他和蔼幽默的个性，积极参与各种教会活动，他因而在会中深孚众望。这似乎说明，我们印象中那个由"英裔老白男"主导的澳大利亚主流社会其实并非铁板一块，宗教普适性和古典文化的开放性在某种程度上可以克服族群的隔阂，使他们成为和睦共融的群体成员。

说到这里，作为一名人类学者，我深知上文已经触犯诸多行内的"禁忌"。某些讲究"政治正确"的同行估计已经跳起来了：哪里有什么"主流"？又谈什么"融入"？这难道不是曾经的"白澳"政策的同化思维？澳大利亚如今推崇的难道不是多元文化主义吗？难道这里包括亚裔在内的各种少数族裔公民的人数和人口比例不是在逐年递增？人类学不是应该天然站在少数族裔一方吗？事实上我在国内各类研讨会上已经遭遇过这类"讨伐"，而且不止一次。

方法论离不开研究对象的特性，为了方便展开下面关于方法的讨论，我希望能先澄清几点常识，把关于澳大利亚的各种"说法"与"事实"本身区分开来。

二、澳大利亚的文化底色

一个很显而易见的事实是，澳大利亚是一个从英国殖民地演变过来的社会，历史上英国移民及其后裔构成了本地人口的主体，直到"二战"之后，移民来源才逐渐多元化。即使到了今天，来自英国和欧洲的移民依然在这里占比最大。2021年，澳大利亚总人口数约为2576万，按自我认定的祖源而划分的族裔人口统计显示，英裔最多，占33.0%，其后为澳大利亚裔、爱尔兰裔、苏格兰裔和华裔，分别占29.9%、9.5%、8.6%和5.5%。海外出生的澳大利亚人数略高于700万，占总人口比例的27.6%，按出生地分类，其中最多的是英格兰，92.7万人，其次是印度的67万人和中国的55万人。[1]

比族裔构成更重要的是，源于欧洲的文化和制度在本地依旧占据主导地位。从文官制度、军事体制、市场秩序到政治制度，澳大利亚基本沿袭了英国本土的惯例。虽然建立共和国的呼声日渐高涨，但迄今为止它在名义上的最高领袖仍是英国国王。尽管因地缘原因，澳大利亚逐渐重视与亚洲各国的关系，参与创办了亚太经合组织（APEC），但它作为"五眼联盟"之一，在外交方面始终是与其他西方盟国共进退。可以想见，即使有朝一日澳大利亚真的成为了共和国，与英国和欧洲的联系也不会一朝隔断。文化方面，英语的主导地位自不必说，自称信奉各派基督教（主要是天主教、英国国教和联合教会）的人口到2021年为止仍占人口的43.9%，名列第一，而信奉其他宗教（主要是印度教、伊斯兰教和佛教）的人口比例不足10%。[2]

因此，澳大利亚的宗教、人口和文化正在变得多元是真的，但同样真实的是，源自欧洲的文化和制度迄今为止依然主导着这个国家的公共领域，而来自世界各地的移民都是在此平台上交往、工作

---

[1]数据来自澳大利亚统计局2022年9月20日发布的报告：*Cultural diversity of Australia: Information on country of birth, year of arrival, ancestry, language and religion*, https://www.abs.gov.au/articles/cultural-diversity-australia。

[2]数据来自澳大利亚统计局2022年7月4日发布的报告：*Religious affiliation in Australia*, https://www.abs.gov.au/articles/religious-affiliation-australia。

和生活。澳大利亚的多元文化主义作为理念诉求和趋势判断并不算错，但如果从社会事实的角度来看，这个国家的根源显然在于欧洲文化，无论我们用或不用"主流"和"少数"之类的说法，都并不能改变基本的事实。

另一个同样显而易见的事实是，中国社会科学界对澳大利亚的实地经验研究还处于起步阶段，并没有积累起扎实的基础，还处在描述基本轮廓的阶段。学者研究的步履当然应该深入澳大利亚社会的各个角落，但"物有本末，事有始终"，应当时刻将其社会文化的源流牢记在心。治学如筑基，求知有次第，如果惑于各种说法而忽视了根本的事实，那对我们的研究无疑将是一种伤害。

澳大利亚文化脱胎于英国文化，英国文化则是欧洲文化的一部分，近代以来的民族国家运动已经将欧洲割裂成了林立的主权单元，但它在历史上曾长期保持某种同质性。从古希腊城邦抗击波斯入侵激起的欧洲身份认同，到罗马共和国和帝国时代的法律和行政体制，都曾造就了一个由核心区和边疆地带构成的政治地理单元。罗马帝国的衰亡造成了这一政治地缘单元的重心北移。在公元9世纪初，随着法兰克帝国的加洛林王朝与拜占庭帝国、倭马亚王朝之间疆界基本确定，西欧成为一个大体上稳定的地理单元。在之后的七个世纪中，这一地区共享某些核心要素，包括拉丁文、大公教会、封建体制、骑士文化和城市自治等，从一个地理单元成为了一个文化单元，出现了所谓"欧洲的欧洲化"的过程，成为了我们所熟知的那个"欧洲"（巴特利特，2021）。这段漫长的文明史，构成了西方文化的底色。

澳大利亚的历史与所谓的"外省主义"（provincialism）难以拆解。作为英国的海外殖民地，又僻居南半球，澳大利亚人在很长一段时间里都觉得，许多影响本地的重大决策来自千里之外，本地只是一个与"中心"相对的"外省"。但这套"中心/外省"的说辞，其实正说明了二者同在一个大的共同体中，只是地位不同。澳大利亚文化作为欧洲文化在南半球的一片飞地，一直都在追随和仿效欧洲文化，不放过任何一个看齐的机会。澳大利亚的各个大学基本上都有拉丁文校训，例如，澳大利亚国立大学的校训是"Naturam Primum Cognoscere Rerum"（首先要认清事物的本质），出自古罗马伊壁鸠鲁派哲人卢克莱修的诗句；悉尼大学的校训"Sidere mens eadem mutato"（繁星纵变，智慧永恒）来自西塞罗的名言；墨尔本大学的校训"Postera Crescam Laude"（我将在未来的赞美中成长）则来自贺拉斯的诗篇。

古代语言是博雅教育（liberal education，又译"通识教育"）的基础，而博雅教育的背景则是古典学（Classics）。所谓古典学，指的是关于古代地中海世界的社会文化和文学及其艺术作品的研究（莫利，2019：1），是一门"存在于我们与希腊人和罗马人的世界之间的距离之中的学问"（比尔德、汉德森，1998：5）。"Classics"源自古罗马公民的 classicus 阶层，指的是"典范"，其实本身并没有"古"的意思（郭晓凌，2020：i）。它在历史上的作用，在于教给一个成年人必需的技能和美德，使其成为城邦和国家的合格公民。在文艺复兴时期，经过彼特拉克和伊拉斯谟等学者的整理和提倡，古典知识重新焕发了光彩，古典教育成为西方教育的核心内容，长期主导着各国教育体系（瓦克，2016：8）。

古典教育在澳大利亚的历史上曾占据重要地位。澳大利亚的第一所大学——悉尼大学成立于1850年，随后墨尔本大学、南澳大学、塔斯马尼亚大学等陆续成立。早期的澳大利亚大学一切照搬宗主国英国大学的制度，外语教育也不例外。大学外语教育以教古典语言为主，主要是古希腊语和拉丁语。1880年左右，澳大利亚仅有的三所大学的入学考试都包括拉丁文科目（蔡培瑜，2016：7）。有些大学也教现代语言，主要是法语和德语。这种厚古薄今的做法到19世纪末才基本扭转过来，大学所教授的外语由古代语言渐渐转为现代语言（陈平，2017：177）。

　　澳大利亚的古典教育有三位代表人物，第一代教育家的代表是毕业于牛津大学的约翰·伍利（John Woolley，1816—1866）教授，悉尼大学首任校长。他是柏拉图主义的信徒，认为博雅教育可以对抗功利主义，使人养成罗马人所说的"人性"（humanitas）。继他之后出任悉尼大学校长的查尔斯·巴德姆（Charles Badham）是澳大利亚博雅教育理论演进中的第二位代表人物。巴德姆更强调文献研究的价值，他认为在不断变化的世界中，大学应当教授具有永恒价值的东西。巴德姆于1867年在悉尼的一次演说中说："赋予公民社会的尊严及其永恒是大学特有的功能。"而博雅教育对于民主社会是有作用的，因为"经历过通识教育的年轻人将被灌输一种思想，使他们不仅能够领导，而且还能纠正民主社会秩序的缺陷"。第三位代表人物约翰·安德森（John Anderson）是苏格兰人，1927年来到悉尼大学担任哲学教授。与前两位学者不同，安德森认为博雅教育不是为了塑造精英阶层，而是为了养成批判的思维，他崇尚以古典主义、唯实论和公正无私为特点的希腊哲学。安德森认为博雅教育造就了一群能够置身于世界之外的精英，他们能够分析这个世界并看清它的真实面目。以经典著作为内容的博雅教育旨在培养一批具有强烈批判意识的人（朱镜人，2019：176—180）。

　　这些先驱们的耕耘使澳大利亚的古典学教育蔚然可观，澳大利亚国立大学、悉尼大学、墨尔本大学的古典学专业在全球均享有盛誉。悉尼大学的尼克尔森博物馆（Nicholson Museum）所收藏的来自近东、古希腊、罗马和埃及的文物总数超过三万件，是南半球拥有最多考古藏品的博物馆。

中小学教育的情况亦然，澳大利亚学校普遍继承了英国公学的传统，在学校课程中教授拉丁文和古希腊语，并且认为受到良好教育的人都应该会阅读拉丁文、古希腊语或法语、德语。我在教会接触到的几位老人都跟我提起过他们曾在中学学习过拉丁语。这种外语教育重视文学文本的研究，认为语言会话是一种智力低下的活动，与商业的目标和追求过于紧密。从20世纪60年代开始，为了适应综合中学教育体制中日益多样化的学生群体的要求，澳大利亚教育部开始了一系列重要的学校课程改革，学校享有了更多的自主权，在一些学校，外语成为选修课程。1968年，宪法去除了大学入学条件中对外语的要求，随后澳大利亚一些古老的大学也放弃将完成一门外语课程作为大学入学的基本要求，这直接导致了全国外语语言学习人数的比例平均从44%下降到10%（谢倩，2013：130）。但是一些私立学校至今依然保留着拉丁语课程。

三、古典学与宗教领域

我在首都地区的田野对象之一是澳大利亚联合教会，这是一个由循道宗（Methodist）、长老会（Presbyterian）和公理会（Congregational）三家教会联合而成的本地教派。1977年，这三家在神学和信仰上相近的新教（protestant）教会决定合而为一，除了少数教堂之外，多数教堂都接受了合并的决定。尽管成员人数一直在下降，但至今它仍是澳大利亚第三大基督教教派，仅次于英国国教和天主教。

要理解宗教，离不开古典学。这里没有篇幅来分析三家教会和澳大利亚联合教会的神学理念和仪式风格，只能扣紧主题，略谈谈三家教会的名字。"必也，正名"（《论语·子路》），事实上能把它们的名字说清楚，已经足以说明古典学能给我们提供什么样的帮助。

从名字上看，循道宗甚至与本文要讨论的方法论（methodology）议题不无关系。Methodist 这个词，由两个古希腊语词根 μετά 加 ὁδός 构成。μετά 是介词，意为"尾随""遵循"，ὁδός 是"道路"，Methodist 则是"遵循主道之人"，来自其创始人约翰·卫斯理（John Wesley）的一个绰号，形容他端方刚正，敬神一丝不苟（Kleiny，1971：462）。这样说来，method 翻译成"循道"是直译，我们习惯的译法"方法"，其实反而是意译。在此基础上，加了个"逻各斯"（logos）而形成的术语 methodology，字面意思是"循道之理"，意译成"方法论"。循道宗是 18 世纪上半叶在英国出现的一个宗派，因创始人之名，又称"卫理公会"。这一教派曾在美国南方称"监理会"（The Methodist Episcopal Church South），在北方则称"美以美会"（The Methodist Episcopal Church），后联合成为美国卫理公会。这些名称只是译法不同，核心都是 Methodist。

长老会是受加尔文主义影响而产生的一个新教派别，所以亦称"加尔文宗"（Calvinists）和"归正会"（Reformed church）。它发轫于 16 世纪的瑞士，17 世纪传播到荷兰、苏格兰等地，然后又随着欧洲殖民传遍了美、非、大洋等洲。长老会的称呼源自其奉行的长老制，由各堂的长老（elders）来管理教务，实际上 Presbyterian 的意思也就是 older，来自古希腊语 πρέσβυς（"年长"）的比较级 πρεσβύτερος（Kleiny，1971：586）。

公理会奉行的是公理制，各教会自行其是，由信徒自我管理，不设上级机构。congregationalist 强调了各教堂中堂会（congregation）的重要性，这个词来自拉丁文 congregare，意为"聚集在一起"，名词形式为 congregatio（Kleiny，1971：158）。单看这个词，似乎只是对教众聚集的寻常称谓，要理解其语意脉络，则必须将其放到宗教史背景下与其他概念相联系。泰恩代尔（Tyndale）在16世纪20年代用它来翻译新约希腊语 εκκλησία，意为"为宗教崇拜和教导而聚集的人群"，也指"基督教会总体"。《旧约》翻译者威克里夫（Wycliffe）和其他人则用这个词代替 synagoge，即犹太人的会堂。而 εκκλησία 这个词在基督教登场之前，原是用来指代希腊城邦实现直接民主的"公民大会"。因此 congregation 这个词在新教语境中等价于犹太教的会堂、希腊城邦时代的公民大会和希腊化时代的教会，强调的是一种在神的呼召下聚集的信徒组织，通常规模并不大，却有着强烈的属灵性质。这种对教内民主的强调使得许多公理会教堂选择不加入澳大利亚联合教会，已经加入的教堂则花了很长时间来适应新的组织体制。

同为教义相近的新教教派，三个宗派的教会体制却不相同。循道宗实行主教制，长老会奉行长老制，公理会则遵奉公理制。理解三个教会的名称，为我们理解它们在历史上的分歧和合并之后交流的重点打下了良好的基础。

澳大利亚是一个新国家，但它的宗教文化继承的是两千多年来的欧洲文明。可以说，观察者如果没有欧洲古典语文学的基础，就不太可能真正理解澳大利亚的宗教文化。这不仅仅是对外人而言，对澳大利亚本地人也是如此。在1962年"梵二"会议之前，天主教主日弥撒所用的仪式语言一直是拉丁语。我的一位立陶宛裔朋友曾告诉我，他小时候每周参加仪式时，和别人一样，领一本小册子，上面都是拉丁文祷告词，用颜色标记出需要唱和的地方。他固然听不懂台上的神父说的是什么，甚至连自己念的部分也不知道意思。他和小伙伴们唯一能听懂的一句就是"礼拜结束了"，这也是他们最开心的一刻。虽然他到现在还是不懂拉丁语，但是小时候每周去教会给他留下的宗教情结让他变成了一个积极寻求信仰的人，他尝试信奉许多基督教其他宗派以及其他宗教，可以说是从天主教背景游离出来的一个宗教积极分子。

天主教各教堂现在已经改用各民族的语言进行主日弥撒，这一点对各新教教派而言早已不是问题。这些没有统一宗教权威的信众们要操心的，反而是如何将相对自由的神学诠释放回具体的宗教背景中，以免偏离神的教诲。为此，古典语文学知识必不可少。在笔者从事田野工作的联合教会南岸堂会，这种涓滴教化主要是通过两种渠道进行的：一是每周日的主日证道，二是团契中的圣经研习班。前者面向信众全体，后者自愿报名。南岸教会有个神学造诣很高的达恩牧师，时常引用拉丁文、希伯来文和古希腊文来阐释神学概念，但同时又很注意结合信徒的生活，增添其针对性和生动性。具体的案例太多，我在这里就不展开了。

回到长老巴西尔的案例，古典学能提供的帮助显而易见。"巴西尔"这个名字来自古希腊语 βασιλεύς，意为"国王"或"君主"（Kleiny，1971：72）。在色诺芬、柏拉图等古典作家的笔下，其常被用作波斯君主的头衔。"巴西尔"随着希腊文化在地中海世界的传播，成为希腊化世界常见的人名。"卡帕多西亚三教父"之一，凯撒利亚的圣巴西略（St. Basil the Great）是公元4世纪小亚细亚著名的神学家，其学说对后来的拉丁语神学影响甚大，对修道院制度的形成亦卓有贡献，因此被大公教会尊为圣徒。这个名字从此成为基督教父母青睐的教名之一。此外，圣巴西略也是东正教的圣徒，其名字在拜占庭帝国乃至后来的斯拉夫世界同样流行，即现代俄国名字"瓦西里"（Василий）。

Βασιλεύς一词在现代世界留下的痕迹不仅见于人名，还见于地名，如瑞士城市巴塞尔（Basel）。当然，Basil可能在斯里兰卡的僧伽罗文化中也有某种神圣植物的意思。这样的话，巴西尔长老的名字就可能是一个巧妙的双关，但无论如何，一个基督教家庭给孩子如此命名，绝不会没有宗教含义。了解西方古典知识，可以帮助我们领会其宗教文化背景，殆无疑义。

四、在其他领域应用古典学

古典学给我提供帮助的领域还有很多，大到国家节庆、公共建筑、政治体制，小到人名、地名、风俗习惯，西方社会的各种文化常识后面，往往都有古代世界的历史背景，与中国的情况并无不同。"澳大利亚"这个国名的本意就是源自拉丁文"terra australis"（南方的土地）。要解读这些信息，古典学的知识必不可少，事实上这是当地判断一个人文化水平高低的重要参照系之一，构成了许多对话的基本知识背景。本文的经验基础既然是笔者在澳大利亚的田野工作，以下仍将从中选取一些案例来加以解读。

英国是现代体育的策源地之一，澳大利亚的体育文化受其影响很深，而众所周知的是，西方体育文化的古代发祥地是希腊世界。

巧的是，笔者所从事田野工作的菲利普少儿足球俱乐部，就设在一家有希腊移民背景的公共活动场所"海伦俱乐部"（Hellenic Club）之中。当然，我们不能把现代民族国家希腊与古代希腊直接画等号，从民族血缘上来说，古今希腊人已经关系不大，曾经是希腊文化中心之一的爱琴海东岸今属土耳其。但是现代希腊在民族复兴和建设民族国家的过程中，借用了许多古代希腊的文化成果，在文化精神上高度认同古代希腊，也是不争的事实。

海伦俱乐部是一幢多功能的现代建筑，内设餐厅、娱乐厅和会议室，向所有人开放注册，会员们可以在里面举办各种公共活动，也可以与朋友和家人在这里进餐、玩弹珠机、闲聊，消磨时光。俱乐部大门口的立面矗立着伊奥利亚式立柱，让人想起雅典的帕特农神庙。内部各功能厅以阿波罗、德尔斐、奥林匹克等古典名字命名，走廊上以各种希腊神话题材的油画装饰，菲利普俱乐部年终颁奖大典就是在这里的"奥林匹克厅"举办的。活动在这样的文化空间里，孩子们自然会将自己与课堂上学到的各种希腊神话和英雄的名字联系起来，在耳濡目染中传习体育精神。

澳大利亚人还可以在他们热衷的体育活动中不时见到古典文化的片段。澳式足球联盟（AFL）中卡尔顿队（Calton）的座右铭是古罗马诗人尤维纳利斯（Juvenalis）的诗句"健康的心智寓于健康的身体"（Mens sana in corpore sano）。墨尔本的圣基尔达队（St Kilda）的队铭则是"越忠诚的人，就越强大"（Fortius quo fide-lius），该队在1996年去世的传奇球员特雷弗·巴克（Trevor Barker）于2019年入选联盟名人堂，生前他甚至将这句话文在了自己胸前。

古典学除了有助于我深入本地体育文化之外，还在另一个场合治好了我的"文化震惊"。

事情是这样的，在田野工作期间，我把参观各种博物馆和纪念馆作为学习本地文化的重要一环。首都地区作为全国的首善之区，这样的文化设施自然不少，其中国家战争纪念馆给我留下了特别难忘的记忆。关于澳大利亚的战争纪念馆与民族认同和苦难记忆之间的关系，已经有学者做了出色的研究，我在另一篇文章中也有述及。这里要说的，是关于澳大利亚参与大英帝国历次征伐的展示，这个展览的名字叫作"殖民地的承诺"（commit of colony）。

展厅里陈列了澳大利亚士兵追随大英帝国参加苏丹战争、布尔战争、八国联军侵华等历次军事行动的战果，至于组建"澳大利亚帝国军"（AIF）参加第一次世界大战的内容，因为体量和重要性，另有展示。但仅仅是"殖民地的承诺"这个名字，就足以引发一个中国访客的不安。

在中国的教育体系中，"殖民地"与万恶的"殖民主义"相联系，是西方帝国主义国家剥削后发国家、奴役世界各民族的罪状之一，是一个绝对负面的词汇。于是我在进入澳大利亚田野现场之后，就面临着一个如何理解这个前殖民地国家的文化逻辑的问题。带着光荣与自豪的"殖民地的承诺"并不是当地对历史遗产的唯一态度，但也绝不缺少民意基础，否则不会出现在国家战争纪念馆这种公共场合。

colony 的词源或许能提供一扇进入当地文化语义世界的大门。人类学学者都知道英语中的"文化"，culture 的词源是拉丁语 colo（为第一人称单数主动，不定式为 colere），意思是"耕种"和"崇拜"，但很少有人提及的是，colony 及其拉丁语形式 colonia 其实也源自 colo。这个词的意思很丰富，除了上述二义之外，还有居住、保卫、照顾、教育等，这么多不同的意思集合在一个词上面，其实要描述的过程只有一个，就是一群人开辟莽榛，建成一个定居点所需要做的一切事情，即拉丁文名词形式 cultura（Glare，1968：354—355，466—467）。人们耕种土地、建设房屋、照顾病患、酬谢神恩、教育后代、保卫家园……从"自然"中营造出一个"文明"世界，使其成为一个人人能过上体面生活的地方，这个过程就是 colo，所取得的成果是 culture，所建成的聚落就叫 colony（Kleiny，1971：149，181）。

西方世界殖民的历史从古希腊时代就已经开始，因政治斗争或地狭人多等各种原因，一群人离开母邦（metropolis），建立新城，一方面缓解了旧世界的社会矛盾，一方面开拓了文明世界的边疆，这个过程就是殖民。德国大城市科隆（Cologne）的名字，就是因为其当年位于罗马帝国的边疆，由兵营和集市发展成为罗马殖民地城市而来（Onions，1966：191）。

当然，我在此绝对没有美化这一过程的意思，更无意为西方在殖民过程中犯下的累累罪行辩护。在"殖民地的责任"的展品中，义和团战士的号衣、发辫和七星旗等"战利品"斑斑俱在，不容任何人将这一过程理想化。我想说的是，从西方文明的内部视角来看，"殖民地"其实只意味着一个远离本土但有着西方人熟悉的文化生活的社区，是公民社会、体面生活的另外一种说法。在1931年独立建国之前，这就是澳大利亚人看待自身的主流视角。他们是一群生活在澳大利亚的欧洲移民及其后裔，连独立外交权都没有，因此追随母国征战全球是顺理成章的事，是忠诚和勇敢的表现。这就是殖民主义的文化逻辑。作为中国的社会科学工作者，我们不同意这个逻辑，但我们应该明白它客观存在于澳大利亚，是一个有待我们研究的社会事实。

古典学知识在以上两个案例中，都能够帮助我们理解研究对象的文化背景，定位意义坐标。它对于我们在海外开展田野工作，无疑是一个有力的辅助工具。

五、引用事件：典范与现实的张力

人类学向来以研究"异文化"为己任，历史上多以无文字民族为研究对象，而对拥有典籍和制度的世界其他文明的研究，传统上属于历史学、文学和哲学等以文献研究见长的学科，无论在东方还是西方的学术分工体系中，传统上都是这样。但现实情况是，世界上没有分享到文明成果的人群已经越来越罕见，更不用提我们已经进入了一个信息化的时代。因此早在"二战"前，马林诺夫斯基便对费孝通研究文明社会充满了期待，此后，雷德菲尔德对墨西哥乡民的研究，伊凡-普理查对昔兰尼的赛努西教团的研究，坦拜亚对东南亚王权的研究等优秀成果纷纷问世，人类学研究文明社会中的人群和议题蔚然成风。这时，我们的学科就要面临一个如何处理地方社会中的文明因素，或曰小传统中的大传统影响的问题。

古典学是一个耗时耗力，需要穷尽毕生精力的学科，更别说研究其他文明的古典学了。哪怕是那些在发达国家接受教育，在中国从事田野工作的人类学者，其实很多人对中国经典也不熟悉。我虽然在上面尝试了一下运用西方古典学知识来解读田野经验，那也是回国之后恶补的结果，属于事后聪明，而且仅得皮毛。但这绝不是说研究海外民族志的作者们不应该或不能够借鉴异文化中的古典学养分，来提升我们的工作水准。在此我不揣冒昧，提出几点自己在研究中的感受，供学界讨论。

在此，我将古典元素出现在田野现场的情况称为"引用事件"，研究步骤则分为"识别片段—定位语境—把握分寸"三个层次。

先说"引用事件"。古典学知识应用在海外田野工作中的先决条件，必然是古代文明成果依然活跃在现代社会中，构成了人们日常生活的文化背景。还是以深受欧洲文明熏陶的澳大利亚为例，欧洲移民给这片土地带来了文明成果，也带来了民族矛盾。澳大利亚政府的策略是在承认多元文化的基础上，打造对澳大利亚的民族认同。建构民族认同的方式，不外乎是彰显自身的独特历史和文化差异，为此本地口音、风物、澳大利亚土著文化等纷纷出场，但最重要的还是构造自身与宗主国的不同。不过，正如卡普弗勒等学者所指出的，澳大利亚在构筑民族神话的过程中，使用的象征和词汇，依然是众多欧洲民族国家使用过的那些，包括《圣经》、希罗多德的《历史》和希腊神话中的种种典故（Kapferer，1988：127，132，135）。各种"公民宗教"和国家仪式中隐含的论证逻辑往往是，澳大利亚人比母国更接近理想中的"典范"，是更合格的欧洲古典文明之子。

这时，"古典"作为"典范"的重要性就体现出来了。无论是希腊哲学、罗马法律还是希伯来神学，它们所着力论证的重点，其实是一个理想的秩序，包括宇宙的秩序、政治的秩序，也包括人心的秩序。按以色列社会学家艾森施塔德的说法，轴心文明的特征是产生了一种高于现实的理想，这一理想处于与现实的紧张关系中，并引导人类社会不断前进（Eisenstadt，2005：531—564）。正是因为诞生了诸如古希腊的"理想国"、基督教的"上帝之城"、儒家的"大同之世"和伊斯兰教的"乌玛"这样的普适性理念，人类才得以克服种种地域和族裔的分歧，聚合在一个个文明体之中，达成大范围的社会团结。澳大利亚在论证自己的民族认同时，表面上看是在强调自身的"不同"，其实从深层次上看，反而是肯定了"典范"中所倡导的那些理念。古典学的意义，正在于帮助我们在田野工作中识别这些"典范"的片段，它可帮助我们超越具体的社区和文化事项，看到更为普遍和广阔的文明整体。

识别出片段之后，我们需要做的是从文献依据和田野实情两方面去定位语境。文献依据主要是确定这一片段在经典文本中的出处以及上下文。田野实情则是要全面了解引用行为发生的情景、各方的动机和意愿。只有将这两方面都考虑在内，我们才能理解当事人是在什么意义和背景下来引用"典范"的。

这其中的关键是要看到"典范"与现实之间的张力。人类学与纯粹的古典学研究不同，我们不仅看到人们的理想，也能在现场搜集到这些理想被付诸实践的种种细节。人们对典范的理解从来就不是绝对完整、准确和充分的，在使用这些典范的时候更是出于各种立场和意图，更不用说还会大量运用双关、反讽和戏仿等修辞手段了。这决定了我们在田野现场要有精英的知识储备，但不能有精英的心态，要能辨别出各种被引用的片段背后的典范整体，但不能自以为手握"标准答案"，仅仅满足于判断人家用对了还是用错了。民族志的精彩之处，正在于展示在一个个活生生的具体场景中，不同立场的人是如何灵活调用彼此熟知的知识背景，调动自己的知识储备，完成一次又一次或成功或失败的社会交往。这就是我说的"把握分寸"，用浓淡相宜的墨色描摹出田野现场的状况，达到海外民族志的最终目的。①

国内学界有一派学者倡导"人类学的古典研究"，甚至以此为标准，臧否海外民族志的得失。但在我看来，已有的这一派研究多满足于用人类学理论解读二手文献资料，既缺乏古典语文学的功底，更未曾从海外田野材料中引发出真正的问题意识。在此基础上强说"创新"，简直近乎玄学。

应用古典学的关键之一在于消除古典学的神秘感。这一方面要通过持续的学习，另一方面也要看到，理想与现实的张力从来就有，并不是现代社会特有的现象。在古代世界，接触经典只是少数精英的专利，大量的误传、误用、误解是经典传播中的常见情况。前面我们提到卡尔顿俱乐部的队铭是尤维纳利斯的诗句"健康的心智寓于健康的身体"（Mens sana in corpore sano），一名球迷回忆，小时候自己一直以为这句话说的是"男士桑拿在公司区域"（Men's sauna in corporate area）。长大了才明白拉丁语形容词"sanus"在英语中对应的是"sane"，意思是健康。②古代世界的民众对经典的理解其实也好不到哪儿去，比起现代人来，他们更缺乏获取正确知识的途径。典范与现实之间既然存在着永恒的张力，向往、愧悔、叛逆……这些局中人的复杂心态，自然也是古今如一。正如我那位"背叛"了父辈信仰的天主教，如今却积极参与了另一个教派活动的立陶宛朋友一样。

古典学一直存在于具体的时空环境之中，不是空中楼阁。我们

---

①此处的"最终目的"仅就方法论领域而言。古典学对中国社会科学工作者通过海外民族志发现社会规律、提炼理论深具参考价值，这个同样重要的话题值得以另外的专文详述。

②可前往澳式足球联盟（AFL）的官网检索名为"Things to do in Sydney when you're mad as hell"的文章查看相关内容。

与其将田野中遭遇到的古典因素归结为"老古董"，将其扫入历史的杂物箱，不如对它们的存在现状开放我们的好奇心。与其接受本地精英对于"黄金时代一去不返"的常见慨叹，不如沉下心来了解他的理念从何而来，又是因何而叹。古典学有一些核心的文献和领域，但人们对它的兴趣一直在随着时代变化，强调一部分，忽视另外一部分，它从来都不是一个封闭的领域（莫利，2019：93—95）。我们只有对文献足够熟悉，才会明白我们的报道人偏重和忽略的分别是什么，他自己所创新和发挥的又是什么。

这也正是本文将古典学定位为海外田野工作者之"羽翼"的原因。田野工作者的本分是运用坚韧的脚板子和灵活的眼珠子（高丙中，2010），在此基础上，如果研究者肋生双翅，他将能登上云霄，俯瞰方圆千里，体察古往今来。在敏锐的参与观察和勤勉的实地考察之外，若能以古典学知识辅助田野工作，走过起步阶段的海外民族志必将羽翼渐丰。

六、余论：以文明视角超越个案

古典学帮助我们认识文明的力量，而文明的力量能超越地域和人群。轴心时代诞生的各种文明，曾经造就了一个又一个帝国，主导了人类超过千年的时间。帝国的行政、法律、教育和宗教体系在各地造就出一批知识精英，与乡民的文化形成一种"双轨政治"和"双语制"（雷昂哈特，2021：107—111）。在古罗马帝国是拉丁语和希腊语代表的精英文化，在中华帝国则是以汉字表述的儒家文化，还有伊斯兰文明、婆罗门文明等。直到现代民族国家崛起，强调人人皆为公民的现代国家理念才取代了传统帝国理念，民族语言、文字、经典、历史等传统被一一"发明"出来，民族文化取代了帝国文明。

即使如此，文明的影响力也从未断绝，美利坚民族在建国的过程中，对古典文明的认同曾经激励了几代革命者，滋养了美国的民族文化（理查德，2020：52—68）。欧洲的民族国家在对古希腊的重新发现中重新定位了自己的身份，可以说"希腊的过去以微型模式代表着欧洲的现在"（雅克瓦基，2012：357）。澳大利亚的情况已如上所述。在文明和帝国的基础上建立起来的各个国家，都以自己的方式继承了一份遗产，或隐或显，或零或整，但都清晰可辨。

古典学在海外田野工作中，可以帮助我们超越具体的社区，看到更为广大的区域和人群之间的联系和区别，看到历史的坚韧和流变。一名在越南观察高台教的田野工作者，很容易追溯到中国的各种主张"三教合一"的民间宗教；一名研究日本真言宗的学者，当然要关注从印度到中国的密教传播过程；一名研究南美万圣节的学者，不可能对天主教神学和宇宙观的存在视而不见。这些都不是学者自己的归纳和演绎，也不是外来理论的概括，而是历史上存在的真实不虚的联系。只有将这些普遍的外来文明要素与特殊的本体变化、创新联系起来，才能解释清楚一个个具体的事项。新的人类学理论也才有机会生发出来。

我有一个或许失之粗浅的理解：文明就是各种"形式"背后的"意义"。文明是一套语法，让我们看到纷繁背后的齐一，异流背后的同源。举例说，1961年天主教教宗约翰二十三世在会见赫鲁晓夫时，特别要求抱抱他的外孙伊万，因为两人同名（达菲，2018：452）。要理解这后面的缘分，我们就得明白，法语人名"让"（Jan），英语人名"约翰"（John），意大利语人名"乔瓦尼"

（Giovanni），俄语人名"伊万"（Ivan），其实都来自希伯来语名字Johannes。教宗巧妙地调用这座文化桥梁，跨越了意识形态的隔阂。再比如说，天主教的"达味王"，新教的"大卫王"，伊斯兰教的"达乌德"，其实都是指同一位犹太君主。这只是一些最直观的例子，许多千变万化的"民族文化"，其实背后都有个文明的"母本"，了解了这个源头，能帮助我们以简驭繁，更好地把握具体事项，并看到它们背后的联系。

文化人类学者的强项在于沉浸于具体的文化情景，但相对拙于文献研究，这使得我们在本地精英的眼中，未必真的算个"文化人"。学历能赢得表面的尊重，但要得到本地文化精英的敬意，非通过长时间的学习和努力不可。我对古典学的重视，实在也是受到海外和国内各种田野经历刺激的结果，而且研习至今，仍不敢说获得了多大的成就。本文只是将我自己的经历和感悟呈现在此，希望能引起学界的讨论，让田野工作者重视和掌握更多的相关技能。

最后，请允许我用一个假设的场景来说明我的以上主张（涉及的两张图片，读者可以扫描旁边的二维码查看，或翻阅本书封三）。网络上有一则报道美国民众游行抗议特朗普的报道，时间在 2017 年，其中一张图片上，示威者手举标语，上书几行拉丁文："Quo usque tandem abutere, Trumpolina, patientia nostra?"这时我意识到发生了一起引用事件。假设现场有一位海外田野工作者，他识别到了这句名言出自西塞罗的著名演说《反喀提林》。演说的背景是公元前 63 年，喀提林收买刺客刺杀执政官西塞罗，颠覆共和体制的阴谋败露。义愤填膺的西塞罗在元老院淋漓尽致地展现了他犀利的辩才，劈头一句"你究竟要滥用我们的耐心到什么时候？喀提林！"镇住

全场，成功将阴谋家定罪囚禁。事件的结局是喀提林兵变被杀，西塞罗因维护共和有功，被尊为"国父"，但最后仍不免惨死在独裁者安东尼手下。标语将名字"喀提林"替换成了"特朗普"，变成了戏仿的"特朗普林"。

我们的人类学者完全理解到了这句话中蕴含的愤懑和焦灼，他甚至联想到了意大利著名画家玛加利（Cesare Maccari，1840—1919）绘制的那幅名画，《西塞罗谴责喀提林》（*Cicero Denounces Catiline*），并假设这位示威者正在将自己代入这一戏剧化的经典场面中。但作为人类学者，他并不满足于此，他尾随这位示威者，目击了他在游行中的所言所行，并抓住机会与他攀谈了几句，留下了联系方式。在一个午后，他访问了这位示威者，了解了他的生平、教育程度、生活处境、政治态度……终于，他明白了这位看起来朴素和蔼的年轻人为什么加入到那天的示威队伍中去，他想表达的诉求是什么，古典世界对于他理解现代生活意味着什么，并与他交流了自己的看法。

这就是我心目中完美的田野工作，是我自己也从未达到过的"典范"，但值得我们为之努力。

参考文献

埃蒙·达菲，2018，《圣徒与罪人》，龙秀清译，北京：商务印书馆。

蔡培瑜，2016，《澳大利亚高校招生考试制度研究》，武汉：华中师范大学出版社。

陈平，2017，《引进·结合·创新：现代语言学理论与中国语言学研究》，北京：商务印书馆。

弗朗索瓦·瓦克，2016，《拉丁文帝国》，陈绮文译，北京：生活·读书·新知三联书店。

高丙中，2010，《海外民族志:发展中国社会科学的一个路途》，《西北民族研究》第1期。

郭晓凌，2020，《〈古典文明译丛〉总序》，《古代经济》，M. I. 芬利著，黄洋译，北京：商务印书馆。

卡尔·理查德，2020，《古典传统在美国》，史晓洁译，北京：生活·读书·新知三联书店。

罗伯特·巴特利特，2021，《欧洲的创生：950—1350年的征服、殖民与文化变迁》，刘寅译，北京：民主与建设出版社。

玛丽·比尔德、约翰·汉德森，1998，《当代学术入门：古典学》，董乐山译，沈阳：辽宁教育出版社。

娜希亚·雅克瓦基，2012，《欧洲由希腊走来：欧洲自我意识的转折点17至18世纪》，广州：花城出版社。

内维里·莫利，2019，《古典学为什么重要?》，曾毅译，北京：北京大学出版社。

于尔根·雷昂哈特，2021，《拉丁语的故事》，黄文前、孙晓迪、程雨凡译，太原：山西人民出版社。

朱镜人，2019，《大学通识教育的国际比较》，合肥：安徽大学出版社。

Eisenstadt, S. N. 2005, "Axial Civilizations and The Axial Age Reconsidered." In Johann P. Arnason, S. N. Eisenstadt & Björn Wittrock (eds.), *Axial Civilizations and World History.* Leiden: Brill Academic Publishers.

Glare, P. G. W. 1968, *Oxford Latin Dictionary.* Oxford: Clarendon press.

Kapferer, B. 1988, *Legends of People, Myths of State: Violence, Intolerance, and Political Culture in Sri Lanka and Australia.* Washington and London: Smithsonian Institution Press.

Kleiny, E. 1971, *Kleins Comprehensive Etymological Dictionary of the English Language.* Amsterdam: Elsevier Publishing Company.

Onions, C. T. 1966, *The Oxford Dictionary of English Etymology.* New York: Oxford university press.

梁文静 . 地方知识的生产——美国中镇田野调查过程回顾[M]//赵联飞, 赵锋 . 社会研究方法评论 : 第 4 卷 . 重庆 : 重庆大学出版社 .

地方知识的生产——美国中镇田野调查过程回顾

梁文静①

摘要：人类学地方知识的生产是一个过程。选择田野调查地点是开端，以既有的学术联系作为基础开启新的社会联系。参与观察是整个人类学田野调查的基础。研究者需要通过公共活动进入田野，以自己的付出和行动获得地方的人格，并且住在当地人家里，来获得对当地人日常生活更为切近的观察，建立私人联系，进行更为紧密深入的交流。基于参与观察的田野日记是民族志的重要材料来源。在参与观察的基础上确立访谈对象与访谈内容，并在整理笔记的过程中进一步调整研究思路。搜集地方资料也与参与观察相关，通过对一些活动的参与，与当地学者互动，了解地方资料的情况并进行查阅。地方知识并不是理所当然的，最终在文化比较和翻译中产生。

关键词：参与观察；整体观；地方知识；文化翻译；田野调查

Abstract: The production of local knowledge is a process. Making choice of the fieldwork location is a starting point based on the existing

---

①作者简介：梁文静，重庆大学中国语言文学系讲师。联系方式：wenjingliang07@qq.com。

academic connections to build new social relations. Participant observation is the foundation of the whole fieldwork. The ethnographer entered the field through public activities and pursued the local personality on one's contributions and actions. And the ethnographer lived at the home of local people to observe their daily life more closely, build private relationships and have more close and deep communications. Field notes resulted from the participant observation are the important sources of the ethnography. The interviews are also decided and helped through by the participant observation. The research plan will be revised when the field notes are taken. Local data is related to the participant observation which helps interact with local scholars and explore local resources. Local knowledge does not exist naturally but is produced in the cultural comparison and translation.

Key words: Participant Observation; Holism; Local Knowledge; Cultural Translation; Fieldwork

　　人类学的田野调查方法以及民族志书写方式由马林诺夫斯基奠定。在他那里，"民族志"（ethnography）与体现"思辨的和比较的理论"的民族学相对，主要指"人的科学中经验的和描述的成果"（马林诺夫斯基，2002）。"在民族志中，原始的信息素材是以亲身观察、土著陈述、部落生活的纷繁形式呈现给学者的，它与最后权威性结论的提出，往往存在着极其巨大的距离。民族志者从涉足土著人海滩并与他们接触的一刻起，到他写下结论的最后文本为止，不得不以长年的辛劳来穿越这个距离。"（马林诺夫斯基，2002）我在美国中镇开展过两次为期一年左右的调查，分别是2011年1月29日到2012年1月12日、2018年1月30日到2019年2月13日。本文将对所进行的田野调查过程做出回顾，包括选点、参与观察、搜集地方资料、文化比较与翻译等四个部分。

一、选点

选点需要借助当地学术机构以及学者既有的社会联系，并在前人的研究基础上①展开。虽然说在一些田野调查条件下"普通的村落就是理想的村落"②（龚浩群，2011），但田野调查地点和研究对象作为个案最好尽可能反映大的社会和文化（渠敬东，2019）。虽然有时田野点的选择是一些情况下的无奈决定，但有时可以是主动的选择，甚至需要花费一年多时间的努力来寻找这样一个理想的社区③（马强，2017）。

与中国传统的人类学研究把村庄等社区作为研究对象不同，我在美国印第安纳州曼西市（Muncie, Indiana）这座小城市开展田野调查，并把公益组织仁人舍（Habitat for Humanity）作为自己进入这个社会的路径。印第安纳州曼西市的学名是中镇，林德夫妇从一些城市当中将其选择出来，于20世纪20年代、30年代开展社会人类学研究。林德夫妇选择研究地点的两个主要考虑就包括"该市应当尽可能地代表现代美国生活"、能够进行一个全面的研究。林德

---

①罗杨的研究是从周达观《真腊风土记》的一种再出发（罗杨，2016）。

②龚浩群在北京大学东语系傅增有教授的帮助下与泰国朱拉隆功大学的老师建立了联系，并在与社会研究所的交流与互动中找到了自己的田野调查点。

③马强一到莫斯科便试图寻找田野点，也曾求助于社会学以及民俗学专业的老师，最终联系了"中央黑土区民族志"丛书的编者，并通过沃罗涅日州民间创作中心的关系，找到并选择了俄罗斯黑土区村庄的一个代表塞村作为田野调查点。

夫妇及其研究团队从1924年1月到1925年6月住在中镇，采用参与当地生活、整理资料、编纂统计资料、访谈、问卷调查等方法，开展全面研究，也涉及该城市从1890年至1925年这35年间的变化趋势（林德、林德，1999：10—18，562—568）。1935年6月，罗伯特·林德及其研究团队回到中镇，再次开展调查活动，后来与其夫人海伦·林德写成《转变中的中镇：一项文化冲突研究》（*Middletown in Transition: A Study in Cultural Conflicts*）。在林德夫妇之后，不断有学者到中镇开展调查研究，中镇研究中心于20世纪80年代成立，积累了大量资料。2009年高丙中教授访问该中心并与其中心主任詹姆士·康诺利（James Connolly）教授建立了合作关系，后来组建研究团队到此开展调研，我有幸参与其中。①

　　人类学真正的研究对象是一群人，而不局限于村庄。之所以选择仁人舍作为自己的研究对象，是因为我从硕士阶段开始关注非营利组织，自然希望继续开展相关议题的研究，公益组织也是美国社会的重要组成部分，通过公益组织，有望接触到更大的美国社会。当时恰好看到高丙中教授的预调查田野笔记里有提到这个公益组织（高丙中，2008）。我自己也了解到，仁人舍帮助低收入人群修建简单体面和经济上可承担的房屋，并且因卡特总统夫妇参与其中而在美国家喻户晓。②

---

①感谢威斯康辛大学人类学系周永明教授让我以访问学生身份访美，给予我研究支持，也让我有机会从国家留学基金委获资助，研究因此得以顺利开展。我在2011年1月12日到达美国威斯康辛州麦迪逊市，感谢北京大学国家发展研究院博士生黄雯收留我半个多月，并帮助我办妥报到手续，当时她已经在麦迪逊市访问了半年。2011年1月底，我从麦迪逊市乘坐灰狗长途汽车，经过一晚上的旅途，终于到达中镇，又是高卉师姐收留了我，她已经在中镇开展田野工作有一段时间，直到3月底我才搬到乐瑞家居住。
②关于中镇仁人舍更为具体的介绍可参见我的博士论文以及从道德经济的视角讨论其运转方式的文章（梁文静，2013，2017b）。

二、参与观察

人类学"获得经验材料的方式比其他学科都要精致——当然是指通过长期深入的参与观察而获得材料和认识的方式"（高丙中，2010）。以这种方法为基础，民族志作品整合了业余作品的灵活性和生动性，能够展示与当地人生活的密切接触，体现"实际生活的不可测度方面"，尤其是人们的情感态度以及真实生活当中的例外情况（马林诺夫斯基，2002）。参与观察是马林诺夫斯基方法的关键（扬，2013）。下面我将结合2018年的田野经历，主要回顾自己2011年在中镇的参与观察经历以及思考。参与观察经历主要包括参与中镇仁人舍的志愿者劳动等地方公共活动、与当地人居住在一起、记田野笔记三方面，这也是人类学田野调查与其他类型调查的不同之处。对参与观察经历的反思则主要从与当地人的关系、参与观察与整体观之间的张力、国际身份的影响三方面展开。

（一）在中镇的参与观察经历

1. 参与地方公共活动

人类学的田野调查不等于做访谈和搜集资料，并不是一到田野就开展访谈工作，更重要的是模仿马林诺夫斯基的田野作业，参与地方公共活动，成为当地人的一员。马林诺夫斯基讲述了特罗布里恩德岛民造船以及航行的故事，那我的博士论文就力图讲述志愿者们在公益组织的支持下帮助低收入人群建造房屋的事情。

志愿者劳动是比较容易融入当地人生活的方式之一。我积极参与中镇仁人舍的志愿者活动及其他活动。中镇仁人舍每周五、周六开展志愿者建房活动，周二、周四则有一些常规志愿者，通常是退休的人们来做志愿者。基本上每个志愿者日我都会过去，我从头至尾完整参加了三座新房屋的建造，部分参与了一座新房屋的建造和两座旧房屋的修复。

每周五、周六，我请求工作人员瑞安接我过去。2010年瑞安从鲍尔大学建筑系硕士毕业。2011年中镇仁人舍聘用他作为工作人员，工资由美国军团（Ameri Corps）支付，一年只有7000美元左右，属于半志愿者性质。通常他先要到中镇仁人舍办公室把工具、材料等装上中镇仁人舍的小卡车，我就会跟他以及负责建房项目的杰森一起搬东西，再跟他们一起坐小卡车到建房地点，把相关材料卸下车，并打开工具车，把今天要用的工具比如电锯搬出来摆好，为志愿者的到来做好准备。志愿者陆陆续续到来，上午九点钟志愿者活动开始，负责联络志愿者的鲍勃会组织人们祈祷，并向人们介绍我研究者的身份。我跟志愿者、伙伴家庭一起建房。伙伴家庭有时会提供早餐，通常是甜甜圈之类的面包和橙汁之类的饮料，中间会有休息时间，有柠檬水、热巧克力、咖啡提供，午饭会由伙伴家庭、志愿者或餐馆免费提供。饭后稍作休息便投入到劳动之中，直到下午三点钟。有时我也搭乘其他志愿者的车去做志愿者或返回。中镇仁人舍建房地点好像是一间开放的咖啡馆，不是我主动联系不同的社会群体，而是不同的社会群体来到中镇仁人舍参与志愿建房活动，我碰到了他们并通过他们了解中镇。这些不同的社会群体包括教会、企业、基金会、大学生等。有时感觉我像是一个钓鱼者，静待有什么趣事发生。

大概当田野调查开展到一半，也就是进行了五个月的志愿者式参与观察的时候，我学会了一些建房技能，比如使用电锯锯各种材料、钉钉子、放护墙板等，甚至有时我可以教志愿者新手怎么做。有一次当地报纸还在一则关于中镇仁人舍的报道中放了一张我站立在梯子上钉房屋高处钉子的照片。由于我能够风雨无阻地去做志愿者，吃苦耐劳，社区的人包括中镇仁人舍的工作人员开始接受我，①我因此结识了一些朋友，开始进行访谈活动。

　　另外，我也积极参加中镇仁人舍组织的其他活动，比如筹款早餐宴会，在此宴会上，我认识了中镇仁人舍的创立者，跟她约着做了几次访谈，她还赠送给我一些仁人舍的资料，听说我要去仁人舍总部访问还给我了仁人舍创办者的具体联系方式，这让我后来能够有机会联系并拜访了仁人舍的创始人之一，琳达女士，也得以参观卡特中心以及卡特总统的教会。也正是因为2011年的田野工作打下的基础，2018年我对中镇仁人舍的研究才有可能从"前台"转到"后台"（乔金森，2008），才可能去参加中镇仁人舍只对一些人开放的筹资募捐活动、内部会议以及与其他社区组织的会议，甚至跟随他们去芝加哥参加会议。

　　2011年时，我还跟随房东乐瑞参加了一些社区的公共活动，比如每月一次的晚间艺术走廊。2011年，我不会开车，在中镇总向当地人在交通问题上求助，请求他们开车捎我过去并把我捎回来，虽然给对方增加了一些麻烦，但是建立了友谊。然而，研究范围还是受到了交通方式的制约。2018年，我自己可以开车，获得了与2011年不一样的视角。可以通过在脸书等网络平台以及公共图书馆等地搜集信息之后，自己赶赴活动。跟人预约访谈的时间和地点也

①2011年在中镇仁人舍举办的感恩节活动上，中镇仁人舍工作人员把我当作常规志愿者看待，对我表示了感谢，并赠送了与其他常规志愿者相同的礼物，还特别制作了一个相册，里面全是我参与志愿者劳动的照片。

更为灵活。

2. 与当地人居住在一起

2011年，我与中镇三个不同的家庭生活在一起。乐瑞是我第一个房东。在我去中镇做田野调查的那年，她60岁，三个儿子都已长大成人，她处于离婚状态，独自居住在一栋两层的楼里。她出生在中镇，在中镇当地的大学接受的本科和硕士教育，她的前夫是中镇有名的房地产商人。认识乐瑞得益于华人网络。中国人到美国往往最先认识的是华人。1月29日我抵达中镇，满地厚厚的白雪，高卉师姐帮助找来华人教会的杨牧师从客车站接我到住处。通过参加华人教会活动，我结识了给予华人很多帮助的霍普女士。霍普女士2011年时七十多岁，2021年时去世，被称为中国留学人士之母。她志愿从各方面帮助留学生以及访问学者。我请她帮我寻找美国家庭一起居住。大概过去近两个月的时间，才有了消息。霍普跟朱迪的母亲是好朋友，因而与朱迪来往比较多，而来自朱迪教会的乐瑞家里二楼的房间恰好在招人租住。当时乐瑞处于离婚后的过渡期，她的母亲因阿尔茨海默病搬到养老院，小儿子患了淋巴癌，她的心情很不好，也让自己处于忙碌状态。我有时做饭会多做一些，跟她分享，她有时也做饭邀我同吃，也邀请我参加一些活动，我也乐于参加和学习。虽然我其实和她儿子年龄相当，但我们慢慢成为朋友，我有时也从她那里获得一种类似于母亲的关爱。[①] 后来别人介绍我的时候，有时也会直接介绍说我是乐瑞的朋友，从而帮我获得更多认可和支持。中镇仁人舍的工作人员詹娜曾经跟我说，她与乐瑞的大儿子曾是高中同学。往往在和乐瑞聊天时，我说到我今天在

---

①在异文化当中，我处处都感到好奇，总是在向人学习和请教，就像一些本来已经成年的人类学家好像发生了一定的孩童化那样。

仁人舍干活儿碰到什么人，她便说她认识那个人，或者我跟她分享，当我干活儿时人们问我在哪里住，我说住在她家，很多人就说他们认识她，比如有给她剪了十年头发之类的。2013年乐瑞还来到中国参加我的毕业典礼，访问了我的老家。

在我到达中镇之初，中镇研究中心主任就帮我用电话联系了中镇仁人舍。在当面谈话时，中镇仁人舍主任琳赛问我有什么需要帮助的地方，我提出可不可以帮我找一个跟仁人舍相关的家庭居住。大概在七月份的时候，中镇仁人舍工作人员凯莉从中镇仁人舍建房场地载我回家，她提到欢迎我到她家住。八月中旬，我搬到凯莉家，在凯莉家住了三个多月。在她家的经历对我的研究有很大的影响，我有了一种仁人舍工作人员的内部视角，也获得了更亲密的机会去了解仁人舍。我得以跟工作人员詹娜去印第安纳波利斯参加印第安纳州的会议，并得以认识来自仁人舍总部的泰瑞女士，得以在泰瑞女士的帮助下到仁人舍总部参观，得以在仁人舍总部搜集资料。2011年离开中镇时，凯莉在她家为我举办了告别聚会，邀请了中镇仁人舍的工作人员以及我在中镇的一些朋友参加。2018年，虽然我只是偶尔去中镇仁人舍做志愿者，研究重点转到8—12联盟、其他非营利组织乃至整个社区。凯莉还是联系了中镇仁人舍和中镇研究中心为我举办了告别聚会。

而在中镇仁人舍举办的筹款早餐以及修复房屋活动中，我认识了获得仁人舍房屋的玛丽琳。她住在黑人社区，我去她家里拜访过，后来请求她可否住在她家里，因为我注意到她住在一个三居室房子里，但平常只有她和孙子埃里克居住。她慷慨同意。我便睡在她家一个房间的气垫床上。我在她家住了一个月左右，与她的家人共同度过了圣诞节，获得了一种苦涩辛酸但整体轻松、愉快、温暖的生活体验（梁文静，2013a）。

3. 及时记田野笔记

参与观察意味着参与的同时进行观察，一方面参与，另一方面记录下来基于观察的所思所想。及时写田野笔记，就十分重要。否则，即使参与观察进行得再深入，这些鲜活的感受被遗忘掉了，也就仿佛没有参与观察过。另外，"参与改变着人类学家并指引他走向新的观察，而新观察又改变着他如何参与"（拉比诺，2008），写日记本身就有利于整理研究思路、调整研究过程，在这种螺旋式上升运动中起着重要的推动作用。

马林诺夫斯基在萨马赖时，每天花几个小时写日记，有时花在日记上的时间多于花在民族学研究上的时间（扬，2013）。2011年我有些时候就专门在家里写田野日记，直到写完才开展下一步的活动，以确保能够及时记录。甚至在观察后，回家的路上就要进行多次回想（李荣荣，2012）。现在回顾过去，如果没有2011年的记录，我的大脑基本上是一片空白。生活中有很多细节，田野笔记做了这种场景式的记录。

记田野笔记与参与当地活动之间需要保持平衡。博士生田野调查阶段相对比较单纯，唯一的任务就是开展田野调查，一方面我倍感珍惜，另一方面相比别人，我时间比较多，能够慢节奏地体验当地人的生活，甚至我在一些时候感到自己在中镇是没有工作的晃荡者。2018年因为工作上的其他压力，再加上拥有汽车让我能够参与更多活动，我像当地人一样到处参与会议和活动，记的田野笔记不是特别多。有时我会用录音笔记录谈话过程，熟悉的人不会介意，但有人会开玩笑式地质疑我是不是间谍。另外，用录音笔记录的话，后期整理也成问题，并且一些感受也会变得不同。

　　虽然田野笔记有时在论文里不会用到，论文很多时候用到的是对访谈材料的整理，但是充分的参与观察和田野笔记是论点灵感的来源，会引导论文的方向，这是因为人类学作为实证的社会科学，观点基于事实，需要从事实走向观点（孔德，1996；迪尔凯姆，2009）。论文往往从自己在田野过程中印象深刻的一点开始，而这种感受来自参与观察。[①] 另外，如前所述，基于参与观察的田野笔记还是民族志作品的必需，会让民族志读起来比较有趣。

（二）对田野作业的反思

1. 与当地人的关系

　　参与观察需要以一定的社会关系为前提，需要民族志者"建立和维持实地关系"（乔金森，2008），"与潜在的研究参与者建立关系"是"参与观察最为核心的要求"（休谟、穆拉克，2010）。2011年，当我在中镇尝试寻找美国家庭一起居住时，乐瑞的反应尤其让我感受到这一点。我跟帮我找住处的美国朋友霍普等介绍说，我的专业是人类学，想跟美国家庭住在一起以更了解美国人的生活。乐瑞的回复比较多地提到relate、relation这些词，她说她有地方住，但没有太多时间。这是因为她母亲和儿子生病了。她在一家健康护理中心工作，并且还有一些小生意。她的生活现在已经被填满，她甚至不做饭，吃饭都是边吃边走。她质疑是否能够给我"关系时间"（relationship time），虽然在一封给朋友的信里她写道："我会愿意与她建立一定的关系（I would enjoy relating to her some）。"后面她又向我发了一封邮件，说如果我有其他选择的话，她推荐我选择

---

① 康敏对马来西亚日常生活的研究来自对马来西亚人厚热衣着生活方式的田野观察和感悟（康敏，2009）。

别的地方。因为她觉得，事实上我想产生更多的关联（"because of the fact that you want to relate more"）。而她现在从情感上而言没有这个时间和精力来发展一种关系（"At this point in time I do not have time or energy emotionally to relate very much"）。她说，如果我仍旧想过来看的话，她会愿意让我住在楼上，但只是一种比较分离的生活状态。"我有一颗想产生关联的心，也希望能够这样做，但现下这个时间点对我来说很难（I have a heart to relate and wish I could. The timing is difficult right now.）。"经过不到一个月的相处，乐瑞又多次谈到她的生活像是一本打开的书本（an open book），欢迎我开展研究。

开放的公共活动最容易进入，参与观察往往从此开始，研究者逐渐与私人建立密切的情感联系（attached），而"只有与潜在资讯人产生了生活与情感的互动——'浸入'（immersion），才有可能真正触摸和理解研究对象的文化与日常"（李牧，2018）。我曾共同生活过的三户家庭把我当成家里人甚至孩子看待，中镇仁人舍的工作人员和一些志愿者成为我的朋友，把我当成自己人，愿意支持和帮助我的研究工作，乃至于2018年我再次去美国时能够延续这种联系。她们的身份地位和交往圈子支持并推动了我的研究。

但这种情感联系是相互的，2011年我常常为美国朋友们的行为感动，有时为自己不久后将要离开这些朋友感到焦虑，回国后也常常怀念他们。虽然好像有点多愁善感，但我有时甚至有一种道德的恐惧，作为一名人类学者在当地住一年，像一粒石子，在当地人的心里荡起了涟漪，我离开后他们的生活应会继续，可他们会想念我，这让我难过。而另一方面，在田野后期总是会深深思念祖国，也确实在很大程度上是因为"无论一个人在参与的方向上走多远，他依然是个局外人和观察者"（拉比诺，2008）。虽然如此，这种矛盾、不适或尴尬无疑是生产地方知识过程的一部分而富有建设性（休谟、穆拉克，2010）。

更换房东有利于从不同的视角观察当地社会与文化（龚浩群，2009），但有时这种情感的联系也会让人困扰，毕竟博士生田野调查总共才一年的时间。刚刚与一户人家建立了联系，又要离开，有时会让人难以接受。在此意义上，田野调查始终存在感性与理性之间的张力。感性上希望总与某些人打交道，理性上却要因为田野调查的需求而去接触更大的社会，这需要与田野调查的研究对象进行更多的沟通。乐瑞曾表达过希望我一直在她家住的想法，在我们多次沟通之下，到后来她也表示能够理解我搬出她家，就像她家孩子搬出家里一样是为了去学到更多的东西。她甚至跟凯莉一家人说我做调查让人感到很舒服，从而让凯莉一家人放心。在搬到凯莉家之后，我还是保持了与乐瑞的联系。①

2. 参与观察与整体观之间的张力

田野调查强调全面的参与观察以及"无用之用"的心态。"人类学民族志的研究则一定要达致理解，不是搜集特定课题的资料而已，所以调查中功利性不能太强。也就是说，人类学研究要体现整体观，一定要达到对研究对象的完整理解。"（高丙中，2014）民族志传递的是对这个社会的理解，有些地方虽然和研究主题不相关，但所体现的文化和价值观可能给研究主题带来启发而推动研究。

但参与观察与整体观之间存在张力。田野调查看似散漫无边而

_____

① 做到情感上的客观中立很难。2018年我整年都住在芝妮家，一方面因为之前的经验而有着更换房东上的情感顾虑，另一方面因为芝妮身体不好而需要帮助，搬出去不义，但我也因此在研究上丧失了在不同地方参与观察的机会。虽然如此，田野调查过于功利化不免会丧失人情味。

开放，整体观好像意味着所有的内容都要研究，实际上民族志有着自己的目标和结构。在此意义上，田野调查具有功利性，民族志者类似于工具。换言之，参与观察具有选择性（乔金森，2008）。民族志者需要尽可能地搜集完整的社会事实，围绕着主题将事实描述清楚，这决定了田野调查需要主题集中，在此基础上兼顾整体性；或者集中在两方面的主题上并将其联系在一起，比如宗教与政治（龚浩群，2008），或者从某一主题逐步走向整体。我对中镇的整体性研究更多属于后一种情况。为了完成"中美民间志愿组织职业化比较研究"的社科基金项目，通过国家留学基金委的访学项目，我于2018年初再次来到美国中镇开展研究。我联系了20多家相关公益组织和项目，完成了80多个访谈。这次与2011年田野调查有很大的不同。除了比较多地关注志愿者组织之外，在去工业化的背景下，中镇仁人舍发展出了社区复兴项目，将更多的组织吸纳进来共同重振社区。我开始走出中镇仁人舍的建房项目，建立一种整体性的理解，可以将公益与更大的社区图景关联起来，与社区演进的历史尤其是经济方面的变化，即去工业化联系起来，从而对公益的理解更为深刻（梁文静等，2020）。另外，我更为强烈地感受到中镇是更大世界的一部分，受到仁人舍社区复兴项目、基督教社区复兴运动、联邦政府项目等的多重影响。

3. 国际身份的影响

在2022年，同样有中国学者在中镇开展田野调查，但似乎没有我这么幸运的经历，可能是受到疫情的影响。在2011年和2018年我开展田野调查时，中镇人更为开放热情，有时邀请我到家里聊天和做访谈，并开车把我送回家。中国的外来者、国际人士身份提升了我在当地的社会地位，让我超越了当地的阶层，能够跟中镇的中上层人士打交道。

　　美国中镇中上层阶级的一个倾向是国际化，喜欢与从其他国家到美国的访问学者或其他国家移民过来的人打交道。除了霍普女士之外，乐瑞女士也很喜欢跟印度人、土耳其人等往来。在2011年，我有时用乐瑞家一楼的厨房和厨具做饭并请人到家里吃饭，在乐瑞的帮助下使用她家里的餐厅和餐具招待客人。他们很乐意来品尝中国菜的味道，并询问中镇的中国餐馆是否正宗。对于他们而言，是"中国"饭吸引了他们。饭后我们还会专门烧热水泡点从国内带来的茶叶聊天。有次乐瑞请她哥哥一家来品尝我作为中国人做的饭，他们热烈表示要变得国际化（go international），要来中国拜访我。

　　我在仁人舍做建房志愿者时，工作人员还会介绍我来自中国，很多人会问我一些关于中国的简单问题，比如中国人一天吃几餐之类的。凯莉家之前也住过一位来自拉丁美洲的国际人士。当时她女儿和儿子分别在读高中和初中，她还帮忙联系了她女儿和儿子的学校，让我得到机会去学校交流关于中国的一些内容。在2011年，泰瑞女士之所以愿意帮助我拜访仁人舍总部，也是因为后面2012年她有到中国拜访的安排，2012年我也在北京见到了泰瑞。2013年霍普及其丈夫也来中国拜访，我们有在北京碰面。

　　另外，我有向当地人讲我来美国是为了学习他们的志愿者精神，乐瑞将此写在她的个人博客上，希望引起人们的关注而为我的研究带来更多支持。总之，与人类学历史上的殖民语境不同，我对中镇的人类学研究是一种"向上研究"，是在当时美国对中国比较友好的背景下开展的。

三、搜集地方资料

（一）做访谈

参与观察需要做访谈来补充，否则对所观察到的现象的理解就可能带有主观性，特定现象需要当事人解释是怎么回事。做访谈有时更多带有生命史和口述史的性质，并能够搜集特定个人或人群的观点。做访谈让人感觉相对比较正式。如果提前设计了提纲发给访谈人，有的人可能会准备，有的人可能会紧张。也有可能搜集到的是正确的信息却不容易用得上。此外，访谈质量跟访谈对象也有很大的关系，所以访谈一方面要有深度，还要有一定的"量"来保证"质"。

做访谈的过程体现了双向的文化解释，带有一定的文化翻译的性质。在此意义上，从访谈中得来的关于当地的知识是资讯人和田野工作者共同生产出来的。首先，我的问题带有中国人的背景和关怀，常常需要向他们介绍我的家乡，解释为什么我来美国研究志愿者以及非营利组织的问题，2018年时还向他们解释了什么是志愿组织的职业化问题。当然如上所述，职业化问题也激发了访谈对象的一些思考，因为很明显职业化不是他们非营利组织发展所讨论的关键词。其次，访谈对象需要能够将自己的文化表达给访谈人。"资讯人必须首先学会说明自己的文化，开始对其具有自我意识，并使自己的生活世界客体化。然后，他必须学会如何将之'呈现'给人类学家。"人类学者在某种程度上"训练人们为他将自己的生活世界对象化"（拉比诺，2008）。乐瑞很感激我与她的交流，因为我的问题激发了她对自己文化的思考，她也力图用我能够听得懂的英语表达出来。我在跟其他人做访谈的过程中也感受到了这点。虽然很多时候访谈对象讲的是他们非常熟悉的生活经历和观点，但缺乏背景性的内容会很难理解。我经常会追问，很多时候对方在努力解释给我听。

（二）搜集历史资料

人类学的核心是人，像路学①那样，其实是一种综合研究，②不局限于田野调查。文献档案提供了关于过去和变迁的很多资料而非常重要。在当下，甚至原始部落都成为大的文明社会的一部分，历史无法忽视（埃文思-普里查德，2010）。我一开始到中镇的时候，因为是2月份的寒冷天气，中镇仁人舍尚未开始组织比较多的志愿者活动，中镇仁人舍主任与我碰面后，将三箱资料送到了当地大学的档案馆供我阅读。除了当地大学档案馆的资料，中镇的鲍尔兄弟修建的明尼特里斯特文化中心也有很多地方资料。我也力图在

①路学需要回答道路史、道路生态环境影响、道路与社会文化变化、道路与社会生态弹持、道路与路学等问题，搜集历史和档案资料，政府主持的地方调查、人口普查和统计数据，各种地图、航拍照片、卫星图像和地理信息系统材料，田野调查材料等（周永明，2010）。

②人类学历史上曾借鉴自然科学、人文科学比如历史学、文学的一些方法。早期人类学乃至结构功能派受到自然科学比较大的影响。鲁思·本尼迪克特指出人类学与人文学科（humanities）都研究人、人的作品、人的观念与历史而可以相互滋养（Benedict，1948）。埃文思-普里查德认为虽然人类学与历史学的技巧、强调的重点与视点不同，但方法和目的相同，甚至提出"社会人类学是一种史学"。在文化翻译的层次上，他还认为"社会人类学仍是文学和印象主义艺术"（埃文思-普里查德，2010）。格尔茨则认为"人类学著述是小说"，人类学知识不仅来源于社会现实，还来自学术巧智；去理解当地人的内心生活，更像是"去掌握一句谚语、领略一个暗喻、看懂一则笑话"或"去读一首诗"。人类学理清田野材料意义结构的工作更像文学批评（格尔茨，1999；格尔茨，2016）。

与当地历史协会的互动中获取一些信息。另外，我还会阅读当地报纸。报纸反映了当地正在发生的事件，是民族志者了解当地热点的重要渠道。[1]

另外，当地学者的研究需要重视。比如，中镇因为林德夫妇研究的影响而不断吸引学者过来进行再研究，积累了大量经验数据（康诺利，2015）。中镇研究中心也在开展很多研究工作并形成不少材料，甚至很多已经上传到网上形成网络资源，这些都可以成为中国学者去研究中镇的参照点和材料来源。尤其是中镇研究中心的学者更为了解中镇，其研究动态，比如对去工业化研究的重视，值得借鉴。除了中镇研究中心，鲍尔州立大学也有一些社会经济研究中心提供有价值的数据。

（三）与当地学者互动

我在中镇当地大学档案馆查阅资料时，有时会碰到中镇研究中心主任康诺利教授，他会为我指引资料，提供信息。在2018年，由于我的研究扩展到了去工业化的领域，当时也在翻译《转变中的中镇》一书，我开始关注中镇的历史以及中镇研究中心的一些研究，中镇研究中心已经出版了去工业化的一些著作并扩展到此背景下的非营利组织研究。中镇研究中心在对非营利组织进行访谈时，我有时也过去旁听。中镇研究中心主任康诺利教授帮我联系鲍尔兄弟基金会并一起开展访谈。旁听康诺利教授关于美国城市史的课程也收获颇丰。

另外，在翻译《转变中的中镇》一书时，中镇当地的朋友通过教会的联系帮我找到美国中镇研究中心前主任布鲁斯·吉尔霍德

---

[1] 李荣荣和吴晓黎的研究都有重视对报纸资源的利用（李荣荣，2012；吴晓黎，2009）。

（Bruce Geelhoed）教授。吉尔霍德教授有十几次当面帮助我解决翻译问题，也会跟我讲到中镇的一些事情，让我的眼光从中镇仁人舍建房的舞台走向整个中镇，对中镇的理解更有纵深性。

四、文化比较与翻译

地方知识来自地方人的观点。民族志者的目标在于"把握土著人的观点、他与生活的关系，搞清他对他的世界的看法"（马林诺夫斯基，2002）。但地方知识在文化比较与翻译中产生。人类学事实是"跨越了文化的界限而被制造出来的"（拉比诺，2008）。这种文化比较与翻译来自研究者与被研究者双方面。这部分主要侧重于研究者方面。

人类学家到异文化当中，"生活上几个月或数年。他尽可能密切地生活在他们当中，学说他们的语言，用他们的概念去思考，用他们的价值观去感知。然后，用他自己文化的概念范畴和价值观"，带着批判性和解释性，去对这种文化进行概括。在此意义上，人类学家"将一种文化翻译成另一种文化"（埃文思-普里查德，2010）。除了将异文化翻译为本文化之外，还需要将当地人的"近经验"翻译为专业人士的"远经验"（格尔茨，2016），或者说将具体的经验上升到抽象的学术层面进行讨论。

2011年这种沉浸式的调查研究让我把握到当地人谈志愿参与用的是get involved，因为在我与当地人聊天以及做访谈时多次听他们使用这个词。这个词的含义以及当地人所讲述的故事让我顿悟到了志愿参与平常自然的特点（梁文静，2013b），并让我将其与国内所倡导的高尚的志愿者精神乃至对奉献牺牲的歌颂联系到了一起。但

get involved是一个日常词语，"日常生活"则是一个学术概念，我将二者关联起来讨论，并对国内的志愿者行为带来启发。另外，我有注意经常到仁人舍参加志愿者劳动的甚至包括鲍尔州立大学的经济学教授，从而联想到中国人关于"劳心者治人，劳力者治于人"的观点，大学教授喜欢从事这么辛苦的体力劳动让人惊叹，后来我在这种语境并置的情况下结合田野材料梳理和文献阅读对美国人的劳动观念进行了考察（梁文静，2013c）。

地方性概念未必能成为地方性知识。2011年，我在中镇听乐瑞等人总是讲community，夏天时有到波士顿拜访龚浩群老师的社区菜地项目，感觉中镇仁人舍的建房活动更是体现了一种社区精神，但这在国内并不新鲜，国人并不感兴趣，反而基于自己的田野经验去反思社区概念及社区精神成为有意义的做法（梁文静，2017a）。①

地方知识的生产还需要考虑读者的需求。国内知识界对美国的政治经济问题比如锈带问题更感兴趣，这方面的学术研究更引人关注。2018年我将公益组织研究拓展到锈带问题研究就是在此背景下开展的（梁文静，2020）。

五、总结

人类学地方知识的生产是一个过程。选择田野调查地点是开端，以既有的学术联系作为基础开启新的社会联系。参与观察是整个人类学田野调查的基础。研究者需要通过公共活动进入田野，以

---

①community对不同人群有着不同的含义，这一思考得益于2012年年初回国之前向芝加哥大学冯珠娣教授请教的经历。

自己的付出和行动获得地方的人格，并且住在当地人家里，来获得对当地人日常生活更为切近的观察，建立私人联系，进行更为紧密深入的交流。基于参与观察的田野日记是民族志的重要材料来源，有助于增强民族志的可读性。在参与观察的基础上确立访谈对象与访谈内容，并在整理笔记的过程中进一步调整研究思路。搜集地方资料也与参与观察相关，通过对一些活动的参与，与当地学者互动，了解地方资料的情况并进行查阅。从田野调查点返回之后，地方知识在文化比较与翻译之中生产出来。

参考文献

E. 迪尔凯姆，2009，《社会学方法的准则》，狄玉明译，北京：商务印书馆。

爱德华·埃文思–普里查德，2010，《论社会人类学》，冷风彩译，北京：世界图书出版公司。

保罗·拉比诺，2008，《摩洛哥田野作业反思》，高丙中、康敏译，北京：商务印书馆。

编者，2020，《田野调查：美国"铁锈带研究"（编者按）》，《美国研究》第 2 期。

丹尼·L. 乔金森，2008，《参与观察法》，龙筱红、张小山译，重庆：重庆大学出版社。

高丙中，2008，《近距离看美国社会：石河镇田野作业笔记·预调查篇》（上）（下），《西北民族研究》第 1 期、第 2 期。

——2010，《海外民族志：发展中国社会科学的一个路途》，《西北民族研究》第 1 期。

——2014，《海外民族志与世界性社会》，《世界民族》第 1 期。

龚浩群，2009，《信徒与公民——泰国曲乡的政治民族志》，北京：北京大学出版社。

——2011，《怎样从田野中得出经验——谈在泰国曲乡的调查经历》，《政治人类学：亚洲田野与书写》，阮云星主编，浙江大学出版社。

吉姆斯·J.康诺利，2015，《"中镇"的遗产》，佟春霞译，《世界民族》第6期。

康敏，2009，《习以为常之蔽——一个马来村庄日常生活的民族志》，北京：北京大学出版社。

克利福德·格尔茨，1999，《深描：迈向文化的阐释理论》，纳日碧力戈等译，《文化的解释》，克利福德·格尔茨著，上海：上海人民出版社。

——2016，《从土著的观点来看：论人类学理解的性质》，杨德睿译，《地方知识》，克利福德·格尔茨著，北京：商务印书馆。

孔德，1996，《论实证精神》，黄建华译，北京：商务印书馆。

李牧，2018，《进入与浸入——加拿大纽芬兰田野作业反思》，《民族艺术》第6期。

李荣荣，2012，《美国的社会与个人：加州悠然城社会生活的民族志》，北京：北京大学出版社。

梁文静，2013a，《美国中下阶层何以实现有房梦？——中镇仁人舍公益项目的民族志》，北京大学博士论文。

——2013b，《作为日常生活的志愿参与——美国中镇仁人舍的 involvement 案例》，《西北民族研究》第3期。

——2013c，《美国社会的劳动及其意义——中镇仁人舍的例子》，《北方民族大学学报》第3期。

——2017a，《作为"道德想象"的美国社区精神——基于中镇仁人舍的经验》，《北京社会科学》第3期。

——2017b，《公益组织的道德经济——以美国中镇仁人舍为个案》，《青海民族研究》第2期。

梁文静、彭祎飞，2020，《去工业化与再工业化——对美国中镇的个案研究》，《美国研究》第2期。

林恩·休谟、简·穆拉克，2010，《人类学家在田野：参与观察中的案例分析》，龙菲、徐大慰译，上海：上海译文出版社。

罗伯特·S.林德、海伦·梅里尔·林德，1999，《米德尔敦：当代美国文化研究》，盛学文等译，北京：商务印书馆。

罗杨，2016，《他邦的文明：柬埔寨吴哥的知识、王权与宗教生活》，北京：北京联合出版公司。

马林诺夫斯基，2002，《西太平洋的航海者》，梁永佳、李绍明译，北京：华夏出版社。

马强，2017，《"俄罗斯心灵"的历程：俄罗斯黑土区社会生活的民族志》，北京：北京大学出版社。

迈克尔·扬，2013，《马林诺夫斯基：一位人类学家的奥德赛，1884-1920》，宋奕、宋红娟、迟帅等译，北京：北京大学出版社。

渠敬东，2019，《迈向社会全体的个案研究》，《社会》第1期。

吴晓黎，2009，《社群、组织与大众民主：印度喀拉拉邦社会政治的民族志》，北京：北京大学出版社。

周永明，2010，《道路研究与"路学"》，《二十一世纪双月刊》8月号，总第120期。

Benedict, Ruth 1948, "Anthropology and the Humanities." *American Anthropologist* 50(4).

张金岭.面向发达社会的海外民族志之知识生产——基于法国田野的再思考[M]//赵联飞,赵锋.社会研究方法评论:第4卷.重庆:重庆大学出版社.

面向发达社会的海外民族志之知识生产——基于法国田野的再思考

张金岭①

摘要：中国人类学在面向发达社会的"向上"研究中，所面临的最大"方法困境"在于，如何确定其知识生产的方向，以发掘对中国学界与中国社会有价值的实践知识与理论知识。在有关发达社会的民族志调查中，中国人类学者需要探究"成品社会"及其知识体系的结构化过程，需要发掘西方发达社会内在的多样性，需要理解其复杂实践背后的制度脉络，需要剖析诸多细节背后的制度理性，也需要发现理念与实践之间的偏离。

关键词：海外民族志；发达社会；法国；交互人类学；跨文化

Abstract: The biggest "methodological dilemma" facing Chinese anthropology in its "upward" studies on developed societies is how to determine the direction of its knowledge production in order to discover practical and theoretical knowledge, valuable to the Chinese academy and Chinese society. In the ethnographic fieldwork of developed societ-

---

①作者简介：张金岭，中国社会科学院欧洲研究所研究员。联系方式：zhangjl@cass.org.cn。

ies, Chinese anthropologists need to explore the structuring process of "finished societies" and their knowledge systems, to discover the inherent diversity of Western developed societies, to understand the institutional veins behind their complex practices, to analyze the institutional rationality behind the details, and to discover the deviation between concept and practice.

Key words: Overseas Ethnography; Developed Societies; France; Reciprocal Anthropology; Transcultural

在中国人类学努力开拓海外研究二十余载后的今天，走出国门去研究异文化的价值与意义早已成为学界共识，并深刻地嵌入到人类学学科发展的内在肌理之中，就此已无须赘述。而且，我们也欣慰地看到，越来越多的人类学者走向海外从事研究，基于规范的民族志调查的研究成果也持续涌现。但是，在这场持续兴盛的学科发展运动中，也存在着一点点"不足"，那就是有关西方发达社会的研究似乎还有待进一步拓展。换句话说，中国人类学"向上"研究的努力还有待更多的学者加入其中。

同样是去研究异文化，同样是身处于西方文化与非西方文化之间，如今中国的人类学者去研究西方发达社会，其在知识生产方面的追求绝不同于西方人类学家的定位，尤其是不同于早期西方人类学研究的知识生产。可以说，这是两个学术共同体在知识论与方法论方面所存在的最大不同。

实际上，今天的中国人类学深入西方发达社会开展民族志调查，就其研究方法的本质而言，跟传统的人类学"向下"的研究相比，并没有根本性的区别。而若说有不同的话，则主要体现在作为研究对象的西方发达社会的内在结构更为复杂多样，田野调查中所要关注的社会事实更为复杂多变，"发达社会不但规模庞大，并且内部有着充满现代理性的、复杂的政治经济体系与法律制度，而人的行为与这一体系是紧密地联系在一起的"，"在人们的头脑中，不仅仅有传统的风俗习惯，更有现代社会中的道德与规范"，与传统的人类学研究对象——那些所谓的部分社会相比，对于发达社会的研究，其整体性更难于把握（张金岭，2012）。

而且，与民族志调查者互动的报道人往往都是"有文化之人"，与他们的互动更为复杂多元，同时也可能因为中国人类学者身后的中国与西方之间的"悬殊"关系，而使之面临着更为特殊的关系情境。就此，我曾在拙作《公民与社会》中以"社会势差"来描述——"对于一个非西方社会的人类学研究者来说，面对西方社会的时候往往会感觉到一种'社会势差'，使之时常难以获得良好的合作。换句话说，他能够感觉到田野中其实一直存在着一种不平衡、不平等的对话与交流的情绪"（张金岭，2012）。

尽管有这些所谓的特殊"困难"，但就民族志调查的技术本身而言，研究西方发达社会与研究其他社会其实并没有实质性的差别。如今，再来反思过去的民族志田野，我深切地感受到，最大的"方法困境"实际上是在于，如何在有关西方发达社会的民族志研究中确定知识生产的方向，换句话说，如何去发现那些真正的有价值的议题并进行调查，如何围绕这些议题发掘出对于中国学界和中国社会而言有意义的实践知识与理论知识。所以，此文的立意即在于，基于对自己法国田野的再思考，围绕有关西方发达社会研究中的一些议题，提供一些通过民族志对之进行考察和理解的视角与线索，以此作为"方法"来呈现人类学民族志在研究西方发达社会时可以去挖掘那些沉淀在复杂的社会事实细节中的知识与实践体系。

一、中国社会科学的知识生产需要关注一个经验的西方世界

中国社会科学界向来特别重视对当代西方发达社会的研究，但是其关注点总体上是比较侧重于理论知识及其国家社会发展的宏观层面，而缺乏对其社会与文化微观层面的深入探讨。如郝平教授所言，"长期以来，我国社会科学的发展侧重于国内社会的实践研究，对国外的研究偏重于理论介绍，而经验研究相对缺乏，这样可能出现的后果是国内外的理论家由于缺乏可供讨论的共同的实践经验，因此对双方理论的理解难以深入，容易陷入彼此自说自话的状态"（郝平，2012）。

从知识需求的角度来讲，在有关西方发达社会的研究中，我们不但需要了解它们的理论知识，同时更需要了解一个"经验的"发达社会，这样才能在其理论知识与现实实践之间建立一个必要的逻辑链条，既有助于更加深入地理解其理论知识如何扎根于西方的现实世界，又有助于了解西方社会在经验世界中的鲜活实践。只有把这两种知识密切结合起来，才有可能更深入地与之对话，推动彼此之间的交流与合作。更深入地在理论与经验层面了解西方发达社会，也正如克利福德·格尔茨（Clifford Geertz）所说，有助于"在有着不同的利益、前途、财富和力量的民族之间进一步扩大能够互相理解的对话"（于连、李比雄，1998）。

在由"国际问题研究"所主导的有关西方发达社会的社会科学

研究中，往往聚焦于宏观议题的国际关系、国际政治与世界经济等学科的知识生产似乎更受重视，而讲求和擅长以小见大、从微观层面来折射宏观议题的人类学，却因其知识生产往往关注的议题太小、过于经验性——甚至被认为"只是堆积材料讲故事"——而被忽视。即便是在新兴的区域国别学的发展中，似乎"国际问题研究"范畴内的传统学科也迅速占据了主导性地位，这尤其体现在涉及西方世界的研究领域——在有关发达社会的研究中，似乎只有涉及国际关系、国际政治与世界经济等领域的研究才是"主流"。当然，从外交、国际交流与合作的角度来看，这些学科领域的知识生产所关注的诸多议题是很重要的，但它们也不代表着我们面向西方发达社会的知识需求的全部，而且理解这些学科领域所关注的相关议题，有时候可能需要将更多的其他领域的知识作为基础，尤其需要人类学民族志所呈现出来的经验性知识。就此，在区域国别学学科的发展中，人类学海外民族志研究应当被赋予特别的期待。

当下，我们需要人类学学科更多地参与到有关世界各国与区域的研究中。总体而言，我国社会科学界缺乏中国人类学者完成的有关发达社会的民族志文本，尤其是缺乏有关其主流社会的民族志文本。若从中国人类学学科的发展来看，同样需要开展更多的有关世界的民族志研究，尤其是西方发达社会的民族志研究，这样才能完成其研究异文化的学科布局。

恰如高丙中教授所言，"中国追求现代化一百多年，几辈学者介绍了几乎所有的现代化国家的思想和理论，但是从来没有为国人提供特定的现代社会在社区层次的实际运作的经验知识"（高丙中，2009），而缺少了这些经验性知识，就无法去真正了解我们需要与之对话交流、开展文明互鉴的西方世界。

当代中国人类学有关西方发达社会的研究，依然还处于一个打基础甚至说是"补课"的阶段——打好有关发达社会研究的经验事实的基础，补好缺乏经验层面的有关发达社会基本社会与文化事实的知识储备的课。目前，中国人类学最需要的知识生产——同时也表现为一种"补课"的紧迫性——即是要用自己创作的民族志来呈现一个经验的西方世界。在有关西方发达社会的研究中，"'我要研究什么就亲自去收集相应的资料'，在独立自主性上和可信性上完全不同于'我能够找到什么（二手、三手）资料就做什么研究'"（高丙中，2006），其知识生产的深度自然也就不一样，而且也有益于摆脱西方中心主义的知识体系。正如郝平教授所言，"长期以来，由于我国社会科学对于海外社会研究的匮乏，我国社会层面对于外部世界的认识还停留在集体想象和个人经验之上，因此以参与观察为基础的关于国外真实而复杂的社会的知识，有利于进一步提高我国的社会科学研究水平"，而且"这也是实现我国社会科学与国外社会科学平等对话的前提条件"（郝平，2012）。

现阶段，于中国社会科学而言，在对发达社会的经验事实总体上缺乏学理性认知的情况下，更有效地去描述发达社会以便中国读者更好地理解，在有些情况下远比只是基于空泛的宏大理论认知的争论更有意义，或者说，有时候经验性"叙事"需要先行一步，这样才能为理论思考与对话铺设有关事实认知的基础，更有益于中国社会科学深化和拓展对发达社会的研究。不过，有关西方发达社会的经验研究，并不等于只停留在"讲故事"的层面。或许人类学者总体上可能都比较擅长讲故事，但讲故事并不是人类学知识生产的最终目的，其最终目的在于通过故事揭示背后的有关研究对象的各种层次的知识。值得注意的是，如今有关当代西方发达社会的研究，虽然不需要以百科全书式的方式来呈现一个研究对象的全貌，但是有关某个研究主题的整体性的呈现是必须的。

在如今的全球化与信息化时代，获得有关研究对象的信息虽是更为方便的，但是在人类学意义上呈现出具有整体性"文化"意义的有关研究对象的经验性事实，则是比较困难的，尤其是通过经验事实探究和表述沉淀在西方社会内部的一些内在的理念逻辑及其价值诉求则更加不容易，这就需要人类学者准确把握好知识生产的过程。

二、探究"成品社会"及其知识体系的结构化过程

在中国社会科学界，有关西方发达社会的知识，无论是理论层面的还是经验层面的，大多都是以"成品知识"的形态译介给中国读者的。而对于这些社会自身的"制造"而言，它们同样是以"成品社会"呈现在中国社会科学的知识生产中的，有关这些社会的现实实践及其背后的理论与制度等知识，大多是被西方的社会科学加工后转述而来的，主要是告诉我们"所以然"。其中即便是有阐释其"之所以然"的内容，也并不是基于中国的知识视野的认知脉络来呈现的，因此这些阐释性知识同样也主要表现为一种"成品知识"。而中国人类学有关发达社会的民族志研究，则有助于去剖析这些"成品知识"的来龙去脉，探讨西方发达社会是何以发展成为今天我们所看到的样子的，以及其内在的发展肌理是什么，以便更好地理解它们。

费孝通先生早在《师承·补课·治学》一书中曾经讲过这样一个道理："普通我们读的书，都是成品，从成品看不到制造的过程，

而一项手艺的巧妙之处就在制造过程里。成品可以欣赏，却难于学习……"（费孝通，2002）如若把费先生的这句话投射到我们对于西方发达社会的研究中，则甚有启发意义。长期以来，西方发达社会似乎总是以"成品"的样态呈现在我们面前的。一方面，对于西方发达社会何以发展成为我们今天所看到的样子，实际上是我们社会科学的知识生产少有关注的，也就是说，我们并没有全面地了解到其"制造的过程"，因而也就难以从其社会发展的"巧妙手艺"中汲取到对我们有镜鉴意义的经验或教训。或者说，尽管中国社会有关西方发达社会的信息资料已经比较丰富，但是总体来看，"这只是一个对'成品社会'的印象，因为就我们目前的知识获取来看，我们看到的是西方社会比较成熟的'成品知识'，大多是上升到理论层次的知识，而无法（或少有作品让我们）看到其内部具体的社会互动（自我结构），当然，更看不到其'成品'过程的具体情境与实际运作"（张金岭，2012）。另一方面，多年来我们的社会科学虽然大量译介了西方社会科学的理论学说，但是由于缺乏对这些知识体系的生产制造所依赖的"社会土壤"的系统了解，也就使得中国学界实际上对这些"成品知识"的理解缺乏足够的深度，尤其是对其"所以然"背后的"之所以然"的了解不会很深刻。

因此，中国人类学有关西方发达社会的研究，应当致力于发掘这些"成品社会"及其知识体系的结构化过程，以人类学研究（尤其是以民族志的方式）展现其"制造"过程，要"体现出被研究对象何以成为我们所能看到的整体状态，它是如何成形的"（张金岭，2012）。以人类学民族志的方式，"通过田野调查方法进入到西方社会，观察其内部的互动，是一种剖析成品的手段，是理解西方社会科学理论的一种经验方式，以便解决'难于学习'的问题"，"当然，这里的'学习'是一种批判性的取舍过程"（张金岭，2012）。

在田野调查中努力去发现的这一"结构化"过程，主要指的不是"历时的生成过程"，而是"当下的组织过程"——也就是说，当下我们看到的西方发达社会是如何得以"结构化"成为这种整体性状态的，并在此基础上更深入地理解发达社会中"局内人"的生活实践及其背后的价值理念与相应的制度建构。而且，在此过程中，应当注意去发掘那些积淀在人们日常生活中的细节，并在对多个个案进行甄别后，将有代表性的内容写进民族志文本中，这样才会更有典型意义，也会避免"捡到篮子里就是菜"所导致的武断与不适。

三、发掘西方发达社会内在的多样性

西方发达社会的复杂程度远超人类学传统的研究对象的复杂程度，在其社会内部则包含着未曾被中国社会科学研究所深入关注到的多样性，而且这一多样性的现实涉及其社会生活的方方面面，却又千丝万缕地联系在一起，相互网织成当代的社会结构。探究这一多样性，有助于在西方语境下理解人类社会现代性发展的一种可能性。

多年前，初到法国里昂后不久，我就注意到在当地有很多单亲家庭，后来又较为惊讶地了解到很多家庭中的父母并不存在传统意义上的婚姻关系，尽管他们幸福地生活在一起，很多人也特别重视家庭生活的价值。再后来，我又慢慢了解到，法国年轻人大都不想结婚，尽管他们也向往组建自己的一个小家庭，但这样的家庭并不一定是以婚姻为基础的。① 而且，通过一个电视节目，我还首次了解到法国非婚生子女比例特别高。那是一个互动类的娱乐节目，当时主持人提出一个问题请大家回答——在法国每100个孩子中，有多少个是非婚生的？现场参加那个电视节目的嘉宾与观众也不太清楚，但他们纷纷表示比例肯定不低，有的猜是30%左右，有的认为可能会达到40%，但当主持人宣布答案为52%时，着实也让节目嘉宾和在场的观众大吃一惊。尽管对于非婚生子现象，在他们的认知中，并不是不能接受的生活方式，但是非婚生子女比例超过一半的事实，也是他们没有想到的，这也从某个侧面折射出他们对自己社会的不了解。看这个电视节目，已是15年前的事情了。在多年后的今天，法国的非婚生子女比例在2022年已经达到了63.8%（Insee，2023）。当然，在这些非婚生子女中，单亲家庭出身的孩子数量肯定不少，但同样也有孩子跟其亲生父母生活在一起，但他们的父母并没有结婚。在我的田野报道人中，就有一位生养了三个儿子的母亲，在他们小儿子已经长到十岁时才登记结婚，与其多年的生活伴侣成为法定的夫妻。

　　在法国人的观念与生活实践中，"家"是非常重要的，很多人都特别重视跟家人一起吃晚饭的日常仪式。法国人的"家"有的是建立在婚姻之上的，有的是基于成年人的同居关系，还有一些人独居，但也在社会保障、税收制度等体系下被视作一个家庭单位。"同居"作为一种社会现象，虽然看起来很简单，但法国的社会制度却对此有着较为复杂的回应，尤其是从制度保护当事人的合法权益的角度来看。作为一种较为自由的个体间生活结合的方式，当事

---

① 除特别说明外，本文中所转述的有关法国社会的田野资料，均可在张金岭所著《公民与社会：法国地方社会的田野民族志》一书中找到。

人双方有时候并不需要任何民事层面的文书以示其关系存在，当然这种情况在法律上受到的保护较少，所能享受到的相关福利权益等也较少。伴随着同居现象的增多，法国政府先后出台过多种与之相关的民事机制，用以保护当事人的权益，尤其是涉及社会保障、住房津贴、税收申报减免等事宜。这些机制基本上都体现为当事人双方需要签署一份民事文书，比如社会结合合同（Contrat d'union sociale）、社会生活合同（Contrat de vie sociale）、共同利益合同（Pacte d'intérêt commun）等，到20世纪90年代末，这些机制又都被Pacs（民事结合协约）所取代。追溯Pacs的历史可知，它的起源与一对男同性恋人的故事有关，其宗旨原本也是为了保护同性恋人之间的合法权益，但作为一种制度设计，它在法律上并没有局限于同性的两个当事人之间，由此也使之成为众多异性恋群体所青睐的一种民事制度。尽管Pacs赋予了当事人几乎跟婚姻一样的权益保障机制，但是它跟婚姻还是不一样，很重要的区别就在于"来去自由"——没有像婚姻那样的约束，任何一方都可以随时无条件地提出解除这样的关系。可以说，现在法国的年轻人特别推崇这种"无约束有自由"的家庭样态。当然，在法国人对待婚姻的态度中，我们可以体会到某些"不羁"的观念，看到人类家庭生活在现代性条件下多样的变迁。

在重视家庭观念与践行多样的"婚姻"制度背后，我们还可以探查到这些多样的社会生活方式并没有影响到家庭被视作法国社会福利政策的核心之一。不但有很多社会福利的供给是在家庭政策的范畴内实施的，而且这些福利机制并不会因为一个家庭是否以婚姻为基础、是否是单亲家庭等而有区别。

围绕法国家庭所进行的各种观察，一方面让我认识到法国人对家庭观念的重视，另一方面也让我意识到在法国的家庭范畴内正在经历着一场"逐渐消失的婚姻"的变革。它们引导我了解到法国多样的家庭形态，以及法国在制度建设方面是如何维系作为社会基本组成细胞的家庭的稳定的，也让我了解到法国又是如何通过家庭政策来促进人口再生产、保护儿童与老年人权益，以及回应一些诸如贫困、收入不平等等相关社会问题的。围绕法国家庭议题的一系列观察与思考，虽然并没有都写进我早期完成的民族志文本中，但后来为我理解和研究法国的家庭政策、人口政策、社会保障制度等提供了不可或缺的经验知识，它们成为我理解其制度背后的一系列理念与价值关怀的重要支撑。

四、理解复杂实践背后的制度脉络

对西方发达社会的观察与研究，必然会触碰到它们逐渐沉淀下来的繁杂的制度体系。尽管这些制度的具体内容会明确地体现在法律文本之中，但是其内在的制度逻辑却远非仅靠阅读这些文本就能体会到位的，必须在鲜活的现实生活中去理解其制度脉络与价值取向。在多年从事法国研究的学术工作中，对于法国社会的诸多制度，恰是因为有了民族志调查的基础，我才对之有着较为深入的体悟与理解。

在西方发达社会中，社会组织在社会参与、社会治理中发挥着至关重要的作用。这些社会组织在不同国家存在着各有差异的类型与组织架构，其发挥作用的机制与所处的法律与制度框架也不一样。因此，在我国努力构建共建共治共享的社会治理制度、重视社会组织在社会治理实践中发挥的积极作用的背景下，如何去深入挖掘不同国家的社会组织参与社会治理的具体实践，从中汲取经验与教训，则表现为一种重要的知识取向。因此，考察和理解法国社会组织的多元形态及其参与社会治理的实践，也是多年来我在法国研究中所着力关注的一个议题。

在法国，作为类称的"社会组织"并不是一个常用语，"社团组织"（association）才是人们在日常生活中时常挂在嘴边的一个词。众多社团组织在法国人的生活中占据着特别重要的位置，比如从社区公共生活的角度来看，社团组织的存在必不可少。如若不深入到法国社会内部，去了解法国民众的日常生活实践，对此是很难有符合实情的感性认知的。深入法国社会就社团组织与民众的结社实践开展调查研究，可以发现很多有意思的细节。例如，社团组织在法国"不但类型多样、数量众多，形成了遍布全国的网络体系，其实践活动所涉领域也非常广泛，它们既影响着公民的私人生活，又承担着一定的公共使命，尤其是在提供社会服务、参与社会管理方面发挥着重要的作用"，"法国人不但参与社团活动的积极性高，而且有很多人乐意在社团活动中提供志愿服务"。还有，"社团组织也为法国社会提供了数量巨大的就业岗位"，并"为法国社会的发展提供了很多源自民间的动力与可能性"。更为重要的是，只有深入到法国社会内部才会发现，实际上那些在社区治理与社会服务等方面发挥重要作用的社团组织，虽然在法律层面具有"非政府组织"的属性，但它们中的大多数却跟政府及各种公共机构有着异常密切的合作，而且从社会治理的角度来看，法国众多的市镇政府是社团组织的第一大合作伙伴。

一个社团组织可以用多种名称来为自己命名，如协会、联谊会、俱乐部、理事会、团、组、队、社、联盟、联合会等，诸多社团组织涉及的业务领域也非常广泛，大部分集中在体育运动、文化活动、社会生活、权益保护、社会行动与健康、培训与就业、慈善与人道主义行动、地方经济与发展等方面。一些致力于社区治理与公共服务的社团组织，它们往往能够获得类型多样的公共津贴，作为开展活动的资金支持。一些大型的社团组织则会通过政府购买服务项目的招标，获取更多的公共资金支持，而且这些支持是有机制性保障的，来源非常稳定。一个社团组织若想获得法人资格，需要按照规定向省政府相关部门进行申报。法国对具有法人资格的社团组织设有不同的官方认定的身份属性，根据其业务宗旨不同，有的可以被认定为公益类社团组织，甚至还有的可被赋予公共事业类社团组织的身份，这一身份使之在获得公共资助、与政府合作等方面拥有更多的优势。如此，政府则通过众多社团组织在不同程度上和不同范围内实现了社区治理与公共服务的目标。

在田野调查中，我还注意到法国社团领域内所存在的一些"不够光彩"的现象。按照规定，一个社团组织的成立必须是建立在非营利性目标之上的，但这并不意味着不可以进行经营性的活动——收取的有些费用或是为了弥补组织活动的成本支出，或是为了维系社团组织的运营发展、支付雇员工资等，尤其是对于那些大型的社团组织而言。但是，在田野调查中，我也注意到，有一些小型的社团组织，尤其是在休闲娱乐或文化体育培训等领域内的社团组织，其实际负责人会通过各种形式来开展营利活动，有小微企业的经营活动之实，却在法律上规避了缴税的义务。可以说，公民结社在某种意义上也成为有些法国人谋生的一种手段，成就了他们的"生存之道"。

很明显，考察西方发达社会中的社会组织，是理解其社会发展、社会治理与公共服务供给等议题的一个重要抓手。有关法国社团组织的调查研究，有些内容虽然同样并没有写进我的民族志文本中，但这些基础性的社会事实，却成为后来我拓展法国研究领域时的知识支撑，尤其是在理解其相关制度设计时发挥着重要作用。

五、剖析诸多细节背后的制度理性

研究西方发达社会不能迷失在复杂的细节之中，需要努力去剖析和理解诸多细节背后的制度理性，借以了解附着在这些细节中的众多实践所折射出来的价值理念及其诉求，这是我们剖析西方发达社会何以成为今天我们所看到的样态的关键所在。

政治议题在有关西方发达社会的研究中向来占有重要的地位，但是总体上我们对各国内在的政治机制的运作却缺乏经验性的认知。因此，在我有关法国社会的民族志调查中，选举政治背后的制度理性曾经一度是我田野作业的重点。只有进入到法国社会中，亲自参与观察其各类政治选举，才能够真正地体会到法国在所谓"民主选举"这样一种"成品知识"下所存在的选举实践的多样性及其细节，并通过对这些细节的剖析去理解其选举政治的多种实践机制及其彰显的不同价值诉求。

在法国人的政治选举实践中，除去在欧盟框架下的欧洲议会选举，主要存在着六大政治选举，"自上而下"分别是——总统选举、参议院选举、国民议会选举、大区议会选举、省议会选举、市镇议会选举，它们施行不同的选举制度，也诠释着法国"民主"机制的不同逻辑，呈现了西方社会"民主政治"实践的一种多样性。

尽管法国特别强调"直接民主"机制，包括总统选举在内，都是一人一票，但在上述六大政治选举中，参议院选举并不是每个法国公民都有选举权的。参议院施行的是"大选举人"制度，即只有拥有各级议会议员身份者才有选举权。此外，不但参议员的任期跟国民议会议员的任期不一样——前者为六年，后者为五年，而且参议院议席的更新也不像国民议会那样每逢大选都要全部更换，而是每三年更新一半。当然，类似机制背后的诸多政治意义，只有深入到法国的政治生活之中，才能有更具体的察觉与深刻的理解。在除总统选举之外的其他选举中，选区（即选举的组织单位或者说议席的分布单位）的划分也不尽相同，各类议员候选人参与选举的机制与胜出条件、议席的分配方法等也不一样。

在法国开展民族志调查期间，我有幸参与观察过不同时间段的市镇选举、欧洲议会选举和总统选举等。以市镇选举为例，法国市镇数量众多（目前大约有3.5万个），规模大小不一，其市镇议会的组成不同，议员选举的机制也不一样。对于绝大多数市镇来说，其议会选举采取选举名单制，一般会组织两轮投票，采取比例制分配议席的方案。在竞选时，每一个参选团队都要列出与市镇议会议席数相等的候选人名单，而且要按男女性别交替（团队领头人列第一位）的形式排序——这一机制也充分体现出法国在倡导和践行性别平等方面的做法。在选举投票时，选票上印着参选团队的相关信息，且每一个选举团队都是一张单独的选票。参加投票的选民并不是在选票上对中意的候选人画勾，而是在诸多选举名单中选择一个中意的团队，将印有其名单的选票装入一个信封中，再把信封投入票箱。若信封中出现两张及以上不同的选票，则被视为废票。

一个参选团队若想在第一轮投票中就胜出，则需要获得50%以上的选票。在首轮选举结束后，如果没有参选团队胜出，则须在一周后再举行第二轮投票。在此情况下，并不是所有参选团队都能进入第二轮选举。在第一轮投票中得票率不低于10%的团队可以继续独立参选，得票率不低于5%但没有达到10%的参选团队可与同样可以单独参选的团队合并，组成新的竞选团队。尽管也会有候选团队在第一轮投票中就胜出，但在大多数情况下，第一轮选举的选票往往是比较分散的，所以在多数市镇都得进行第二轮选举，而且在这个时候，选举团队也基本上都是重组的。有意思的是，在这样的重组中，传统的政治阵营的边界——比如左右之分、中间党派与极端党派的差异等，有时候会被打破。在精明的政治算计中，出自不同阵营的选举团队会为了选票以赢得议席而选择合并，因为赢得最高得票率的团队在议席分配中占据明显的优势地位。

就议席分配而言，在第一轮投票中就胜出的团队，以及在第二轮投票中获得选票数量最多的团队，首先获得议会议席数量的50%份额，其余席位则按照获得选票的比例在得票率不低于5%的团队之间进行分配。也就是说，在此机制下，任何一个得票最多的团队，都会在市镇议会中获得半数以上的议席，而对于得票率超过50%的团队，则至少拥有75%的议席。这也就为获胜团队的执政创设了有利的条件。在此细节中，我们也可以看到，一个竞争团队在市镇议会中的议席占比并不直接对应其在市镇选举中的得票率。另外，在巴黎、里昂、马赛这三个设"区"的大型城市中，由于人口众多，其市镇选举的组织又稍有不同。我在里昂第四区进行调查期间，也直观地感受到了在这样一个大型城市中"民主政治"的实践过程。

在法国从事田野调查期间，我曾经较为深入地参与观察了2008

年举行的法国市镇议会选举，不但在里昂当地的"红十字"社区参加过竞选团队的竞选集会，也参与观察了投票的组织过程，了解到选票的设计与投票的具体做法等细节，甚至还积极争取到了参与计票与唱票的机会，从中了解到了很多细节，尤其是"民主的程序、秩序与智慧"。同时，也了解到了在当代西方国家政治选举中不断增长的弃权现象背后的多重原因。

开展关于法国政治实践的研究，如若不了解这些选举的内在机制，是无法真正理解其"民主实践"的内在逻辑的。通过政治选举对法国政局走向进行研判，实际上也需要基于对这些选举机制的深入了解，否则就会生发出不切实际的误判。而在我们目前涉及国际政治的学科体系下，这些所谓的"细节"似乎表现得过于琐碎，而不被重视。不过，如今随着人类学方法越来越受到社会科学诸多学科的重视借鉴，有些政治学者开始关注这样的问题，[1] 但总体上并没有为中国学界提供较为系统的有关西方国家政治选举内在机制的"学术知识"。可以说，只有基于人类学民族志的方法，才能在更贴近实践的层面上了解这些"成品知识"背后的多样性表征及其内在的制度理性。只有深入理解各国政治生活实践的基础性的底层逻辑，才能对其可能出现的政治局势的变化有一定深度的洞察。

六、发现理念与实践之间的偏离

在中国学界有关西方发达社会的知识储备中，诸多理论知识占据多数，而这些理论所内含的思想诉求在何种程度上对应着它们现实中的社会事实，是否与其国家与社会的发展同步，诸如此类的问

---

①比如刘瑜2009年所著的《民主的细节》（由上海三联书店出版）。

题实际上都是我们需要了解的。从某种意义上讲，发现西方发达社会在"理念"与"实践"之间的偏离，也是我们理解其"成品知识"的一个重要维度。就此而言，我在法国田野中所做的有关移民、族裔与文化多样性的研究，令我感受颇深。

在有关欧洲国家的研究中，"移民"是一个广受关注的议题。不但非欧洲裔移民的融入、民族认同、移民政策的调整与移民问题治理、社会歧视等议题受到重视，而且在讨论宗教治理、社会保障、政治选举、民粹主义等议题时，与"移民"相关的诸多事项同样是一个不可忽视的话题。

作为学术术语的"移民"，以及在法国官方文件中的"移民"，相较于法国民众在日常生活中所使用的"移民"，其内涵并不一致。前一个范畴的"移民"，是指那些没有出生在法国且出生时没有法国国籍、后又移居至法国的人。而后一个范畴的"移民"，也就是很多民众认知中的"移民"，则指向所有那些具有外来族裔血统的少数族群，尤其是那些非欧洲裔的族群，尽管他们当中很多人都是土生土长的法国公民。在社会舆论中"移民"这一身份标签往往具有负面的含义。值得注意的是，在法国"移民"还是一个永远都不会改变的身份标签——对于移民来说，无论他们后来是否加入法国国籍，在官方的相关统计中会一直都是"移民"，而从社会情感认知的角度来看，他们更是被标签化的"他者"，在大多情况下被人以"移民"相称，如此称呼直接反映出本土社会对这些少数族裔作为法兰西民族成员与法国公民的身份的"不承认"。如今，有关移民的问题异常复杂，社会认知与反应非常不同，只有深入到法国社会内部，在社会生活的日常实践中去观察和了解，才能真正地了解到在法国社会内部所存在的各种"自我认同"与"不承认"之间的复杂关系。以民族志的方式去深入挖掘这些社会事实，对于深入了解当代法国在社会发展与社会治理中所面临的种种现代性挑战与危机，是一种适宜的知识生产方式。

在当代欧洲语境中讨论移民问题，从各国情况来看，都跟"民族"问题密切相关，涉及民族认同与国家认同、身份治理等多个关键议题。再聚焦到法国社会来看，当代法国社会对待移民的态度，在相当程度上折射出他们践行其共和主义的"公民民族"观的态度与立场，尤其是反映出法国社会在"民族认同"、对待文化多样性等问题上的双重标准。

从历史上看，法兰西民族本就是多民族融合的产物，在其内部存在着不少本土的少数族群，如布列塔尼人、科西嘉人、巴斯克人等，但是经过法国大革命的洗礼，强调"民族"（nation）作为政治共同体的"公民民族"理念成为法国人所强调的共和主义原则之一。在此框架下，所有内部的族裔特性都被规训在"公民民族"框架之下——在"民族"认同上摒弃了"血统权"的标准，不从族裔角度对其成员进行区分、不承认诸多族群的存在，其民族成员的构成不区分出身、种族或宗教，而是强调共同体成员的政治意愿等（Zhang，2023）。正如法国人类学家厄内斯特·勒南（Ernest Renan）所言，构成一个民族的根本性要素是其成员的意愿——共同生活在一起的意愿（Renan，1882）。这样一种理念在法兰西民族建构的历史进程中发挥了关键作用，而且也很好地整合了一些欧洲其他民族出身的移民及其后裔所呈现出来的族裔属性及其认同，后者很好地融合成为法兰西民族及其认同的一部分。这在一定程度上表明了共和主义原则与公民民族理念的"成功"，它们很好地整合了法兰西民族框架下的族裔多样性。

可是，在如今的法国社会中我们却看到了另外一番景象。当非欧洲裔移民及其后裔——尤以穆斯林群体为代表——的人口规模在法国社会中甚为壮大时，当法国社会尝试同化他们所表现出来的少数族裔属性遭遇失败时，我们看到的却不再是法国社会对各类少数族裔属性的包容与接纳，而是排斥，由此我们甚至可以怀疑"公民民族"的理念是否还是法国共和主义价值观的内在组成部分，进而可以思考的一个问题是，以法国为代表的西方现代民族-国家在何种程度上仍处于建构进行时（张金岭，2018）？在这样的理念与实践之间的矛盾现实中，一方面我们能够观察到一部分少数族裔群体持续给法国社会带来的一系列伤害，涉及治安问题、宗教问题、极端主义与恐怖主义问题等，另一方面我们也能看到法国主流社会对于这种族裔属性的排斥——以穆斯林为代表的一些少数族裔深切地感受到他们并没有真正地被法国主流社会在情感上所接纳与承认。这两种现象的存在则使得以穆斯林为代表的外来少数族裔与法国主流社会之间的矛盾日益加深，而且恶性循环。冰冻三尺，自然非一日之寒。时至今日，这种恶性循环的矛盾究竟最初是如何造成的，已经难以说得清，但可以肯定的是，今天这种局面的出现，已经使得法兰西民族的自身认同与建设面临着异常尖锐的挑战，这些挑战一方面来自其内部"他者"的威胁，同时也来自其在基本理念与价值观实践中的双重标准。

谈及法国的民族问题，还有一个与之密切相关的议题，那就是当代法国在世俗主义实践中所面临的挑战与困境。在今日法国，世俗主义早已成为一种占据主导地位的价值原则，它强调宗教信仰自由、强调不同信仰之间的平等，更强调公共领域不受宗教因素的影响，也就是说强调国家与公共领域的世俗性。就此而言，法国主流社会与穆斯林群体之间也存在着冲突，尤其是以围绕在公共场合的着装问题的主张分歧为代表。近些年来，法国已先后多次立法，就此进行规范，维系其世俗主义价值原则。法国主流社会所面临的一个关键问题是，在一些人认为少数人在公共场合穿戴或佩戴具有明显的宗教属性的衣物或饰物是对世俗主义原则的侵犯时，另一些人却坚持认为其穿着不涉及宗教，而是一种文化行为，甚至也有人认为那恰恰是宗教自由的体现。类似冲突，同样也使得法国社会内在的民族团结受到空前的挑战，严重影响着其内在凝聚力的形成。

不进入法国社会内部，就难以理解在作为"成品知识"的法国的"共和主义"原则之下，当代法国社会对于"民族"理念所持有的双重标准的多样表征，就无法理解一部分法国人对非欧洲裔少数族裔的复杂心态，就无法理解那些身为法国公民的外来少数族裔在"民族认同"问题上其作为法兰西民族成员的"主体性地位"得不到认可的窘境，同样也无法真正理解一部分人所提醒的"世俗主义危机"到底对应着怎样的社会现象，以及当代法国的宗教治理究竟面临着怎样的困境与挑战等。当然，只有基于深入的民族志调查，才能够更深入地了解法国社会中少数族裔群体内部所存在的诸多分化，了解到少数族裔群体与其所生活其中的法国社会之间的种种问题，才能在污名化、极端主义与恐怖主义、歧视与反歧视等种种复杂的涉及少数族裔有关的现象中找到甚为多样、复杂的原因。

从上述议题进一步引申开来，我还在有关法国的研究中进一步注意到，法国在文化多样性的问题上是持有鲜明的双重标准的。一方面，其在国际社会中积极倡导保护文化多样性，尤其是要维系法国文化在世界社会中的积极价值；另一方面，法国在对待其内部的文化多样性方面，却对族裔多样性持有甚为"保守"的态度——积极支持欧洲本土文化的多样性，却消极对待以移民群体为代表的非欧洲文化属性的存在（张金岭，2019）。在其理念与实践之间的偏差中，我们可以发现法国在某些方面的"个性"，这在有些时候也会成为与之开展对话的重要抓手。

七、结语：交互人类学视野下关于发达社会的民族志研究

尽管传统的人类学研究从事的都是"向下"的研究，关注非西方世界，但是也有一部分西方的人类学者很早就敏锐地意识到，他们同样需要用"他者"的眼光来审视自身，并欢迎非西方的人类学者去研究他们的社会与文化。正如法国当代人类学家阿兰·李比雄（Alain le Pichon）所设想的，"当西方对人类状况的认识意识到了局限，另一种视角的时代已经来临，当西方观察者的目光突然虚空了、或缺了，他们便在世界舞台上为别样的视野、别样的认知方式让出了自由的空间，他人的目光就出现了"，西方人类学"所要准备的是对世界的再次发现"（李比雄，1998）。在我看来，这里的"再次发现"除了指向重新审视人类社会的时代情境外，还包括不同民族文化视野下对于世界与时代持续变迁的认知，尤其是所谓"他者的眼光"。或许，来自西方人类学界的这样一种姿态正为中国人类学者同西方人类学开展合作、深入研究西方发达社会提供了难得的合作机遇。

早在20世纪80年代，以李比雄先生为代表的欧洲学者就明确提出了"交互人类学"的概念，倡导"跨文化"的研究视角，他们主张欧洲人类学需要向其他非欧洲文化的认知方式敞开门户，赋予非欧洲文化以诠释的使命，并创建了欧洲国际跨文化研究院，其主

旨是开拓不同文明的互识道路，并通过了解非欧洲研究者对欧洲的认知，致力于涤清各种文化之间的误解，并在最适宜的相互观察的机制下创造发现对方的最好的相聚环境（李比雄，1998）。

在大多数人看来，习惯了审视非西方"他者"的西方人类学，或许很难接受被以人类学的方式审视。因此，对于中国人类学有关西方发达社会的研究而言，界定怎样的研究议题，以推动双方"交互人类学"知识体系的完善就显得很重要。比较文学大家乐黛云教授就提出，要把"人类面临的共同问题"作为两种文化（如非西方与西方）进行对话的一个中介，"这个中介可以充分表达双方的独创和特色，并足以突破双方的旧体系，为双方提供新的立足点来重新观察自己，为'更新'和'重建'构成前提和可能"（乐黛云，1998）。从知识生产的角度来看，或许这也是中国人类学在西方发达社会研究中选择研究议题的一个视角，在此关照下的知识生产将有助于推动中西文明之间的交流与互鉴。

对于意大利哲学家安伯托·艾柯（Umberto Eco，又译作恩贝托·埃柯）来说，在不同文化的相遇中，他特别感兴趣的一种文化间的作用方式是被其姑且称为"错误认同"（false identification）的现象。在他看来，对于任何一种文化背景下的人，在"我们周游、探索世界的同时，总是携带着不少'背景书籍'，它们并非是体力意义上的携带，而是说，我们周游世界之前，就有了一个关于这个世界的先入为主的观念，它们来自于我们自身的文化传统"（埃柯，1998）。他所说的这种现象，尤其呈现了"先入为主的文化认知"对于一个人理解异文化、认知世界的影响。由此引申开来，如果我们之前阅读的这些"背景书籍"出自某种文化中心主义的立场的话，那么这些知识就会对我们客观理解研究对象有负面的影响。

因此，如何能够在经验研究的意义上，基于自身的理解去探寻有关研究对象的经验知识，其关键意义则在于如何纠正自身的认知偏颇，所以要努力站在"跨文化"的层面上去理解研究对象，把文化间"平等的主体性"充分呈现出来。很明显，就此而言，如何摆脱自身认知的局限去理解研究对象——尤其是跟我们有着较大差异的历史文化传统的西方发达社会，则需要走向海外的中国人类学者拥有足够审慎警惕的态度。当然，保持审慎警惕的态度只是在认识论与方法论上的一种认知，而只有在深入的田野民族志调查中，才能有针对性地感知自身的认知樊篱，知晓如何纠正有关研究对象的既往理解，在研究者个体和学界集体的层面上，避免中国人类学在"向上"研究的拓展中陷入认知误区，否则无益于推动中国社会科学更深入地理解世界。

参考文献

阿兰·李比雄，1998，《封闭的时代一去不复返》，黄荭译，《跨文化对话》第1辑，乐黛云、阿兰·李比雄主编，上海：上海文化出版社。

恩贝托·埃柯，1998，《东西方文化的差异与共存》，蒯轶萍、俞国强译，《跨文化对话》第1辑，乐黛云、阿兰·李比雄主编，上海：上海文化出版社。

费孝通，2022，《师承·补课·治学》，北京：三联书店。

弗朗索瓦·于连、阿兰·李比雄，1998，《更新文化人类学研究方法，重估中国文化传统对人的认识》，《跨文化对话》第1辑，乐黛云、阿兰·李比雄主编，上海：上海文化出版社。

高丙中，2009，《凝视世界的意志与学术行动》（"走进世界·海外民族志大系"总序），《信徒与公民：泰国曲乡的政治民族志》，龚浩群著，北京：北京大学出版社。

——2006，《人类学国外民族志与中国社会科学的发展》，《中山大学学报》

2006年第2期。

郝平，2012，《以全球社会为研究对象 失去社会科学更加繁荣》（"走进世界"丛书总序），《公民与社会：法国地方社会的田野民族志》，张金岭著，北京：北京大学出版社。

乐黛云，1998，《寻求跨文化对话的话语》，《跨文化对话》第1辑，乐黛云、阿兰·李比雄主编，上海：上海文化出版社。

刘瑜，2009，《民主的细节》，上海：三联书店。

张金岭，2012，《公民与社会：法国地方社会的田野民族志》，北京：北京大学出版社。

——2018，《法国语境下的民族理念及其价值导向》，《西南民族大学学报》第12期。

——2019，《多元法国及其治理》，北京：中国社会科学出版社。

周星，2012，《人类学在中国讲述法兰西故事的意义》（序言），《公民与社会：法国地方社会的田野民族志》，张金岭著，北京：北京大学出版社。

Insee 2023, *Naissances hors mariage : Données annuelles de 1994 à 2022.* https://www.insee.fr/fr/statistiques/2381394.

Renan, Ernest 1882, "Qu'est-ce qu'une nation?" *Conférence en Sorbonne.* http://www.iheal. univ-paris3. fr/sites/www. iheal. univ-paris3. fr/files/Renan_ - _Qu_est-ce_qu_une_Nation.pdf.

Zhang, Jinling 2023, "Intrinsic conflicts within ethnic and religious issues in France." *Intrinsic conflicts within ethnic and religious issues in France* 7(15).

马强.走向深处:俄罗斯田野工作的经验谈[M]//赵联飞,赵锋.社会研究方法评论:第4卷.重庆:重庆大学出版社.

走向深处：俄罗斯田野工作的经验谈

马　强①

摘要：本文以"走向深处"为线索，回顾和反思了我第一次在俄罗斯的田野调查。走向深处是我在这次田野调查中最深的体悟，要做好田野调查，不仅要走进田野调查地这个空间的深处，还要走进时间的深处，关注田野点的地方史和报道人的生命史，更为难得的是走进当地人心灵的深处。"走向深处"需要民族志学者具有"交往的天赋"和"适应的天赋"，民族志学者正是在与田野点和当地人彼此交往和相互适应的过程中，完成了从进入、融入到深入田野的过程。

关键词：俄罗斯田野调查；多点民族志；交往的天赋；适应的天赋

Abstract: This article reviews and reflects on my first fieldwork in Russia using "Going Deep" as a clue. "Going deep" is my most profound feeling during this fieldwork. To do a good job in the fieldwork, one must

---

①作者简介：马强，中国社会科学院俄罗斯东欧中亚研究所副研究员，中国社会科学院俄罗斯研究中心副秘书长，研究方向为俄罗斯社会与文化、海外民族志、政治人类学。联系方式：maqiang@cass.org.cn。

not only go into the depths of the space where the fieldwork is conducted, but also go into the depths of time and pay attention to the local history as well as the reporter's life history, and what's even more rare is to reach the depths of people's soul. "Going deep" requires ethnographers to have the "talent of communication" and the "talent of adaptation". It is in the interaction and mutual adaptation with field sites and local people that ethnographers complete the process of entering, integrating and exploring deep into the field.

Key words: Russian Fieldwork; Multi−Site Ethnography; Talent of Communication; Talent of Adaptation

　　2007年底至2010年初，我作为人类学专业的博士研究生在俄罗斯进行田野调查。一直以来，我都没有找到一个合适的词来描述我的田野调查经历，直到我在田野笔记中读到这样一段："我最终决定要到沃罗涅日州的村子里住下来，谢尔盖邀请我去他家，我们一起喝了下午茶，算是为我践行。谢尔盖的母亲说我去的地方是'深处的农村'（глубинная деревня），一定要保护好自己。"俄罗斯人用Глубина（深处）一词来形容偏远之地，也指底层民众。当然，Глубина也有引申的意涵，指悠远的过去，以及神秘的内心深处。在田野中遇到的Глубина一词给予我诸多启发和联想，我自然地将"深处"与人类学民族志研究方法联系起来。人类学民族志方法常常以深入实地的田野调查作为自己的典型特征："步步深入"的田野工作历程、深度参与研究对象的生活、与当地人"深度访谈"、民族志"深描"的阐释方式。"走向深处"符合人类学的学科气质，更是我在俄罗斯田野调查的真实写照。

一、走向田野的深处

2007年底，我到了莫斯科，如一张白纸的我开始了所谓的田野调查。当时，中国人类学的海外民族志才刚刚起步，缺乏在对象国的社会资源、人脉关系，选择田野地点和融入田野都十分困难。正因如此，我在俄罗斯寻找田野调查地点的过程十分曲折。为了寻找合适的田野点，我从首都莫斯科，去往莫斯科的卫星城科洛姆纳，后选择去了中央黑土区沃罗涅日州，先住在沃罗涅日市，又去了沃罗涅日州的三个村庄：拉特诺耶村、秋多夫卡村和希绍夫卡村。从田野点的选择来看，我从俄罗斯的都市到了"外省"，从城市走向了农村。从我到过的几个村庄来看，又从城市近郊到黑土区腹地，最后"扎根"的希绍夫卡村真的可以被称为"深处"了。

从莫斯科去科洛姆纳是由相熟的民俗学研究机构介绍，但后来因无法住到当地社区而放弃。去沃罗涅日市是经由中国朋友介绍，住在他的房东斯维塔家里。去沃罗涅日州的第一个村庄拉特诺耶村是通过斯维塔介绍，这个村子与斯维塔的达恰（乡间别墅）很近，斯维塔便把我介绍给养牛户微拉家，她经常从他们家购买牛奶。因为无法从房东家脱身进入整个村庄，我又从拉特诺耶村离开。后来，我通过各种关系结识了沃罗涅日大学民俗学教研室的老师，这位老师帮我找了两个适合做田野的村庄，一个村庄是离沃罗涅日市不远的秋多夫卡村，房东经营着一家民俗博物馆；另一个村庄离沃罗涅日市一百公里，是典型的以农业为主业的黑土区的村庄。我先去了秋多夫卡村，住进了博物馆里。由于我住的房间是没有暖气的夏屋，在冬季来临之前我便离开了。离开秋多夫卡村后，我去了希绍夫卡村，在这里住了较长一段时间，其也成为我田野调查资料来源最多的地方。

在选择田野地点的时候，由于缺乏当地社会资源的调查者是缺乏自主性的，我辗转于城乡的田野点之间，是一种看似无序的运动。在此过程中，我不是去选择田野点，而是要不断去尝试找到能接纳我的家庭和社区。随着人脉关系的累积，有熟人和当地精英的介绍，我才能顺利住到当地社区中去。"能进入社区，住到当地人家里"，这是我初入田野最为基本的需求。一旦进入田野，自己也成为社区的一分子，就如同一颗种子一样开始生根发芽。社会关系如同新生的枝丫和土壤之下的根蔓不断延伸。枝丫越繁茂、根蔓越粗壮，田野调查者在当地社区的根基就越稳固。当然，当田野调查者敏锐地感到深植的田野并不适合其"生长"，便会调整自己去适应或者选择新的田野点。我后来在黑土区村庄不断变换田野地点，便是出于这个原因。在那个时候，我不再满足于"住进去"的最基本的诉求，而是寻找更为合适自己的田野点了。

在俄罗斯选择田野地点的过程构成了"多点民族志"的实践。"多点民族志"由乔治·马库斯（George Marcus）提出，是面向全球化和更为宏观的社会秩序所提出的一种方法论（Marcus，1994）。"多点民族志"方法对于我在俄罗斯关注城乡社区的社会转型研究而言是具有启发意义的。乔治·马库斯认为，民族志研究者在对特定田野点的调查工作中，其不断变动的敏感性和洞察力势必引导其带着对第一个点的想象投入到对其他调查点的研究（Marcus，2007b）。这种"多点民族志"的优势在田野地点的转换过程中发挥了作用。如今，回溯田野地点转换的过程，我发现它在"不断变动的敏感性和洞察力"的引导下成为了深入当地的实践。另外，"多点民族志"呈现的不仅仅是简单的在"多点"之间的移动，而是将民族志研究本身看作网络化的、深入的、不断扩展的知识生产过程，多点民族志研究关注的是连接和关系，这些想法和结构是需要不断发现的（Marcus，2007a）。我在俄罗斯的"多点民族志"实践便是一个知识生产的过程，在"多点"经验的比较之中形成了研究主题，又在"多点"之间的联系和关系中深入理解俄罗斯社会的结构和运作逻辑。

在俄罗斯的"多点民族志"并不是由调查主题推动而形成，相反，我的研究主题是在辗转于各个田野点的过程中逐步发现和确立的。城市和乡村、都市和"外省"之间的差异性十分突出，甚至可以被视为是不同的"俄罗斯"。俄罗斯学者根据人口规模和产业分布的城乡差异提出了"四个俄罗斯"[①]的理论。如果将这种差异性推而广之，在阶层、民族宗教、地理环境这些维度也能划分数个"四个俄罗斯"，甚至是更多的"俄罗斯"。游走在不同的"俄罗斯"之间，给我冲击最大的便是差异性。我曾在莫斯科的剧院观赏芭蕾舞，也曾在乡间牛棚清理牛粪；曾在城市豪宅里的新年餐桌上用不同的水晶酒杯喝国外进口的白兰地和香槟，也曾在乡村木屋前和房东同喝一瓶丈母娘自酿的"小烧"。"城市俄罗斯"和"乡村俄罗

---

①第一俄罗斯是人口在50万以上的大城市的国家，吸引着大部分移民，教育程度和现代化程度较高；第二俄罗斯是人口为2万到25万，甚至是50万的工业城市，更多地保留了苏联时代的生活方式，人口流动性和竞争性低；第三俄罗斯由村庄和小城镇的居民组成，农业为基础产业，人口具有老龄化和分散性的特点；第四俄罗斯是位于边疆的民族共和国，地方部族争夺权力资源，民族和宗教矛盾突出，依赖联邦预算。参见 Наталья Зубаревич: Четыре России. Ведомости, от 30 декабря 2011。

斯"之间也存在偏见，甚至是污名化的认知。莫斯科和沃罗涅日的城市人认为"深处"的乡村是酒鬼、罪犯横行之地；而在黑土区乡村，当地人认为城市已经被腐化为纸醉金迷的世界，不再属于纯洁的"俄罗斯"，莫斯科是"俄罗斯的心脏"，而只有乡村保留着"俄罗斯的心灵"。

与"多点民族志"实践中的差异性相比，共同性的发现总是令人兴奋而倍感珍贵。在21世纪的第一个十年，俄罗斯社会面对的共同的社会事实是无一例外地要面对社会转型以及由此带来的阵痛。不同地域、年龄、受教育程度、职业收入的群体都受到社会转型的影响，一方面，人们要适应新的政治体制、市场经济和社会秩序；另一方面，人们还生活在旧有的遗产和废墟之中无法挣脱。在社会转型的主题下可以纳入我的几个田野点的民族志资料，相比传统的民族志研究，这是一种反向的知识生产过程。但如果将在几种类型的田野点的调查经历互为"预调查"，在确定田野调查主题以后不断地到几个田野点"回访"，这也发挥了"多点民族志"有利于比较的优势。

"多点民族志"的"点"并不意味着一个个孤立分布的岛屿，点与点之间通过道路、河流连通，地方的经济、社会网络将点与点紧密地联结在一起。点与点之间的关系并不是等距、等高的，会形成势差，最为明显的便是城市与乡村之间的势差，这种势差构成了点与点之间人和物的流动。只有"多点民族志"对这种流动才有更为细致的观察和深入的理解。

若从俄国、苏联绵延至当代俄罗斯的现代化进程来看，工业化、城市化是现代化最主要的特征，人力与物产从农村源源不断地流向城市。在苏联时代，作为工业城市的沃罗涅日市修建了数条从各个方向伸向乡村的电气火车线路。在沃罗涅日城郊的拉特诺耶村车站便是这条铁路线上的一座小站。据当地人回忆，村里的青壮劳动力大多成为城里的工人，电气火车是他们通勤的主要交通工具。每天早晚都有五六班电气火车经过这个小站，运送当地的劳动力从乡村到城市，再从城市回到乡村。苏联解体以后，计划经济时代已经过去，市场经济条件下城乡流动速度加快，劳动力流动更为自由。在沃罗涅日，不仅是城郊的乡村，在黑土区腹地的村庄，集体农庄解散以后年轻的劳动力也都去了城市。曾经干劲十足、热火朝天的集体农庄如今都变成了"老人的村庄"。而那些去了城里的年轻人大多无法在城市里扎根，经济形势不好的时候便失去工作，又回到乡村，成为城乡之间的"候鸟"，随经济形势的变化徘徊迁徙。

人口向城市流动带来的乡村空巢化现象，是现代化、城市化的后果，在我国的现代化进程中也有相似的情况。在俄罗斯，还有一种反向的城乡人口流动，很多人（主要是老年人）短期地、季节性地，甚至是长期地从城市回到乡村，这有赖于俄罗斯城乡之间独特的生活空间——达恰。在苏维埃时代，市民家庭在乡村会分得一小块份地，人们在此建乡间别墅，这块份地和乡间别墅被俄罗斯人亲切地称为"达恰"。"城里的公寓、汽车和郊外的达恰"是苏维埃人和当代俄罗斯人理想的生活配置。人们在达恰种地养花、休闲度假，甚至选择长期居住于此。俄罗斯人喜欢邀请客人去达恰度假、休息，很多到过俄罗斯的人都对达恰印象深刻，认为这里是俄罗斯人的"世外桃源"。

我在沃罗涅日市住在中国朋友的房东斯维塔家里，我几乎每天都要和斯维塔去她的达恰。只有深入其中，才能体会这里不只是俄罗斯市民用以休憩的别墅，达恰更为重要的功能是俄罗斯市民家庭的避风港。在苏联解体之后的经济和社会危机中，就连食品都面临短缺，达恰出产的土豆、蔬菜、水果让城市里的贫困家庭免于饥饿。斯维塔就是依靠达恰这一小块土地度过了最艰难的时期。就在不久前的新冠肺炎疫情肆虐之时，很多俄罗斯人选择回到自己的达恰，在这里躲避因密切的人际交往而急速传播的未知病毒。在日常生活中，达恰的宁静自然也让人们可以短暂地逃避城市的竞争与喧嚣。面对城市里飞涨的房地产价格，很多老人选择把城里的公寓让给儿女子孙，自己住到达恰里终老一生。历史学家告诉我们，就在一个世纪以前，俄罗斯绝大部分人口还生活在乡村。在乌克兰农村出生的斯维塔告诉我，大多数俄罗斯人向上数两到三代都是地道的农民，俄罗斯人有亲近土地的基因。其实，达恰的这一方土地，是俄罗斯人精神原乡的表征。

随着田野调查的深入，"深处的乡村"成为我最终的田野地点。但乡村之外还有更广袤、悠远的"深处"。村落相比于周边的绵延不断的耕地、草原、森林、江河湖泊显得十分渺小。俄罗斯族本身被称为"森林里走出的民族"，他们与草原上的游牧民族和从河流湖泊中"舶来"的民族杂居、交往与交融。当地人的日常生活离不开自然界，与大自然建立了和谐共生的关系。这里是"木的欧洲"，当地人了解周围各处的物产，了解森林里每一种草、树叶、林中野果的药性和功能，能分辨每一种鸟的啼鸣……这些地方性知识是他们掌握的最为富集的资源。

村里人对自然界还有一种敬畏、恐惧的情感。信仰东正教的黑土区乡村以教堂为中心，形成了与每个人都密切相关的人生仪礼、公共生活秩序、伦理道德。如果以村落为原点再向村落之外的"深处"探究，村落周边的自然是一个神秘的、让人敬畏的世界。相比于村落，这里有着野性、自然的力量。在当地的传说故事中，周边的森林、河流、湖泊里都住着神灵，游荡着未能进入天堂的灵魂，这些都被认为是"不洁的力量"。因此，在村里人看来，村庄外部的森林阴郁神秘，充满了危险和恐惧。其实，这也是俄罗斯人在内心深处对外部世界的观感。

二、走向历史的深处

时至今日，人类学的田野地不再是"无历史感"的社区。走向"深处"，还有一个重要的意涵是要求田野工作者走向历史的深处，用民族志文本沟通历史与现实。

俄罗斯是具有强烈历史感的民族，是善于纪念的民族，喜欢用建造雕像、纪念碑、教堂、宫殿等景观来"雕刻时光"[①]，纪念俄罗斯历史上发展的重大事件。莫斯科就是一座纪念性景观林立的城市，"雕像的战争"[②] 是时代转换的表征。莫斯科市中心的红场本身就是一部俄国（苏联）历史的缩影，这里有纪念伊凡四世攻克喀山汗国的教堂，有纪念贵族和平民联军赶走波兰-立陶宛侵略者的雕像，有罗曼诺夫王朝的纪念碑，有革命导师列宁的墓地，有纪念伟大卫国战争胜利的无名烈士墓……身在红场，这些纪念性的景观

---

①借用苏联导演安德烈·塔可夫斯基的作品集《雕刻时光》（Запечатленное время）的名称。

②雕像既是记忆的官方守护神，又是来自被遗忘者之阴间的信使……雕像是权力的信使，因而常常变成替罪羊，成为发泄忧虑和愤怒的对象。20世纪30年代中期，新的国家传统被制造出来，标志就是领袖们的高大雕像如雨后蘑菇般到处出现。苏维埃联盟终结的高潮是在苏联英雄公共纪念碑周围破坏偶像的狂欢活动。契卡的头目捷尔任斯基的纪念碑被狂热的人群推翻……在基辅，列宁被拆下装在笼子里，空荡的底座只留下了他的一双石头靴子。参见斯维特兰娜·博伊姆，2010，《怀旧的未来》，杨德友译，译林出版社，第100—101页。

能够带着置身其中的人走向俄罗斯的历史"深处"。在俄罗斯，俄国—苏联—俄罗斯的历史延续性不只是写在宪法之中，还通过历史叙事和文化景观构建出来。

如果说在首都莫斯科的中心红场的文化景观展示的是俄罗斯国家的历史进程和脉络，那么，当我深入到其他城市、乡村，也能看到展现地方历史的文化设施。在我到过的大大小小的俄罗斯城市中，几乎每座城市都有"地方志博物馆"。地方志博物馆展示着本地的自然物产、文化遗产和历史进程。一般而言，地方志博物馆在突出当地的历史文化特征的同时，都会将本地区的历史与整个俄罗斯的历史进程勾连在一起。即使到了最为偏远的乡村，也有记录当地历史的文化设施和纪念性景观。一般而言，教堂的建成意味着村落的形成；苏维埃时代建立的文化宫会设有小型的博物馆和图书馆；每个村庄都会有卫国战争纪念碑和烈士墓，墓碑上刻着从村庄中走出的保家卫国的烈士的姓名。这些文化设施和文化景观能够将地方的现实与历史、小地方与整个国家紧密勾连起来。

从城市到乡村的文化设施都是具有开放性的，是我在田野调查的过程中最容易进入的公共空间。教堂犹如一座建筑博物馆，往往是这座城市、村庄最为古老的建筑。俄罗斯城市和乡村的教堂对于非信徒也是开放的，教堂的壁画、圣像、圣像壁有几百年的历史，人们在这里礼拜，齐颂的祈祷词、吟唱的圣歌也都是千百年来流传下来的声音。当地人的先祖便是在这里洗礼、成婚、举行葬礼。如果说教堂展现的是人们精神生活的空间，地方志博物馆则是展示世俗生活的历史文化空间。在希绍夫卡村所在的博布罗夫区有一座十分漂亮的二层小楼，这里是便是博布罗夫区的地方志博物馆。在博物馆二层的农民生活展区，讲解员告诉我每一件展品都是"有生命的", 都是人们使用过的农具、厨具、生活用品。她熟练地操起这些生活用具, 向我展示革命前的俄国农民如何收麦、如何煮奶、如何洗衣等。在讲解员的展示下, 俄国农民的生活场景浮现在我眼前。文化宫是基层非常重要的公共文化设施, 承担着社区、村庄公共文化活动的组织工作。每年到胜利日、祖国保卫者日这些与"伟大的卫国战争"相关的节日时, 文化宫都会举办各类活动(如烈士墓献花、不朽的军团游行、音乐会、胜利礼花等)来庆祝伟大卫国战争的胜利。这是一段俄罗斯从政权到普通民众都极为看重的一段历史, 通过在纪念日的不断展演将这段辉煌的历史照进现实。

档案是了解当地社会历史最为重要的资料, 俄罗斯十分注重档案的建立、整理和保存。难能可贵的是, 乡村的档案也编印成册, 保存状况良好。在希绍夫卡村时, 我在区档案馆居然能找到希绍夫卡村曾经的集体农庄的全部档案。档案资料十分丰富: 有集体农庄史; 集体农庄历年来的统计信息, 包括粮食和奶制品产量、牲畜数目都有非常详细的记载; 地方报纸关于集体农庄的报道; 集体农庄执委会的会议记录, 每次会议的内容和决议都非常详细地记录并整编成册。档案里不仅有文字性的资料, 还有大量的照片。翻看这些档案资料, 集体农庄的面貌十分立体地呈现在我的面前, 我在村庄里认识的曾在集体农庄工作的庄员们的面目顿时也鲜活了起来。

民族志研究除了关注国家、地域的历史, 也关注往往被宏大历史叙事忽略、隐匿的家庭和个人的生命史。通过生命史可以构建起以个人、家庭为中心的崭新的历史叙事, 能更为清晰地呈现地方社会的时代变迁、社会网络的构建、社会资本的流动等。

在田野工作中, 生命史是田野调查者的看家本领。如果被访者不谈及生命史, 就无法理解他在当下的境遇。我在俄罗斯的田野调查中，梳理被访者的生命史是与被访者交往的第一步。除了深入访谈，翻看被访者的旧照片是了解生命史非常有效的方法。几乎每个俄罗斯家庭都有保存旧照片的习惯，旧照片或是装在相框里挂到"红角"的圣像边，或是分门别类地装进影集中，再或是散乱地装到一个盒子里。与被访者相熟以后，我都会请求看一下他们的旧照片，这是他们家庭的"档案"。旧照片非常明晰地展示了这个家庭的"亲属关系"、家庭成员的"人生仪礼"，被访者的出身、学业、职业、兴趣爱好、社会交往都可以在旧照片中一览无余。看到旧照片，被访人不自觉地会讲起有趣的故事、最特别的经历，或是最令他难忘的人。

沃罗涅日市的房东斯维塔存着几张老人去世的旧照片，老人穿着黑衣安详地躺在棺材里，很多人围在她的身边，亲吻她并向她告别。最后，人们抬着棺材，举着十字架把她送到墓地。斯维塔说，照片里的逝者是她的姥姥。看着照片，斯维塔自然地讲起了姥姥的故事。

　　姥姥出生在革命前的乌克兰农村，父母都是农民，姥姥的母亲在姥姥很小的时候就去世了，她的父亲又娶了妻子，生了孩子，所以姥姥小时候生活很艰难。她在十来岁的时候就跑到离村子很近的一个小城的火车站摆摊，卖一些农村地里出产的苹果、西红柿。当时，城里一对很有钱的夫妇没有孩子，想要收养姥姥，姥姥的父亲坚决不同意，姥姥错过了过上富裕生活的一次机会。后来，姥姥嫁人了，经别人介绍，在基辅的富人家庭找到了一份奶妈（няня）的工作。姥姥生养了一双儿女，母亲和舅舅。后来，姥爷在第一次世界大战中在和德国人打仗的前线战死了，舅舅在"二战"的斯大林格勒保卫战中也战死了，姥姥一直和我们生活在一起。我和姥姥最亲，经常和姥姥一起睡。姥姥领我去教堂洗礼，她是一个虔诚的信徒，还教我背诵祈祷词。姥姥心地善良、乐于助人，全村人都非常尊敬她，这一点对我影响很大。

通过旧照片，被访者的生命史变得更为立体和生动。透过被访者的生命史，他的家庭、亲人、朋友、邻居的生命史也能展现出来。随着一个社区内被访者的增多，整个社区内的亲属关系、社会网络也都逐渐明晰。

无论在城市还是乡村，在与人生阅历丰富的被访者访谈时，他们通常会采用"现在/过去""俄罗斯/苏联"这种比较式的叙述方式来展现自己的生命史。在21世纪最初的十年，苏联解体及随后的社会转型仍是对这些人最大的冲击，是他们最为深刻的记忆。人们往往通过过去来评价当下，也通过当下来回望过去。诚如阿列克谢耶维奇所说的那样，他们生活在"二手时间"（阿列克谢耶维奇，2016）里。我发现，有关苏联时期稳定性和确定性的日常生活、"苏联解体"之后的经济和社会危机、稳定社会秩序的重新确立成为生命史的"三段论"，这形成了经历了苏联解体的一代人的集体记忆。在俄罗斯的田野调查中，我认识到这种集体记忆非常重要，这是我们理解俄罗斯社会运作逻辑、俄罗斯人的心智结构非常重要的资料。为此，我开展了一项"苏联解体口述史"的工作，将我在田野中搜集的经历了苏联解体一代人的生命史归集起来，并不断寻找合适的被访者，通过访谈获取他们的生命史，充实"苏联解体口述史"的资料库。

越是走向俄罗斯的深处，越能置身于多元的历史脉络中。这里既有延续了俄罗斯帝国、苏联的官方叙事，也有从首都到外省、城市到乡村的纵横交织的历史，还有家庭和个人在时代大潮中起伏跌宕的生命史。

三、走向心灵的深处

人类学是研究"人"的学问，与人、人群接触是田野调查工作的基础。民族志学者与被访者建立什么样的关系，是人类学民族志方法探讨的核心问题。长期以来，"深入访谈"和"参与观察"都有深入所调查的社区和人群的规范和要求，但做到什么程度的"深入"和"参与"，则没有一定之规，往往依靠民族志学者在田野调查实践中把握。以我在俄罗斯田野调查的经验来看，选择、走进田野点是颇为曲折的，而真正融入田野，与当地人建立起合适的关系则更费工夫。关于这一点，俄罗斯当代哲学家霍鲁日有关俄罗斯意识中交往和适应的天赋的论述对我有非常深刻的启发。身在俄罗斯田野中，我能感同身受地理解与俄罗斯人交往、适应俄罗斯社会的过程。同时，也想将其引入人类学方法中关于民族志学者和报道人、田野调查地关系的讨论。

霍鲁日认为俄罗斯意识有两大资源，即交往的天赋和适应的天赋。俄罗斯人之间的交往很特殊，这不是信息的交换，而是心灵的交往。这种交流越走向深入，心灵之间越可以产生共鸣，一个人的内心世界与另外一个人的内心世界之间最终可以发生结合。① 适应的天赋指的是这样一种能力，即进入各种文化内部，在其中体验，将其体验为自己的东西，成功地掌握它，将其纳入到自己的内在过

① 对这种交往天赋的描绘，主要是外国人的工作。去过俄国的外国人融入俄国社会，参与社会交往，他们熟悉俄罗斯人的生活。

程之中，相应地使之成为自己文化的资源。霍鲁日认为，借助于这两大天赋，俄国社会，俄罗斯意识成功地实现了文化综合（霍鲁日，2010）。霍鲁日认为俄罗斯文化通过与他者文化的交往与适应，形成了"文化综合"，这是一种独特的俄罗斯意识。民族志学者在田野调查过程中何尝不需要交往的天赋和适应的天赋？这是我读到霍鲁日有关俄罗斯意识讨论最为深刻的印象，这是让田野调查不断走向深处的另外一条路径。

在田野调查中，与人的交往不仅仅是面对面，诚如霍鲁日所说，还要心贴心。人类学者与报道人的交往越深入，便越能超越家长里短、人情世故，进入他的心灵世界。这里有他的情绪情感、道德感、价值观，以及他的精神生活。在俄罗斯，这些是俄罗斯人最为珍视的东西。"深入报道人的心灵"在很多情况下是一种理想状态，在田野调查中也需要情境和机会。

在我的田野经历中，真正能进行与报道人"心与心"的交流，进行霍鲁日所说的"俄罗斯谈话"的机会不多，但仍让我印象深刻。在复活节，我在沃罗涅日的房东斯维塔领我给她的哥哥扫墓，在墓前的长凳上，斯维塔向我谈她对人生的认识："人如果都是要死的，为什么要出生呢？等我死了，我要在墓碑上刻上汉字，你来看我的时候，一下就可以找到我的墓碑。"在某个夏夜，在拉特诺耶村微拉家的夏屋的门廊里，微拉的丈夫彼得洛维奇拿着酒找到我，他是来道歉的，白天他因为赶牛的事情训斥我。他对我说："俄罗斯男人的内心是很柔软的，有的时候说了不好的话，没有喝酒的时候，还不好意思道歉。"在俄罗斯小屋博物馆，列娜拿出了自己收藏的中国诗集，让我讲李白的《静夜思》，我和她讲中国人对月亮寄托思乡的情感。列娜和我说："人类的情感都是相似的。"

随后，她深情地和我讲起她的故乡、父亲和最美好的回忆。我发现，每次和报道人的深入访谈都是可遇不可求的，不是拿着访谈提纲的"采访"，也不是让他们对着镜头侃侃而谈。往往是深入当地人生活之后，与报道人之间消除了国籍、民族、语言的差距之后在特定的场所氛围下进行的。在"俄罗斯谈话"之后，我和报道人的距离更为亲密，在那一瞬间，我们彼此在精神和心灵层面是相互理解的。

"适应的天赋"是民族志学者进入异文化内部必然经历的历程，融入田野的过程要求民族志学者从"文化惊诧"进入到"文化适应"的状态。对于在田野社区和田野中接触的报道人而言，他们并不是被动地成为民族志学者的"资料库"和"档案馆"，他们从区分"我们"与外来者，到试图让我这个外来者"成为我们"。在田野中，我无时无刻不在感受这种文化的塑造力量。

我的几位十分亲密的报道人都要做我的"俄罗斯导师"，课题是"如何让我成为俄罗斯男人"。他们认为，要深入了解俄罗斯，就要变成俄罗斯人。这不是血缘上的、身体意义上的"俄罗斯人"，而是风俗习惯上的、思维方式上的，更是精神生活上的俄罗斯人。我的这些"俄罗斯导师"深谙"要了解他者便要成为他者"的理念。他们教我如何"像俄罗斯男人一样"（确切地说，是像俄罗斯男性农民一样）说话（说脏话）、喝酒和开玩笑。除了这些外在的表象，房东彼得洛维奇还告诉我俄罗斯男人的责任感：要保护好你的家庭、你的亲人、你的故乡、你的祖国；"男人不能哭泣，所有困难要自己扛"；"男人要保护弱小，不惧强横"。当我从彼得洛维奇家离开的时候，他表达了种种不舍，用"俄罗斯导师"的口气对我说："你还没有成为一个真正的俄罗斯男人，你看到的俄罗斯还是皮毛。"最后他又说道："我不是一个好人，但绝对是一个难忘的人。"

是否真的适应了异文化，需要一个参照系。当我从黑土区乡村回到莫斯科，我的俄语老师惊讶于我的俄语已经有了南方口音，甚至是使用了在莫斯科被视为禁忌的粗鄙的词语。在莫斯科人眼中，我已经成了"外省的农民"。我已经不太适应莫斯科快速的生活节奏，跟不上行人的脚步。我见到大片的草坪就想起黑土区茂密的草场和彼得洛维奇用脏话赶牛的样子，当我看到莫斯科大学校园里的苹果树，总想起我和斯维塔摘苹果和榨苹果汁的样子。我突然发现，黑土区的乡村、我生活了几个月的小屋，以及田野里的人诚如彼得洛维奇所言，是那么令人难忘。

俄罗斯意识中交往和适应的天赋让我有机会在田野调查中走向俄罗斯人心灵的深处，这会一直影响我后续的民族志写作以及对俄罗斯的理解。在"社会转型"的主题下，我能感同身受地理解俄罗斯人在日常生活的稳定性和确定性消失后的无助感、在信仰和价值观缺失后的恐慌，也能感受到对秩序重建、信仰回归的珍视。这种深入田野带来的体验成为我民族志写作的主线和灵魂。同时，"走向深处"的人类学民族志方法，也成为对自己已有的田野经验的一把用以反思的标尺。

四、结语

深入田野的民族志学者对霍鲁日提出的"交往的天赋"和"适应的天赋"都会感同身受。"交往"和"适应"是民族志学者与田野对象关系性的体现，正是在不断的"交往"和"适应"的过程中，民族志学者逐渐走向田野深处。走向深处是我在读博士阶段的俄罗斯田野调查的最大收获。在城市和黑土区乡村的不同田野点中转圜、矻矻前行，把梳田野地和报道人的历史，这些都是十分艰苦的工作，要有坚韧的意志力，也要有敏锐的观察力、丰富的想象力。走向人的心灵深处，则是要投入情感，要有理解和共情能力。有了这些能力，才能让田野更有深度，田野的深度决定了民族志的厚度，是写出一本好的民族志作品的基础。本文解剖了自己的田野调查过程，这也是民族志创作的一部分。距离这次田野调查结束已经十余年，如今再翻看田野笔记，有一些场景仍历历在目，我将其中的经验性和反思性的案例放到本文中，希望能对田野的后来人有些许帮助。

参考文献

C. C. 霍鲁日，2010，《俄国哲学的产生》，张百春译，《俄罗斯文艺》，2010年第1期。

S. A. 阿列克谢耶维奇，2016，《二手时间》，吕宁思译，北京：中信出版社。

斯维特兰娜·博伊姆，2010，《怀旧的未来》，杨德友译，南京：译林出版社。

Marcus, George E. 1995, Ethnography in/of the World System: the Emergence of Multi-Sited Ethnography. *Annual Review of Anthropology* 24.

——2007a, Ethnography Two Decades After Writing Culture: From the Experimental to the Baroque. *Anthropological Quarterly* 80(4).

——2007b，《合作的想象》，钱好、王文渊译，《思想战线》第4期。

周皓.样本结构性偏差与因果推论——基于实验数据的分析[M]//赵联飞,赵锋.社会研究方法评论:第4卷.重庆:重庆大学出版社.

样本结构性偏差与因果推论——基于实验数据的分析

周　皓[①]

摘要：本文利用仿真实验数据，讨论了样本结构偏离对线性回归和因果推断下的平均实验效应估计量的影响。文章认为：1）样本结构偏离是集合性的联合分布偏离，而非只是单变量分布的偏离；2）非随机的样本结构性偏差主要表现在实验效应估计量、自身系数估计量，以及与之相关（甚至无关）的变量系数估计量三个方面；3）因果推论视角下，样本结构偏离会导致实验效应估计量有偏；4）分类变量的结构性偏差会随着与真实结构的距离增大而呈非线性加快扩大趋势，特别是对实验效应的估计；5）统计方法无法从根本上解决样本结构性偏差。最后，文章强调必须重视并从根源上解决样本结构性偏差，以期更贴现实地从总体角度描绘社会现实，解释社会现象，回答社会问题。这应该是社会科学定量研究的目标。

关键词：样本结构；偏差；实验效应；仿真实验

---

①作者简介：周皓，北京大学中国社会与发展研究中心研究员、社会学系教授。联系方式：zhouh@pku.edu.cn。

Abstract: Simulation experimental data is used to discuss the structural bias caused by the sample structure deviation and its impact on the causal inference. The analysis results indicate that (1) the structural deviation of the sample is a collective joint distribution deviation, (2) the structural bias of non-random samples mainly manifests in three estimations: the coefficients of the variable and those which are related (or even unrelated) to them, and experimental effects, (3) from the perspective of causal inference, sample structural deviation will lead to biased estimation of experimental effects, (4) the structural bias of categorical variables will increase nonlinearly with the increase of the deviation from the real structure, and (5) statistical methods cannot fundamentally address sample structural biases. Finally, the article emphasizes on paying attention to the sample structural bias, data sources and sample structure, balancing the sample structure and statistical methods, and using appropriate methods to analyze (relatively) accurate data, in order to more realistically depict social reality, explain social phenomena, and answer social questions, from a population perspective.

Key words: Sample Structure; Bias; Treatment Effect; Simulation Experiment

　　我们能够认识什么？这是知识论中最为核心的问题。从柏拉图的可感世界和可知世界，到康德的纯粹理性，到马克思的认识与实践的统一，都是解答这一问题的尝试。大卫·休谟的问题似乎打破了经验主义一劳永逸的归纳法，把实然与应然之间的天堑毫无保留地展现了出来。

但这并不意味着经验归纳毫无意义。事实上，长期以来在统计学中实际应用的因果推断，也都建立在"经验—归纳—演绎"这个简洁的经验论逻辑关系基础上，统计经验的实在性有效但极其脆弱，且局限于因果律的一隅。这种脆弱性体现在经验素材的真实性和完备性中。当归纳过程中出现真实性与完备性不足的问题时，经验所得到的"知识"便会离题万里。由此得到的经验主义的因果关系无法真正地对应现实世界中的统计性因果，反过来还会导致以经验为基础的认知过程出现问题。即便采用相反步骤，从基于理性知识的先验因果出发，以实践（或经验性知识）来检验认识（或纯粹知识）时，由于经验性知识的偏差，同样也会无法真正地认识世界，无法得到理念世界中的纯粹知识。

因此，在统计学的语境下，因果推断的重要基础就是经验性知识。再进一步，就是经验性知识的完备性和真实性。抽样调查作为社会科学定量研究的重要研究方法之一，是经验性材料与知识的重要来源，调查数据的质量是社会科学定量研究的基石，事关经验性知识的准确性与可靠性。利用样本进行统计推断的目标是总体，因此，样本属性和特征决定了由样本得到的分析结果与作为总体的现实之间的一致性或差距。①

---

① 引自巫锡炜的评论：为了实现对总体的有效推断，样本需要满足两个基本的属性：代表性和随机性。从测量的角度看，样本就是对总体的一次测量，样本的代表性对应着测量的效度，直接决定着数据分析结果是否能够真实反映总体特征；而样本的随机性则对应着测量的信度，事关以多个样本做重复观测推断总体特征的一致性程度。当以存在结构性偏差的样本推断总体，就好比以有问题的秤称量物体，结果总是可能存在问题的。无论何种统计方法都可能无法真正地解决或消除样本结构性偏差。

　　我国的社会科学定量研究经过不断发展，取得了长足进步，呈现出一片繁荣景象。抽样调查方法的广泛应用、抽样技术的不断改进与完善为此提供了坚实的基础，起到了重要的不可替代的作用。但不可否认的是，定量研究被误用的情况也日渐增多。单纯追求方法创新的"方法驱动型"研究而忽略分析样本的属性，尤其是忽略分析样本与总体之间的结构问题，则是潜在的、被有意无意忽略的重要且基本的问题之一。更重要的是，在社会学研究过程中，当统计分析结果无法支持理论假设时，通常情况下，会以否定并重构理论为目标；但显然，理论假设的检验既与理论相关，也与分析结果相关。分析样本与总体之间存在的结构偏离导致统计结果出现样本结构性偏差，影响分析结果的正确性，进而会使理论检验结果出现偏差，即用"错误"的数据、得到"错误"的分析结果和研究结论，并错误地拒绝了可能正确的理论。这种错误不仅会影响到理论构建，而且更可能影响到以此为基础的政策导向的正确性。这是事关我国社会科学定量研究健康发展的一个重大基础性问题，必须予以高度重视。

　　为引起学界同仁甚至依赖循证决策模式开展工作的决策部门的重视，本文将着重讨论样本结构性偏差问题。当然，已有许多文献都深入讨论了样本结构对估计量的影响作用。然而，虽然已有不同学科的诸多文献一直在呼吁（臧雷振、陈鹏，2015；邱忠霞、胡伟，2016；许加明、陈友华，2020），但是目前的定量研究仍然没有对样本结构偏离及其可能的危害予以必要的高度重视；且现有研究亦未从因果推论角度讨论样本结构偏离对实验效应估计量的影响问题。正因如此，本文将在简要讨论样本结构性偏差的定义与来源的基础上，从理论分析和实验性示例两方面讨论样本结构性偏差问题，以提请学界予以更多关注。

一、样本结构偏离：定义与来源

（一）样本结构偏离的定义

本文所指的样本是**分析样本**，既非抽样样本，也非各调查机构提供的研究样本，而是研究样本经过研究人员改造并用于最终分析的样本，或者说是在研究样本的基础上剔除分析变量包含缺失值的案例后形成的用于分析的最终样本。因此，样本结构偏离是指：变量分布在最终分析样本与研究总体之间的差异超过了随机误差的范围。

样本结构偏离是**<u>联合分布的偏离</u>**，而非单变量分布偏离，即分析样本与总体在多个变量的联合分布（集合特征，如年龄性别结构）上存在显著的超过了抽样误差范围的偏离。一个简单的例子：假设总体中男性与女性的规模之比是1∶1，但如果最终分析样本中的男女规模之比呈现出4∶6或6∶4的情形，且超出抽样误差的范围，样本中性别变量的分布则出现了结构偏离。实际调查会涉及很多变量，如将上例扩展成包括性别、年龄、民族三个变量，如果样本中这三个变量所形成的联合分布与总体中的联合分布存在显著差异，则样本同样存在结构偏离。通常情况下研究者可能更关注单变量的分布，且单变量的结构偏离相对是显性的；而这种联合分布的偏离却是隐性的，很容易被忽略。当然，单变量的结构偏离必然会导致多变量的联合分布的偏离，但单变量不存在结构偏离并不意味着多变量联合分布的结构偏离就不存在。

　　总之，样本结构偏离是指样本与总体在多个变量的联合分布上的差异大于抽样误差范围。而样本结构性偏差是指由样本结构偏离导致的统计分析结果的偏差，意指偏离后果。

（二）样本结构偏离的来源

　　格罗夫斯等（Groves et al., 2009）将抽样调查过程中的各种误差归结为代表性和测量两个方面。本文认为这两个方面都会成为样本结构偏离的来源，主要包括三个大致的研究过程：1）抽样过程——抽样样本的代表性与随机性问题（如覆盖误差、无应答误差、末端抽样时的样本替代等）；2）测量过程——测量工具与访员等测量过程中的误差；3）数据处理过程——调查数据到分析样本的过程（特别是缺失数据的处理、变量的转换处理等）。

　　样本结构偏离表面上看是样本代表性的反面称谓，只是本文更强调分析样本与总体之间在结构上的显著差异。需要强调的是，本文中的样本结构偏离，既包括来自代表性方面的调查误差，也包括测量误差。首先，测量误差会导致变量的联合分布产生偏离，从而使样本结构与总体结构出现差异。其次，从统计结果看，"在 CEV（经典变量误差 [classical errors-in-variables，CEV] 假定）情形下，（包含变量测量误差的）OLS 回归将给出一个有偏而又不一致的估计量",且"衰减偏误（attenuation bias）主要取决于 CEV 假设"[1]
（伍德里奇，2010），即不论是代表性还是测量问题，都会导致估计
量的无偏有效一致性假定被违反，这就是本文所强调的统计结果上
的样本结构性偏差。

　　另外还有一点需要解释的是，下文中所用的"缺失"是为构造
一个假想的分析样本而采取的数据处理方法，它对应着调查过程与
分析过程中的所有可能误差（如抽样过程的非随机性、测量误差、
数据处理中对缺失变量或案例的处理等）。注意：它并非完全是统
计意义上的缺失案例。因此，本文中的缺失案例从本质上讲是无法
通过缺失数据处理方法予以弥补的。这一点极其重要！如果再进一
步，相对而言，样本代表性是相对显性化的，可以通过比较样本与
相应研究总体做出评价，虽然在某些情况下，要想获得研究对象在

---

①匿名审稿人认为："随机性的抽样误差不会影响估计结果的无偏性，但会增加估计量
偏差；而测量误差则不一样，不管是随机性的测量误差还是非随机性的测量误差都会导
致因果推断出现偏差。举个极端的例子，如果自变量和因变量的测量都只包含随机误
差，那么二者的相关性将为零，因此，即便真实变量之间存在关系，在有随机测量误差
的情况下，这种相关性会出现向零的偏差。"（即 "OLS 因经典变量误差而导致的衰减偏
误[attenuation bias]：平均而言[或在大样本中]，所估计的 OLS 影响将会变小" [伍德里
奇，2010]。）但作者认为，一般情况下，（某变量的）测量误差与其他变量总存在一
定的相关性，因此，测量误差既会通过改变回归方程中各变量的方差而影响到估计量的
有效性，还会通过改变变量的联合分布而破坏代表性并增加估计量的偏差。正如伍德里
奇指出的那样，这种衰减偏误"有赖于 CEV 结构"（经典变量误差 [classical errors-in-
variables] 假定）。而且，"在 x_1^* 与 x_2 和 x_3 都不相关的特殊情形中，$\hat{\beta}_2$ 和 $\hat{\beta}_3$ 都是一致的。
但在实践中几乎不存在这种情况。一般来说，单个变量的测量误差会导致所有估计量都
不一致。遗憾的是，偏误的大小甚至方向都不容易得到"（伍德里奇，2010）。更何况现
实中更可能的是多个变量之间存在着联合性的测量误差，从而在导致估计量方差变化的
条件下，还会导致联合分布的变化进而增加估计量的偏差。正如本文所强调的，样本是
所有可能误差的综合体，我们根本无法区分其误差来源是隐性的测量误差，还是显性的
代表性误差，更不用说现有许多研究根本不关心这些可能的误差。

某个时点上对应的"研究总体"可能是比较困难，甚至是不可能的。但测量误差在许多情况下则是隐性的、无法被评价的（如个体的幸福感、收入等）。正如上文所讨论的，测量误差会改变变量自身的分布，进而改变联合分布而产生样本结构偏离。

（三）因果推断视角下的样本结构偏离

样本结构偏离并不完全等同于因果推论中的样本选择性问题。简单地讲，在因果推断视角下，分析样本中的实验组无法代表实验组对应的总体，控制组样本无法代表控制组对应的总体，从而导致因果推断中的实验效应估计量产生样本结构性偏差。以经典的教育回报研究为例，分析样本中，实验组样本与实验组所对应的总体在某些特征的联合分布上存在结构偏离，或者是控制组样本与控制组总体之间存在结构偏离。举个极端的例子，分析样本中，以毕业于某些985高校的大学生为实验组来代表中国的大学生群体。显然，该实验组样本存在严重的结构偏离问题，进而会影响到实验效应的估计量。

某种意义上，上述的结构偏离是指分析样本因抽样、调查、数据处理等过程中的非随机因素而产生的另一种样本选择性，是更基础性的。它不仅影响样本对总体的代表性，而且还会使后续的因果推论因叠加了抽样过程、调查过程和数据处理过程的选择性（类似于样本选择性，即样本中不包含那些没有被抽中的样本）和进入实验（如是否上大学、是否迁移与流动等社会性实验）的样本选择性这两个双重选择性，从而增加了因果推论的难度与复杂性。尽管内生的选择性似乎概括了上述两种因果推断中的样本选择性问题，但却仍然无法包含由于数据处理而产生的样本结构问题。正是由于分析样本是所有选择性的混合结果，因此，在因果推论中很难剥离各种选择性而得到更接近于现实的因果实验效应。

尽管已有众多文献讨论了因果推论中的各种问题与方法，但却始终忽略了实验组和控制组各自的结构与总体结构存在差异的情况。更重要的是，这种结构偏离对实验效应估计量的影响可能无法通过各种基于传统统计方法、新近发展出来的所谓高级统计方法（如 IV、PSM、DID 等）来解决，唯有通过改善样本结构提高其对总体的代表性来消除。所以，样本结构本身的问题及其后果，可能比内生性问题更为要紧且基本，也更容易被有意无意地忽略。只有正确认识样本结构及其代表性在整个研究中的重要性和基础性，才有可能真正体现定量研究的总体性思路。[1]

二、理论分析

本文将首先以样本选择性偏差为例来呈现样本结构性偏差，不论是内生的还是外生的样本选择性本质上都是本文样本结构偏离的一种。在此基础上，本文将其扩展到因果推断中，以呈现样本结构偏离对于因果推断结果，特别是实验效应估计量的影响。

（一）样本选择性偏差

伯克（Berk，1983）曾在赫克曼（Heckman，1979）的基础上，讨论样本选择性所形成的偏差。温希普和梅尔（Winship &

---

[1] 被忽视的还有另外一个重要的技术性问题：复杂抽样设计条件下的数据分析。我国目前的大型抽样调查基本上都采用多阶段分层 PPS 抽样的方法。而这种复杂抽样设计条件下的数据分析，应该使用复杂抽样设计的数据分析，以便尽最大可能还原抽样过程，和更为准确地估计复杂抽样设计条件下的抽样方差及相应的统计结果。有关讨论可参见希林加等（Heeringa et al.，2010）和周皓（2012）的文章。

Mare，1992）对此做了进一步的充分讨论。如图1所示，图中所有散点代表假设总体，以空心方块连接的直线反映了总体中变量X与Y之间的线性关系（以斜率表示其作用强度），亦可将其假设为X与Y的真实关系。当存在样本选择性时，如排除所有Y值小于Y_7的散点，只保留大于Y_8及以上的散点，X和Y间的关系则会变为图中"after"所指的这条斜率相对较小的直线，甚至变成底部为曲线形状的非线性关系。[①] 这表明，如果存在样本选择性，那么根据样本得到的结果并非是X与Y之间真实的关系。图2展示了在几种不同的样本缺失情况下，X与Y之间关系的变化。这些结果都表明，样本结构偏离会导致两个变量之间关系的偏差。

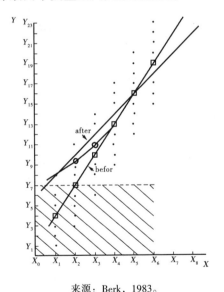

来源：Berk，1983。

图1 样本选择性偏差示意图

①这里只是以因变量为例来说明，从自变量的角度，相当于坐标系中的横向切割转为纵向切割，其结果亦类似。需要再次强调的是，在面对分析样本时，我们根本无法真正知道样本的结构偏离到底是由因变量还是自变量的问题引起的。

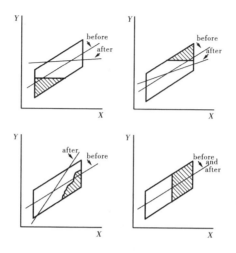

来源：Berk，1983。

图2　不同样本缺失情况下的结果差异

伯克（Berk，1983）的证明过程结合了实验效应模型和选择模型两个模型。假设样本中有两个因变量Y_{1i}和Y_{2i}，且两者各有以下方程：

$$Y_{1i} = X_{1i}\beta_1 + U_{1i} \tag{1a}$$

$$Y_{2i} = X_{2i}\beta_2 + U_{2i}(i = 1,\cdots,I) \tag{1b}$$

其中，X为由变量组形成的矩阵，β为回归系数向量，U为残差项。

假设方程（2a）是选择模型，则：

$$E(Y_{1i}|X_{1i},Y_{2i} \geq 0) = X_{1i}\beta_1 + \frac{\sigma_{12}}{(\sigma_{22})^{\frac{1}{2}}}\lambda_i \tag{2a}$$

$$E(Y_{2i}|X_{2i},Y_{2i} \geq 0) = X_{2i}\beta_2 + \frac{\sigma_{22}}{(\sigma_{22})^{\frac{1}{2}}}\lambda_i \tag{2b}$$

其中：$\lambda_i = \dfrac{f(Z_i)}{1 - F(Z_i)}$；$Z_i = -\dfrac{X_{2i}\beta_2}{(\sigma_{22})^{\frac{1}{2}}}$。

如果存在样本选择性（如 $Y_{2i} \geqslant 0$，即只选择了概率大于 0 的样本），会导致方程（2a）中的估计将是有偏的。具体的相关证明过程可参见赫克曼（Heckman，1979）、温希普和梅尔（Winship & Mare，1992）或伍德里奇（2010）的著述。

（二）结构偏离与平均实验效应偏差

上述结果表明样本结构偏离会导致线性回归中估计量的无偏性和一致性假定被违反，那么将其扩展到因果推断中实验效应的估计时也是一样的。

首先以图示的方式讨论。假设存在实验组和控制组两个样本，当实验组与控制组没有任何结构偏离时（或在某种真实的社会现实条件下），实验组均值为 T_0，控制组均值为 C_0，平均实验效应则为 $\mathrm{ATE}_0 = T_0 - C_0$（图 3）。若存在结构偏离，假设实验组的底部缺失（如图 3 中虚线以下部分，类似于收入低于某一标准之下的案例未被包括在抽样样本中，或因调查时缺失导致其被视为缺失样本而被剔除在分析之外），则此时实验组的均值由 T_0 变成星星符号所表示的 T_1，平均实验效应 $\mathrm{ATE}_1 = T_1 - C_0 = (T_1 - T_0) + (T_0 - C_0) = \mathrm{ATE}_0 + \Delta$；其中，$\Delta = (T_1 - T_0)$ 部分是由结构偏离引起的偏差，从而导致估计的平均实验效应 ATE_1 是有偏的，不再等于 ATE_0。

其次从统计角度来考察。仍然假设一个样本中存在实验组和控制组，则：

$$Y = \beta_0 + \beta_1 T + \sum \beta_i X_i + e_i \tag{3}$$

其中，T 为实验（treatment），当样本为控制组时 $T = 0$；X_i 为一系列的控制变量；β_1 为实验效应。

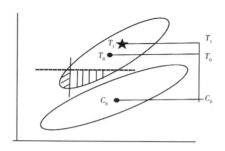

图3　结构性偏差对因果推论结果的影响示意图

如果 $cov(T,e_i) = 0$，则 β_1 是个无偏一致的统计量；但如果 $cov(T,e_i) \neq 0$，则会产生内生性问题，而 β_1 也不再是无偏一致的统计量。

再进一步，根据 T 的取值，可以将方程（3）改为：

$$Y_c = \beta_0 + \sum \beta_i X_i + e_i \quad (\text{T=0}) \tag{3a}$$

$$Y_T = \beta_0 + \beta_1 + \sum \beta_i X_i + e_i \quad (\text{T=1}) \tag{3b}$$

结合上例，控制组不存在样本结构偏离，则方程（3a）的估计量是无偏的。而实验组则由于存在样本结构偏离，方程（3b）将成为：

$$Y_T = \beta_0' + \sum \beta_i' X_i + e_i \quad (\text{T=1}) \tag{3c}$$

且，$\beta_0' = \beta_0 + \beta_1 + \Delta \neq \beta_0 + \beta_1$，$\Delta \neq 0$，$\beta_i' \neq \beta_i$，方程中的其他自变量的估计量会存在样本结构性偏差，由于样本结构偏离是多变量的联合分布，如果将方程（3c）和方程（3a）相结合，则：

$$Y = \beta_0'' + \beta_1'' T + \sum \beta_i'' X_i + e_i$$
$$= \beta_0'' + (\beta_1' + \Delta)T + \sum \beta_i'' X_i + e_i \quad (T=1) \tag{3d}$$

显然，$(\beta_1' + \Delta) \neq \beta_1$，且 $\beta_0'' \neq \beta_0$，$\beta_i'' \neq \beta_i$。由此可见，当实验组存在样本结构偏离时会导致实验效应估计量的有偏结果，甚至会由此导致其他相关变量的偏回归系数同样有偏，而这种情况对于控制组也相同。

再次，从相应的因果推断统计方法来看，以 PSM 为例。继续上例，当实验组不存在样本结构偏离时，用于 PSM 的倾向得分模型（选择模型）为：$\text{logit}(p) = \sum_{i=0}^{k} b_i X_i$；而当实验组存在样本结构偏离时，倾向得分模型则会变为：$\text{logit}(p) = \sum_{i=0}^{k} b_i' X_i$。样本结构偏离导致 $b_i' \neq b_i$，继而得到可能完全不同的倾向得分值 p_i。不同的倾向得分值既可能影响实验效应的平均值，更可能改变实验组和控制组的配对（matching）过程与结果，进而影响到实验效应的估计量。

由此可见，即便因果推断的统计方法（如 PSM）可以有条件地予以部分校正，但统计方法并不能从根本上解决全部偏误问题。首先，从理论上看，整个估计过程在上述方程组的基础上，需要再增加一个选择方程以表示是否能够被包括在分析样本中；但由于无法得到缺失案例的相关特征（因为无法真正知道总体的结构，以及结构偏离的来源与可能结果），因此这个选择方程是无解的。其次，在有结构偏离的情况下，即使是原有的选择方程，也会由于结构偏离而使选择方程及统计估计量（如 PSM 中的倾向得分）发生改变，进而影响到过程估计量及最终实验效应估计结果。正因如此，样本结构偏离导致了有偏的平均实验效应估计量，且可能无法被真正消除。

上述讨论已表明样本结构偏离不仅导致线性回归系数估计量不再是无偏有效的，而且因果推断的统计方法亦无法解决由结构偏离所导致的偏差问题。

三、分析思路与检验方法

为了能够更简洁地说明结构偏离的影响，本文将由易入难，利用实验数据来展示。首先，本文将分别以单变量和多变量的形式考察样本结构偏离对线性回归的影响。然后，在单个线性回归的基础上，在假设总体中加入实验效应，并使用多元线性回归和倾向得分匹配两种方法，从因果推论角度展示样本结构偏离对平均实验效应估计量的影响。最后，通过多轮（假设100次）随机化处理，改变分析样本结构偏离的情况（即以随机形式构建多个不同的分析样本），再对上述统计结果（平均实验效应和各变量系数的估计量）进行统计分析，以说明样本结构性偏差的可能条件。

本文在设计构建实验数据时使用"缺失"的方式，将"假设总体"改造为最终的"分析样本"。**需要强调的是：**本文的缺失方式看似与数据处理过程中的剔除缺失案例一样，但事实上完全不同。本文中"缺失案例"的产生，从过程上讲，包含了从抽样、测量到数据处理等所有可能导致样本结构偏离的过程，而非仅仅只是数据分析过程中剔除缺失案例这一简单过程。因此，从根本上讲，本文中的"缺失案例"无法通过缺失数据的统计方法来予以填补。只是为方便起见，下文的表述都以样本缺失来代替。

本文设计的样本结构偏离来源共包括五种情况：1）纯随机缺失；2）顶部缺失；3）底部缺失；4）局部缺失；5）结构变化。随机缺失是指某变量值域范围内案例的缺失都是随机的，正因为是随机的，所以样本结构不一定会发生结构变化；具体操作时，对假设总体中的每个案例赋予一个服从 $N(0, 1)$ 的随机数，将随机数小于-1.65或大于1.65的案例标记为缺失（即缺失案例占假设总体的10%左右）；由于该随机数与任何变量均无关，因此可以达到随机缺失的效果。顶部缺失和底部缺失则是指某变量的取值超过或低于某个标准后的部分案例全部缺失；具体操作时，为使这种缺失值的标准随实验次数而发生变化，因此，在每一次实验中根据所给的随机数而决定缺失比例，如随机数为0.56，则顶部大于均值1.56（1+0.56）个标准差，或底部小于均值1.56个标准差的案例为缺失案例。局部缺失是指变量在某一取值范围内（如从均值到小于均值某个标准差的范围内）的部分特定案例被指定为非随机缺失；其中的非随机缺失通过构建模型中的残差项$e_i < 0$来予以控制。结构变化是指在某变量小于某个特定值（如均值）的区间内，案例按不同取值区间，赋予不同比例（概率）的非随机缺失，从而导致该变量及其与其他变量的联合分布结构发生变化；其中的非随机缺失仍通过残差项控制。这五种情况中，前四种情况可能显得比较特殊，并不一定会发生在实际调查中，但第五种结构变化在各种调查中则可能是实际存在，而且也更隐蔽，更不容易被直接观测。例如，由于抽样框等原因导致部分特定案例未被纳入（也就无法被包括在分析样本中），或案例在测量中的误报导致变量的分布变化（其实分布结构的变化是指某部分的案例在分析样本中的比例高于或低于总体中的相应比例，从而导致其分布形状与总体分布形状之间的偏离），或调查过程的无应答导致样本缺失而在分析过程中予以直接删除等。因此，以下的分析过程中需要特别注意第五种情况。

除连续变量以外，本文还将讨论分类变量的结构变化。文中的分类变量均为二分变量，相应的五种设计分别为：0值随机缺失、0值非随机缺失、1值随机缺失、1值非随机缺失，以及用整体均值的变化以表示结构的改变（其背后表明分析样本中两类人群的比例结构发生了变化，如性别或民族等）。其中，随机或非随机缺失的构建方法和上述连续变量相同；在0值（或1值）随机或非随机缺失的构建中，只针对取值为0（或1）这一组的案例进行缺失处理，而整体结构（均值）变化则将采用重新随机赋值的方式。

本文更关注对分析样本得到的统计结果的比较与检验，比较检验的标准有两个：标准取值和基准模型。其中，"标准取值"是假设总体在因变量构建过程中各变量的实际系数，类似于代表真实的实验效应和各变量的真实作用。基准模型则是基于"假设总体"进行回归分析和倾向得分匹配后的统计结果（回归系数与平均实验效应ATT）。在构建"假设总体"时，为了体现个体差异性，每个案例在利用实际系数得到预测结果的基础上加入了服从正态分布的残差项e。因此，即便是基准模型，由于存在残差项，也无法得到构建标准模型时自变量对应的系数；当然，基准模型中各自变量的系数与构建模型时的标准取值基本接近，且统计检验不显著。将分析样本得到的统计结果与标准取值、基准模型这两种结果进行比较与检验才是本文的关键之所在。检验结果如果有显著的差异，则说明样本结构偏离导致了样本结构性偏差。

结构偏离效应的检验与估计量的解读一致，包括显著性、作用方向（即符号）及估计量取值大小三个方面。如果结构偏离导致某估计量（如回归系数或平均实验效应）的显著性或方向发生变化，则说明存在结构性偏差；如果显著性与方向都没有变化，但分析样本的估计量取值与两种标准存在统计显著的差异，则说明结构性偏差同样存在。同时，本文亦提请注意，在某一变量发生结构偏离时，既要注意该变量在分析中的估计结果，也要注意其他变量的估计结果。因为结构性偏差是联合分布导致的偏差，而不只是单个自变量的问题。

方法上，本文将使用一般线性回归和简单的倾向得分匹配方法，在对分析样本的结果和标准取值、基准模型进行比较检验时则将采用不同的方法。分析样本回归分析结果与标准取值的比较检验将采用STATA中的test..., mtest的方法，即将分析样本中四个（或五个）自变量的回归系数，分别与标准取值进行联合与单独检验，以 F 统计量表示。与基准模型的比较检验将选用STATA中的suest+test的命令。这个命令类似于Hausman检验，但后者强调对模型系数矩阵的整体检验，而suest命令则是关联两个模型并对相同的每个变量的系数进行统计检验，具体请参见STATA中有关该命令的帮助文件。同时，为了检验利用倾向得分匹配方法估计得到的分析样本平均实验效应ATT与真实效应（标准取值，构建假设总体时的实验 D 所对应的系数）间的差异，本文将直接采用单变量 t 检验，即（ATT–标准取值）/s.e.（ATT）。

四、线性回归中的结构性偏差

（一）实验数据的构建

在简单线性回归中，设定两个服从标准正态分布的变量，分别命名为自变量 X 和残差项 e，并设定案例数为10000，然后依据公式 $Y = 2X + 1 + e$ 计算得到因变量 Y，这就构成了单变量回归所对应的"假设总体"。散点分布如图4所示。

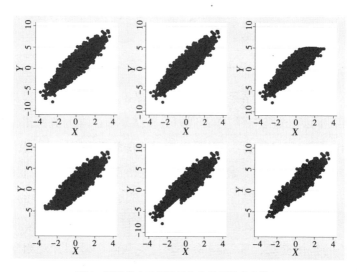

图4　基准分布及各种缺失条件下的分布情况

在多元线性回归中构建变量时，将根据自变量间的关系分为（与其他自变量）相关与不相关两种类型，并将自变量分为连续变量和二分变量两种类型。为此，类似于上述简单线性回归，共引入四个变量：X_1、X_2、D_1和D_2。其中，X_1和X_2为连续变量，D_1和D_2为二分变量。构建基础数据时各变量的定义如下：$X_1 \sim N(0,1)$，$D_1 \sim B(1,0.51)$，$D_2 \sim B(1,0.80)$。为体现变量间的相关，将连续变量X_2定义为与二分变量D_1相关，即以D_1分类为依据：当$D_1=$ 1时，$X_4 \sim \chi^2(1,22)$；当$D_2=0$时，$X_4 \sim \chi^2(1,12)$；将两个分布结合形成自变量X_2。在此基础上，因变量Y由方程$Y_i = 0.5X_1 + 0.2X_2 + 0.3D_1 + 0.5D_2 + e_i$形成。此处，$D_1$与$X_2$相关，但与其他自变量不相关。为进一步考察分类变量$D_1$和$D_2$的结构变化可能带来的影响，实验将分别以均值0.6和0.92作为D_1和D_2的替代方案，即$D_1 \sim B(1,0.65)$，$D_2 \sim B(1,0.92)$。

（二）简单线性回归的结果

简单线性回归的实验以上述五种缺失情况为例。这五种缺失条件下的散点分布情况如图4所示，相应的简单线性回归结果如表1所示。

表1　简单线性回归的结果

	基准	随机	顶部	底部	局部	结构
X	1.994***	1.992***	1.925***	1.973***	1.908***	1.953***
	(0.010)	(0.011)	(0.011)	(0.010)	(0.010)	(0.010)
_cons	1.003***	1.001***	0.960***	1.011***	1.080***	1.053***
	(0.010)	(0.011)	(0.010)	(0.010)	(0.010)	(0.010)
N	10000	9006	9631	9936	9546	9765
R^2	0.801	0.799	0.773	0.793	0.798	0.808
F Test $X=2$	0.39	0.63	50.03***	7.13***	86.59***	23.97***
X与基准模型的比较	—	—	237.07***	49.29***	379.30***	146.46***

注：（1）"X与基准模型的比较"一行中的数值系卡方值，自由度为1；
　　（2）括号内为标准误；
　　（3）$^*p < 0.05$，$^{**}p < 0.01$，$^{***}p < 0.001$。

由表1结果可见，尽管自变量的方向和显著性均未发生变化，但不论与标准取值相比较，还是与基准模型相比较，四个非随机缺失的模型（顶部缺失、底部缺失、局部缺失与结构变化）中的回归系数值都有显著差异。例如，结构变化模型中X的系数为1.953，与标准取值之间也存在显著差异（$F=23.97$），与基准模型（1.994）也存在显著的差异（$\chi^2(1) = 146.46$）。顶部缺失、底部缺失和局部缺失的结果也相同。但随机缺失模型的结果与标准取值和基数模型都无显著差异。这说明只要变量在其值域范围内是随机缺失的情况，那么，其统计结果可能仍然是无偏的。但凡案例的缺失是非随机的，所得估计量与"可能的"真实结果之间会存在显著的差异，其关键在于非随机的缺失导致结构性偏差。

（三）多元线性回归的结果

本文的目标是检验各变量的结构变化对分析结果的影响。此处仅呈现因变量的结构变化对统计结果的影响，不再列出由自变量结构变化而导致的估计结果偏误。因变量结构变化的分析结果如表2所示，该表由三部分组成：回归结果、与标准取值的比较、与基准模型的比较。

表2 不同缺失情况对多元线性回归结果的影响

	（1）基准	（2）随机	（3）顶部	（4）底部	（5）局部	（6）结构	（7）D_1	（8）D_2
X_1	0.494***	0.492***	0.465***	0.464***	0.456***	0.469***	0.495***	0.494***
	(0.010)	(0.011)	(0.010)	(0.010)	(0.010)	(0.010)	(0.010)	(0.010)
X_2	0.201***	0.202***	0.183***	0.194***	0.181***	0.191***	0.215***	0.201***
	(0.002)	(0.002)	(0.002)	(0.002)	(0.002)	(0.002)	(0.001)	(0.002)
D_1	0.334***	0.323***	0.378***	0.296***	0.166***	0.310***	−0.025	0.343***
	(0.026)	(0.028)	(0.026)	(0.025)	(0.027)	(0.027)	(0.021)	(0.027)
D_2	0.474***	0.475***	0.449***	0.453***	0.452***	0.470***	0.479***	0.045
	(0.025)	(0.027)	(0.025)	(0.025)	(0.027)	(0.026)	(0.026)	(0.036)
_cons	−0.012	−0.016	0.204***	0.202***	0.748***	0.336***	−0.059	0.324***

续表

	(0.032)	(0.033)	(0.033)	(0.032)	(0.034)	(0.033)	(0.034)	(0.041)
N	10000	9006	9416	9643	7709	8538	10000	10000
R^2	0.754	0.754	0.690	0.743	0.745	0.756	0.750	0.746

（每个自变量）与标准取值的比较
（X_1=0.5, X_2=0.2, D_1=0.3, D_2=0.5）

	基准	随机	顶部	底部	局部	结构	D_1	D_2
X_1	0.40	0.631	12.148***	13.552***	18.485***	9.207**	0.285	0.376
X_2	1.89	0.718	74.542***	13.464***	130.459***	27.025***	133.006***	0.449
D_1	0.22	0.702	8.921**	0.024	25.025***	0.146	235.700***	2.586
D_2	3.85*	0.885	4.067*	3.492	3.323	1.285	0.670	163.418***

（每个自变量）与基准模型的比较

X_1	—	0.381	70.095***	80.018***	33.981***	26.535***	0.224	0.011
X_2	—	0.603	321.595***	223.971***	446.426***	211.774***	56.731***	0.125
D_1	—	1.563	34.795***	46.801***	93.316***	3.597	154.264***	6.011
D_2	—	0.010	10.465**	5.581*	1.660	0.100	0.892	555.505***

注一：（1）表中模型（6）的结构变化是指 X_1 小于0部分的案例非随机缺失（即 $X<0$, $e<-1.288$）；

　　　（2）模型（7）中 D_1 表示 D_1 的结构变化，即 D_1 的均值由 0.51 变为 0.65；

　　　（3）模型（8）中 D_2 表示 D_2 的结构变化，即 D_2 的均值由 0.80 变为 0.92；

　　　（4） X_1 的取值由 D_1 决定。当 D_1=1 时，$X_1 \sim \chi^2$（22）；D_1=0 时，$X_1 \sim \chi^2$（10）。

注二：（1）表的上半部分是各种情况与构建因变量时的实际系数值的比较；表的下半部分则是
　　　　　与基准模型（表的上半部分的第一个模型）中各系数的比较；

　　　（2）表的上半部分中的数值为 F 统计量；表的下半部分为卡方统计量；

　　　（3）表的下半部分"与基准模型的比较"使用了 suest 方法；

　　　（4）括号内为标准误；

　　　（5） ＊ $p<0.05$, ＊＊ $p<0.01$, ＊＊＊ $p<0.001$。

由结果可见，类似于上述简单线性回归的结果，多元线性回归的七个回归结果中，仅有随机缺失模型与标准取值和基准模型均不存在显著差异，其余模型都由于分析样本的结构变化而导致结构性偏差，但各模型之间在结构性偏差上存在一定的差异。

上述两个实验数据说明：非随机的结构偏离（不论是来自样本选择性或缺失案例，还是来自其他变量的结构变化而导致的联合分布的结构变化）都可能导致相关研究自变量的结果发生根本性变化。这就提醒我们在分析过程中必须要注意结构性偏差问题。

五、结构性偏差对因果推断结果的影响

上述结果表明，样本结构偏离会导致回归系数估计量违反无偏性假定。本部分将从线性回归扩展到因果推断中实验效应的估计问题，试图回答：分析样本如果存在结构偏离，线性回归是否能够得到无偏的平均实验效应（ATE）估计量？如果不能，是否可以利用因果推论中的相关方法改进实验效应的估计？为回答这一问题，本文将在上述模拟数据思路的基础上，再加入代表实验（treatment）的二分变量，以讨论与检验分析样本的结构偏离对平均实验效应估计结果的影响。

本部分检验的基本逻辑如下：第一步，按照实验组与控制组分别构建基础数据（即模拟总体）。这里构建的基础数据与上述线性回归的不同之处在于其需要按照不同的组别——实验组和控制组分别构建基础数据。第二步，在控制组不变的条件下（包括变量及结构均不改变），按前述五种缺失情况改造实验组的样本结构，以检验实验组的样本结构偏离对实验效应估计量的影响。第三步，保持

实验组不变、改变控制组结构，以说明控制组的结构性偏差的影响作用。第四步，将样本缺失过程随机化处理（即分析样本构建过程中的参数被随机化处理），并进行多次实验，最终将这些随机化实验的统计结果作为分析样本再进行描述性分析，以期进一步检验样本结构偏离对估计量的影响。[①]

（一）基础数据构建与分析方法

首先，定义包括10000个案例的数据，随机建立一个二分变量 D，其中 $D=1$ 为实验组（设 $\bar{d}=0.41053$），$D=0$ 为控制组。然后按实验组和控制组分别构建四个变量 X_1，X_2，X_3，X_4，其中，X_1 和 X_2 为连续变量，X_3 和 X_4 为二分变量。在 $D=0$ 的控制组中，设 $X_1 \sim N$ $(0.7, 0.36)$，$X_3 \sim B$ $(1, 0.48)$，$X_4 \sim B$ $(1, 0.79)$；在 $D=1$ 的实验组中，设 $X_1 \sim N$ $(0.9, 0.36)$，$X_3 \sim B$ $(1, 0.51)$，$X_4 \sim B$ $(1, 0.85)$。这种定义的目的是使实验组和控制组在自变量上存在特征差异。同时，为体现自变量之间的相关性，将 X_2 设定为与 X_4 相关，分别定义实验组和控制组的 X_2 取值：在控制组 $D=0$ 中，$X_4=1$ 时，$X_2 \sim \chi^2$ (11)，$X_4=0$ 时，$X_2 \sim \chi^2$ (21)；在实验组 $D=1$ 中，$X_4=1$ 时，$X_2 \sim \chi^2$ (5)；$X_4=0$ 时，$X_2 \sim \chi^2$ (35)。由此构成五个自变量。

其次，构建因变量：$Y=0.2*D+0.5*X_1+0.4*X_2+0.6*X_3+0.3*X_4+e_i$。其中，$e_i$ 为服从标准正态分布的随机变量；D 的系数为0.2，即"真实"的实验效应（标准取值）。后续所有模型的结果都需要与该实验效应0.2进行比较。如果估计得到的统计量与标准取值0.2有显著差异，则说明利用带有结构偏离的分析样本无法估计得到真实结

[①]为节约篇幅，本文未给出所有随机过程的结果。本节中所呈现的结果仅为其中一种。感兴趣的读者可以运行本文对应的命令文件以查验。

果；如果与标准取值0.2没有显著差异，则说明实验效应的估计不存在结构性偏差。正如多元线性回归一样，由于加入了误差项，基准回归模型的结果可能与标准取值有些许差异，因此，同样需要将各种样本结构的分析结果与基准模型进行整体比较并检验。

在构建的基础数据之上，本文拟采用线性回归方法和倾向值匹配方法来检验样本结构偏离对估计结果的影响。线性回归是基础，如果线性回归能够得到无偏的实验效应估计结果，则不需要再进一步利用倾向得分匹配方法来估计实验效应。但如果线性回归结果有偏时，本文将利用倾向得分匹配方法来修正，并检验其是否能够真正起到修正与调整有偏结果、得到与总体实验效应无差异的无偏作用。其中，倾向得分匹配方法将使用最近邻居法，以1∶5匹配，连接函数为logit。当然，这里使用的PSM方法仅是一个粗略的估计，由于实验中涉及的变量较少，且无其他外生变量，因此，本文的倾向得分匹配可能仍然存在偏差。①

分析样本仍然通过上述五种情况的缺失得到。从分类逻辑看，这些情境需要从实验组与控制组、因变量与自变量（共四个）两个维度分别予以检验，而自变量则又包括连续型与分类型两种不同情况，因此，总计共50种（5*2*5）不同的变化。同时，为了检验不同的结构变化所可能带来的结构性偏差，本文将利用随机实验方法

---

①匿名审稿人认为："PSM并不是一种应对样本结构性偏差的方法，且缺失数据的处理应该利用相应方法来解决。"正如前文所述，本文中的缺失并不是简单的可以通过统计方法处理的样本缺失，而是结合了所有调查误差在内的结果，且事实上本文所构建的假设总体，对于现实的调查数据而言是未知的，即总体未知。因此，本质上分析样本与总体之间的偏离是未知的。另外，此处利用PSM方法，是为了呈现在样本结构偏离的情况下是否能够得到接近现实的实验效应。对于实验组和控制组之间的实验效应的估计，仅有PSM是最合适的方法。

进行100次模拟实验，并记录每次实验结果（即与标准取值和基准模型的比较检验结果），最后将这5000个检验结果作为分析对象。由于结果相对较多，无法逐个呈现，因此，本文仅呈现其中一个结果。

（二）因变量结构变动

首先来看因变量的结构偏离对分析结果的影响。实验按实验组和控制组分别设计。具体结果见表3到表7。表3下半部分的两个检验表明，如果值域范围内都是随机缺失，那么，其结果与标准取值和基准模型均不存在显著差异。但凡只要是非随机的，不论是实验组，还是控制组，其结果与两种标准的比较都会存在显著差异。例如，在顶部缺失的条件下，线性回归估计得到的结果为0.140，该估计量与标准取值和基准模型的实验效应均存在显著差异（$F=5.88$，$\chi^2=35.96$），即：因变量如果是非随机缺失，则所得结果必然存在结构性偏差。

表3　因变量各种缺失情况下的结果：实验组

因变量：$D=1$ 实验组

	（0）基准	（1）随机	（2）顶部	（3）底部	（4）局部	（5）结构
D	0.214***	0.219***	0.140***	0.291***	0.117	0.382***
	(0.021)	(0.024)	(0.025)	(0.021)	(0.071)	(0.024)
X_1	0.500***	0.502***	0.506***	0.476***	0.541***	0.505***
	(0.028)	(0.029)	(0.028)	(0.027)	(0.036)	(0.030)
X_2	0.201***	0.202***	0.195***	0.198***	0.204***	0.197***
	(0.002)	(0.002)	(0.002)	(0.002)	(0.002)	(0.002)

续表

X_3	0.302***	0.296***	0.303***	0.285***	0.305***	0.308***
	（0.020）	（0.021）	（0.020）	（0.019）	（0.025）	（0.022）
X_4	0.493***	0.494***	0.497***	0.467***	0.497***	0.501***
	（0.038）	（0.038）	（0.039）	（0.037）	（0.041）	（0.038）
_cons	−0.014	−0.025	0.055	0.075	−0.076	0.022
	（0.053）	（0.055）	（0.058）	（0.052）	（0.064）	（0.055）
N	10000	8745	9507	9827	6083	8490
R^2	0.752	0.734	0.614	0.756	0.635	0.754
ATT	−.1796	−.0929	−.0482	−.02877	−.09843	.2269971
	（0.0581）	（0.0664）	（−0.0826）	（0.0577）	（0.0594）	（0.0606）
（每个自变量）与标准取值的比较 （D=0.2，X_1=0.5，X_2=0.2，X_3=0.3，X_4=0.5）						
D	0.46	0.67	5.88*	18.76***	8.78**	123.07***
X_1	0.00	0.00	0.04	0.79	0.26	0.10
X_2	0.70	1.67	5.02*	1.87	0.28	10.53
X_3	0.02	0.04	0.02	0.61	0.26	0.02
X_4	0.04	0.02	0.01	0.81	0.02	0.19
（每个自变量）与基准模型的比较						
D	—	0.23	35.96***	161.03***	191.68***	666.11***
X_1	—	0.04	0.99	10.67**	14.93***	0.68

X_2	—	2.08	19.45***	151.67***	14.91***	307.74***
X_3	—	0.74	0.03	11.56***	6.98**	0.46
X_4	—	0.04	0.15	79.03***	14.63***	2.66

注一：（1）表中与标准取值比较时均为 F 统计量，与基准模型比较时均为卡方统计量；

　　　（2）括号内为标准误；

　　　（3）* $p < 0.05$，** $p < 0.01$，*** $p < 0.001$。

注二：判断条件：

　　　（1）随机缺失：$D=1$ 且随机数大于等于0.7；

　　　（2）顶部缺失：$D=1$ 且 yd 大于等于均值加1.5个标准差；

　　　（3）底部缺失：$D=1$ 且 yd 小于等于均值减1.5个标准差；

　　　（4）局部缺失：$D=1$ 且随机数大于等于0.5且误差项 e 取值小于0（$e<0$ 使局部缺失为非随机）；

　　　（5）结构变化：$D=1$ 且各区间内缺失比例不同且误差项 e 小于0（范围内随机挑选某些案例，$e < 0$ 的案例缺失）。

　　这种结构性偏差事实上并无法完全利用统计方法予以解决。以表3中的ATT一行为例。虽然在局部缺失和结构变化条件下的实验效应估计量与标准取值和基准模型并不存在显著差异，但是，在实验组因变量顶部缺失的条件下，利用PSM估计得到的ATT为0.0482；如果与标准取值（$D=0.2$）相比，则差异值的 t 统计量为：$t = {(0.2 - 0.0482)}/{0.0826} = 1.838$（$p=0.066$），虽然仍不显著，但与标准取值有较大差异；但如果与基准模型（0.214）相比，则 $t=2.007$（$p=0.04475$），在0.05水平上显著，即与基准模型中的实验效应有显著差异。底部缺失模型的结果不仅与基准模型有显著差异（$p=0.0013$），而且与标准取值也有显著差异（$p=0.003$）。这表明，统计方法并不能完全解决所有形式的样本结构偏离问题。

上述结果在因变量控制组存在样本结构偏离时同样成立（表4）。除底部缺失模型的估计结果以外，其他三种情况与标准取值均存在显著差异，且各种条件下的估计结果与基准模型的估计结果也都存在显著差异，这说明控制组的结构变化同样会产生结构性偏差。从PSM的ATT估计结果来看，在顶部缺失、局部缺失和结构变化模型中，PSM的估计结果与两种标准之间同样都有着显著差异。

表4　因变量各种缺失情况下的结果：控制组

因变量：$D = 0$ 控制组

	（1）随机	（2）顶部	（3）底部	（4）局部	（5）结构	（6）结构加权
D	0.210***	0.261***	0.184***	0.075***	−0.083***	0.109***
	(0.025)	(0.021)	(0.021)	(0.021)	(0.022)	(0.022)
X_1	0.497***	0.486***	0.492***	0.630***	0.463***	0.477***
	(0.033)	(0.028)	(0.027)	(0.028)	(0.029)	(0.029)
X_2	0.201***	0.198***	0.200***	0.198***	0.198***	0.199***
	(0.002)	(0.002)	(0.002)	(0.002)	(0.002)	(0.002)
X_3	0.302***	0.289***	0.292***	0.293***	0.307***	0.314***
	(0.024)	(0.020)	(0.020)	(0.020)	(0.021)	(0.021)
X_4	0.482***	0.529***	0.481***	0.490***	0.541***	0.495***
	(0.051)	(0.038)	(0.037)	(0.037)	(0.040)	(0.041)
_cons	0.006	−0.044	0.054	0.048	0.305***	0.123*
	(0.069)	(0.054)	(0.053)	(0.052)	(0.056)	(0.056)

续表

N	7021	9697	9922	9530	8538	8538
R^2	0.782	0.735	0.755	0.763	0.782	0.757
ATT	−.2336 (.0654)	−.0956 (.0524)	−.2102 (.0568)	−.5184 (.0588)	−.5632 (.0621)	—
（每个自变量）与标准取值的比较 （$D=0.2$，$X_1=0.5$，$X_2=0.2$，$X_3=0.3$，$X_4=0.5$）						
D	0.15	8.43**	0.60	33.82***	165.68***	
X_1	0.01	0.27	0.09	22.22***	1.64	
X_2	0.21	1.08	0.05	1.91	1.67	
X_3	0.01	0.28	0.15	0.14	0.10	
X_4	0.12	0.55	0.27	0.08	1.06	
（每个自变量）与基准模型的比较						
D	0.10	137.4***	66.18***	370.58***	1070.94***	
X_1	0.02	4.67*	2.45	231.91***	7.80**	
X_2	0.20	31.49***	37.81***	87.33***	26.09***	
X_3	0.00	6.78**	7.17**	2.60	0.19	
X_4	0.10	5.81*	3.79	0.09	5.70*	

注一：（1）表中与标准取值比较时均为 F 统计量，与基准模型比较时均为卡方统计量；

　　　（2）括号内为标准误；

　　　（3）* $p < 0.05$，** $p < 0.01$，*** $p < 0.001$。

注二：判断条件：

　　　（1）随机缺失：$D=0$ 且随机数大于等于 0.7；

　　　（2）顶部缺失：$D=0$ 且 yd 大于等于均值加 1.5 个标准差；

　　　（3）底部缺失：$D=0$ 且 yd 小于等于均值减 1.5 个标准差；

　　　（4）局部缺失：$D=0$ 且 $0.6 \leqslant X_1 \leqslant 1.63$ 且 $yd \leqslant 2$；

　　　（5）结构变化：$D=0$ 且各区间内缺失比例不同且误差项 e 小于 0。

逆向思考，如果样本的取值范围覆盖了总体的取值范围，即使存在样本结构偏离，PSM的估计结果与标准取值之间并不一定存在显著差异，虽然会有偏差；但如果取值范围发生变化，则必然会导致估计量存在显著的偏差。这说明了PSM方法在本文中的适用性，也说明了PSM方法在因果推论中的局限性，它更多地受制于样本结构，又反过来说明样本的重要性。

(三) 连续自变量结构变化

与其他变量无关的连续变量的结构变化，在纯随机条件下，分析结果与基准模型和标准取值都没有显著差异，且顶部缺失和底部缺失模型也一样。但局部缺失和结构变化会导致结构性偏差（表5和表6）：不仅该连续变量自身的系数（与两种标准）有明显差异，而且也会影响到实验效应的估计量。例如，在表5中，结构变化模型中 X_2 的系数与标准取值间差异对应的 F 统计量为24.79，与基准模型差异对应的卡方统计量则达到310.18，这表明该连续变量的结果与标准取值、基准模型都存在显著差异。与此同时，局部缺失模型中 ATT 估计量与标准取值（0.2）的差异所对应的 t 统计量为2.954（$p=0.003<0.01$）；结构模型中 ATT 估计量与标准取值的差异所对应的 t 统计量为2.748（$p=0.0060<0.01$）。这都说明，尽管在顶部或底部缺失时所对应的 ATT 统计量与标准取值间的差异并不显著，但PSM方法并未能纠正由于局部缺失或结构变化所带来的平均实验效应估计量的结构性偏差。控制组与实验组的结果基本相同。

表5　连续自变量各种缺失情况下的结果：实验组

连续自变量 X_1：$D = 1$ 实验组

	（1）随机	（2）顶部	（3）底部	（4）局部	（5）结构
D	0.173***	0.213***	0.211***	0.329***	0.401***
	(0.025)	(0.022)	(0.023)	(0.022)	(0.023)
X_1	0.500***	0.500***	0.509***	0.427***	0.359***
	(0.030)	(0.031)	(0.030)	(0.028)	(0.028)
X_2	0.202***	0.201***	0.201***	0.201***	0.201***
	(0.002)	(0.002)	(0.002)	(0.002)	(0.002)
X_3	0.301***	0.310***	0.301***	0.304***	0.300***
	(0.022)	(0.021)	(0.020)	(0.020)	(0.020)
X_4	0.502***	0.495***	0.490***	0.496***	0.494***
	(0.039)	(0.038)	(0.038)	(0.038)	(0.038)
_cons	−0.024	−0.014	−0.015	0.032	0.086
	(0.056)	(0.055)	(0.054)	(0.053)	(0.054)
N	8353	9356	9631	9558	9337
R^2	0.729	0.743	0.746	0.746	0.744
ATT	−.1129	−.2386	−.1719	.0221	.0345
	(.0711)	(.0635)	(.0592)	(.0602)	(.0534)

续表

（每个自变量）与标准取值的比较 （D=0.2，X_1=0.5，X_2=0.2，X_3=0.3，X_4=0.5）				
D	1.21	0.35	0.22	34.03***	78.24***
X_1	0.00	0.00	0.09	6.94**	24.79***
X_2	0.79	0.30	0.42	0.80	0.57
X_3	0.00	0.23	0.00	0.04	0.00
X_4	0.00	0.02	0.06	0.01	0.02
（每个自变量）与基准模型的比较				
D	10.42	0.10	0.26	298.83***	482.31***
X_1	0.00	0.00	0.70	197.08***	310.18***
X_2	0.10	1.16	0.91	0.12	0.04
X_3	0.02	2.13	0.27	0.12	0.22
X_4	1.03	0.21	0.54	0.52	0.10

注一：（1）表中与标准取值比较时均为 F 统计量，与基准模型比较时均为卡方统计量；

（2）括号内为标准误；

（3）* $p < 0.05$，** $p < 0.01$，*** $p < 0.001$。

注二：判断条件：

（1）随机缺失：D=1且随机数大于等于0.6；

（2）顶部缺失：D=1且 X_1 取值大于等于其均值加1个标准差；

（3）底部缺失：D=1且 X_1 取值小于等于其均值减1个标准差；

（4）局部缺失：D=1随机数大于等于0.5且误差项 e 小于0；

（5）结构变化：D=1各区间内缺失比例不同且误差项 e 小于0。

表6　连续自变量各种缺失情况下的结果：控制组

连续自变量 X_1：$D = 0$ 控制组

	（1）随机	（2）顶部	（3）底部	（4）局部	（5）结构
D	0.217***	0.217***	0.211***	0.127***	0.108***
	（0.024）	（0.023）	（0.022）	（0.022）	（0.021）
X_1	0.515***	0.494***	0.487***	0.382***	0.311***
	（0.031）	（0.032）	（0.032）	（0.028）	（0.029）
X_2	0.202***	0.201***	0.201***	0.202***	0.201***
	（0.002）	（0.002）	（0.002）	（0.002）	（0.002）
X_3	0.289***	0.307***	0.300***	0.303***	0.304***
	（0.023）	（0.021）	（0.021）	（0.020）	（0.020）
X_4	0.505***	0.470***	0.493***	0.520***	0.491***
	（0.046）	（0.041）	（0.041）	（0.039）	（0.039）
_cons	−0.037	0.012	0.002	0.149**	0.263***
	（0.064）	（0.057）	（0.059）	（0.055）	（0.056）
N	7716	9047	9085	9294	9178
R^2	0.774	0.759	0.760	0.761	0.763
ATT	−.1769	.0776	−.2526	−.1927	−.2547
	（.0628）	（.0845）	（.0627）	（.0585）	（.0498）
（每个自变量）与标准取值的比较 （D=0.2，X_1=0.5，X_2=0.2，X_3=0.3，X_4=0.5）					
D	0.51	0.50	0.26	11.62***	18.28***

续表

X_1	0.24	0.04	0.17	17.73***	43.59***
X_2	0.70	0.17	0.61	1.71	0.50
X_3	0.23	0.10	0.00	0.02	0.04
X_4	0.01	0.54	0.03	0.25	0.05
（每个自变量）与基准模型的比较					
D	0.06	0.05	0.93	422.21***	492.26***
X_1	1.09	0.14	0.64	302.96***	399.57***
X_2	0.05	1.51	0.00	3.10	0.10
X_3	1.52	0.40	0.15	0.00	0.05
X_4	0.23	2.13	0.00	4.03	0.01

注一：（1）表中与标准取值比较时均为 F 统计量，与基准模型比较时均为卡方统计量；

（2）括号内为标准误；

（3）* $p < 0.05$，** $p < 0.01$，*** $p < 0.001$。

注二：判断条件：

（1）随机缺失：$D=0$ 且随机数大于等于0.6；

（2）顶部缺失：$D=0$ 且 X_1 取值大于等于其均值加1个标准差；

（3）底部缺失：$D=0$ 且 X_1 取值小于等于其均值减1个标准差；

（4）局部缺失：$D=0$ 且 X_1 取值处于均值和均值减1.5个标准差的区间内且随机数小于等于0.5；

（5）结构变化：$D=0$ 且各区间内缺失比例不同且误差项 e 小于0。

（四）分类自变量结构变化

实验之初，本文就设定了两种分类自变量：一种是与其他自变量相独立的分类变量 X_3，另一种是与其他自变量相关的分类变量 X_4。因此，结果也分为两类。同时，针对分类自变量的结构变化，本文设计的五种缺失情况分别为：0值随机、0值非随机、1值随机、1值非随机，以及 X_3（或 X_4）的结构变化（即使整体分布的均值发生改变，类似于样本中两类人群的比例发生变化，如性别或民族等）。同样地，缺失情境分别出现在控制组和实验组上。

　　先来看独立的分类自变量 X_3 的情况（表7和表8）。首先，不论是0值随机还是1值随机的变化，也不论是发生在控制组还是实验组，只要是随机缺失就不会导致结构性偏差，这与连续变量的情况是一致的。其次，在非随机缺失的条件下，不论是实验组还是控制组，0值与1值的非随机缺失都会导致该自变量本身的估计结果与两种标准间存在显著差异。如表7所示，当实验组的0值非随机缺失时，X_3 系数与标准取值相比，F 统计量为29.06；与基准模型相比，卡方统计量为315.13；即实验组的0值非随机缺失会导致自变量自身的估计有偏。再次，在非随机缺失的条件下，即便是独立的分类自变量，其结构变化同样可能会导致实验效应估计量的变化，且与两种标准都存在显著差异。如表7所示，在实验组的0值非随机缺失的条件下，实验效应的估计量与标准取值间的差异所对应的 F 统计量为47.31；与基准模型的差异所对应的卡方统计量为292.70，均远小于0.01水平。可见，即便是独立的分类自变量，其结构变化不仅会影响到自身系数，而且也会影响到实验效应的准确估计，这也就是结构性偏差的重要体现。从次，保持其他条件不变，只将 X_3 的比例结构替代转换（如调查样本中民族或性别等变量结构发生整体性变化），则可以发现，这种结构变化不仅影响其自身系数，而且估计的实验效应虽然与标准取值之间的差异并不显著，但与基准模型之间存在着显著差异（表7或表8的最后一列）。最后，再来考察PSM对实验效应估计结果的校正，不论是实验组还是控制组，在0值非随机缺失的情况下，PSM估计得到的平均实验效应与两种标准都有着显著差异，而在其他情况下估计得到的平均实验效应与两种标准的差异并不显著。因此，从这个意义上讲，倾向得分匹配方法（或者是高级统计方法）尽管可以解决部分问题，却无法完全解决可能存在的某些样本结构性偏差问题。由此，统计方法并不是万能的，其基础仍然是样本结构。

表7 分类自变量（不相关）各种缺失情况下的结果：实验组

分类自变量X_3（与X_2不相关）：$D = 1$ 实验组

	（1）0值随机	（2）0值非随机	（3）1值随机缺	（4）1值非随机	（5）X_3结构性变化
D	0.208***	0.345***	0.218***	0.270***	0.193***
	(0.024)	(0.021)	(0.023)	(0.021)	(0.022)
X_1	0.486***	0.493***	0.496***	0.507***	0.503***
	(0.029)	(0.027)	(0.029)	(0.027)	(0.028)
X_2	0.202***	0.201***	0.202***	0.201***	0.201***
	(0.002)	(0.002)	(0.002)	(0.002)	(0.002)
X_3	0.313***	0.195***	0.304***	0.349***	0.184***
	(0.021)	(0.020)	(0.021)	(0.020)	(0.020)
X_4	0.493***	0.497***	0.489***	0.493***	0.493***
	(0.038)	(0.037)	(0.038)	(0.037)	(0.038)
_cons	−0.022	0.041	−0.012	−0.042	0.041
	(0.055)	(0.052)	(0.055)	(0.053)	(0.053)

续表

N	8974	9692	8954	9851	10000
R^2	0.742	0.758	0.735	0.755	0.748
ATT	−.1567 （.0660）	−.0803 （.0602）	−.1039 （.0643）	−.0983 （.0579）	−.2211 （.0586）
（每个自变量）与标准取值的比较 （$D=0.2$, $X_1=0.5$, $X_2=0.2$, $X_3=0.3$, $X_4=0.5$）					
D	0.11	47.31***	0.60	10.76***	0.11
X_1	0.25	0.06	0.02	0.07	0.01
X_2	1.82	0.57	0.76	0.65	0.71
X_3	0.37	29.06***	0.04	6.24*	32.74***
X_4	0.03	0.01	0.08	0.03	0.04
（每个自变量）与基准模型的比较					
D	0.42	292.70***	0.17	132.70***	25.22
X_1	2.45	0.60	0.20	1.96	0.74
X_2	2.72	0.12	0.08	0.03	0.01
X_3	1.64	315.13***	0.06	143.54***	43.62***
X_4	0.01	0.59	0.29	0.01	0.01

注一：（1）表中与标准取值比较时均为 F 统计量，与基准模型比较时均为卡方统计量；

　　　（2）括号内为标准误；

　　　（3）* $p < 0.05$，** $p < 0.01$，*** $p < 0.001$。

注二：判断条件：

　　　（1）0 值随机：$D=1$ 且 $X_3=0$ 随机数大于等于 0.5；

　　　（2）0 值非随机：$D=1$ 且 $X_3=0$ 随机误差项 $e<-1$；

　　　（3）1 值随机缺失：$D=1$ 且 $X_3=1$ 随机数大于等于 0.5；

　　　（4）1 值非随机缺失：$D=1$ 且 $X_3=1$ 且随机数大于等于 0.5 且随机误差项 $e<-1$；

　　　（5）X_3 结构变化：$D=1$ 的实验组中，X_3 中取值为 1 的比例由 0.51 改为 0.65。

表8 分类自变量（不相关）各种缺失情况下的结果：控制组

分类自变量 X_3（与 X_2 不相关）：$D = 0$ 控制组

	（1）0值随机	（2）0值非随机	（3）1值随机	（4）1值非随机	（5）X_3结构变化
D	0.225***	0.081***	0.213***	0.147***	0.239***
	（0.023）	（0.021）	（0.023）	（0.021）	（0.022）
X_1	0.496***	0.497***	0.504***	0.494***	0.502***
	（0.030）	（0.027）	（0.030）	（0.027）	（0.028）
X_2	0.201***	0.201***	0.203***	0.201***	0.201***
	（0.002）	（0.002）	（0.002）	（0.002）	（0.002）
X_3	0.315***	0.146***	0.306***	0.381***	0.120***
	（0.022）	（0.019）	（0.022）	（0.020）	（0.021）
X_4	0.482***	0.514***	0.546***	0.482***	0.493***
	（0.043）	（0.037）	（0.042）	（0.037）	（0.038）
_cons	−0.015	0.183***	−0.077	0.031	0.053
	（0.061）	（0.052）	（0.058）	（0.053）	（0.054）
N	8482	9534	8563	9775	10000
R^2	0.767	0.773	0.768	0.764	0.747
ATT	−.2030	−.3231	−.2121	−.2534	−.1855
	（.0612）	（.0574）	（.0624）	（.0589）	（.0581）
（每个自变量）与标准取值的比较 （D=0.2，X_1=0.5，X_2=0.2，X_3=0.3，X_4=0.5）					
D	1.19	33.12***	0.32	6.32*	3.17

续表

X_1	0.02	0.02	0.02	0.05	0.01
X_2	0.23	0.8	2.78	0.26	0.72
X_3	0.49	63.28***	0.07	17.06***	77.23***
X_4	0.17	0.15	1.16	0.23	0.04
（每个自变量）与基准模型的比较					
D	1.52	412.50***	0.02	190.71***	34.89***
X_1	0.11	0.12	0.13	0.63	0.42
X_2	0.53	0.02	5.82*	1.58	0.03
X_3	1.82	479.79***	0.11	217.54***	71.46***
X_4	0.25	1.86	7.12**	0.69	0.00

注一：（1）表中与标准取值比较时均为 F 统计量，与基准模型比较时均为卡方统计量；

　　　（2）括号内为标准误；

　　　（3）* $p < 0.05$，** $p < 0.01$，*** $p < 0.001$。

注二：判断条件：

　　　（1）0值随机：$D=1$ 且 $X_3=0$ 且随机数大于等于 0.5；

　　　（2）0值非随机：$D=1$ 且 $X_3=0$ 且随机误差项 $e<-1$；

　　　（3）1值随机缺失：$D=1$ 且 $X_3=1$ 且随机数大于等于 0.5；

　　　（4）1值非随机缺失：$D=1$ 且 $X_3=1$ 且随机数大于等于 0.5 且随机误差项 $e<-1$；

　　　（5）X_3 结构变化：$D=1$ 的实验组中，X_3 中取值为 1 的比例由 0.51 改为 0.65。

　　再来看与其他自变量相关的分类变量（及相关的连续变量）的情况（表9和表10）。除了与 X_3 独立分类变量的情况相同以外，与其他自变量相关的分类变量的样本结构变化所带来的最大区别在于：当其结构发生变化时，不仅会使其自身的系数和实验效应发生显著变化，而且在许多情况下也会使与其相关的连续变量的系数发生显著变化，不论是与标准取值还是与基准模型进行比较。由此可以看到，变量间联合分布的改变会导致联合性的结构性偏差。而在现实情况中，分析样本中的各变量间都或大或小地存在一定的相关性，并形成联合分布；当某一自变量发生结构变化时，必然会带来联合的结构性偏差。这一点在通常情况下却是极其容易被忽略的。

表9 分类自变量（与其他变量相关）各种缺失情况下的结果：实验组

分类自变量 X_4（与 X_2 相关）：$D = 1$ 实验组

	（1）0值随机	（2）0值非随机	（3）1值随机	（4）1值非随机	（5）X_4结构变化
D	0.221***	0.271***	0.208***	0.322***	0.170***
	(0.023)	(0.021)	(0.025)	(0.021)	(0.021)
X_1	0.495***	0.497***	0.513***	0.500***	0.503***
	(0.028)	(0.027)	(0.030)	(0.027)	(0.028)
X_2	0.202***	0.206***	0.201***	0.199***	0.189***
	(0.002)	(0.002)	(0.002)	(0.002)	(0.001)
X_3	0.307***	0.306***	0.289***	0.304***	0.301***
	(0.020)	(0.020)	(0.022)	(0.020)	(0.020)
X_4	0.487***	0.483***	0.490***	0.506***	0.256***
	(0.038)	(0.037)	(0.038)	(0.037)	(0.029)
_cons	−0.012	−0.066	−0.015	0.001	0.326***
	(0.055)	(0.053)	(0.055)	(0.052)	(0.040)

续表

N	9681	9902	8307	9715	10000
R^2	0.702	0.752	0.766	0.760	0.750
ATT	−.2254 (.06998)	−.2116 (.0605)	.1176 (.0727)	−.0521 (.0587)	−.1855 (.0581)
（每个自变量）与标准取值的比较 （D=0.2，X_1=0.5，X_2=0.2，X_3=0.3，X_4=0.5）					
D	0.87	11.16***	0.10	33.78***	2.01
X_1	0.04	0.01	0.18	0.00	0.01
X_2	0.83	13.75***	0.61	0.23	91.91***
X_3	0.11	0.10	0.25	0.05	0.00
X_4	0.12	0.21	0.07	0.02	72.78***
（每个自变量）与基准模型的比较					
D	0.80	99.54***	0.28	260.30***	107.15***
X_1	1.07	0.34	1.12	0.00	1.47
X_2	0.13	71.22***	0.01	57.76***	164.24***
X_3	1.42	1.33	2.28	0.11	1.16
X_4	0.70	2.90	0.17	8.97**	79.84***

注一：（1）表中与标准取值比较时均为 F 统计量，与基准模型比较时均为卡方统计量；

（2）括号内为标准误；

（3）* $p < 0.05$，** $p < 0.01$，*** $p < 0.001$。

注二：判断条件：

（1）0值随机：D=1 且 X_4=0 且随机数大于等于0.5；

（2）0值非随机：D=1 且 X_4=0 且随机误差项 $e<-1$；

（3）1值随机缺失：D=1 且 X_4=1 且随机数大于等于0.5；

（4）1值非随机缺失：D=1 且 X_4=1 且随机数大于等于0.5 且随机误差项 $e<-1$；

（5）X_3 结构变化：D=1 的实验组中，X_4 中取值为1的比例由0.85改为0.90。

表 10 分类自变量（与其他变量相关）各种缺失情况下的结果：控制组

分类自变量 X_4（与 X_2 相关）：$D = 0$ 控制组

	（1） 0 随机	（2） 0 非随机	（3） 1 随机	（4） 1 非随机	（5） X_4 结构变化
D	0.210***	0.161***	0.199***	0.117***	0.190***
	（0.022）	（0.021）	（0.024）	（0.021）	（0.022）
X_1	0.513***	0.500***	0.493***	0.496***	0.500***
	（0.028）	（0.027）	（0.031）	（0.027）	（0.028）
X_2	0.202***	0.197***	0.201***	0.204***	0.186***
	（0.002）	（0.002）	（0.002）	（0.002）	（0.001）
X_3	0.308***	0.308***	0.296***	0.300***	0.302***
	（0.020）	（0.020）	（0.023）	（0.020）	（0.020）
X_4	0.491***	0.260***	0.508***	0.614***	0.013
	（0.045）	（0.039）	（0.042）	（0.037）	（0.035）
_cons	−0.027	0.274***	−0.004	−0.036	0.555***
	（0.062）	（0.054）	（0.057）	（0.052）	（0.049）
N	9403	9832	7643	9647	10000
R^2	0.749	0.763	0.786	0.768	0.748
ATT	−.0765	−.2514	−.2715	−.2750	.0273
	（.0567）	（.0573）	（.0690）	（.0574）	（.0553）
（每个自变量）与标准取值的比较 （D=0.2，X_1=0.5，X_2=0.2，X_3=0.3，X_4=0.5）					
D	0.21	3.50	0.00	15.87***	0.22

X_1	0.19	0.00	0.05	0.03	0.00
X_2	1.05	3.96*	0.70	5.43	117.13***
X_3	0.16	0.18	0.03	0.00	0.01
X_4	0.04	38.69***	0.04	9.60**	189.40***
（每个自变量）与基准模型的比较					
D	0.52	145.48***	1.61	308.49***	22.32***
X_1	3.38	0.00	0.20	0.26	0.00
X_2	0.47	72.83***	0.03	33.87***	127.08***
X_3	1.31	1.66	0.35	0.11	0.01
X_4	0.00	148.65***	0.69	171.73***	88.15***

注一：（1）表中与标准取值比较时均为 F 统计量，与基准模型比较时均为卡方统计量；

（2）括号内为标准误；

（3）* $p < 0.05$，** $p < 0.01$，*** $p < 0.001$。

注二：判断条件：

（1）0值随机：$D=1$ 且 $X_4=0$ 且随机数大于等于0.5；

（2）0值非随机：$D=1$ 且 $X_4=0$ 且随机误差项 $e<-1$；

（3）1值随机缺失：$D=1$ 且 $X_4=1$ 且随机数大于等于0.5；

（4）1值非随机缺失：$D=1$ 且 $X_4=1$ 且随机数大于等于0.5且随机误差项 $e<-1$；

（5）X_3 结构变化：$D=1$ 的实验组中，X_4 中取值为1的比例由0.85改为0.90。

（五）简单小结

上述几组实验结果表明：第一，在多数随机缺失的条件下，分析结果与真实效应及各系数均不会产生显著的结构性偏差；但在非随机缺失的条件下，多数情况下，分析结果与标准取值和基准模型的结果之间都会存在显著差异。第二，独立自变量的结构变化不仅会影响到其自身的估计结果，而且也会影响到实验效应的估计量；而不独立的自变量的结构变化，既有独立变量的结构性偏差特征（即自身的估计量与平均实验效应都可能有偏），而且还会影响到相关变量的估计结果，这也就是联合分布的结构性偏差。第三，高级统计方法在许多情况下无法从根本上解决样本的结构性偏差，PSM结果或是低估或是高估实验效应，且与标准取值和基准模型均存在显著差异。第四，在对样本进行事后加权处理时，应该是对分析中所涉及变量的联合分布的调整，而非对某一个或几个变量的加权调整，否则会由于变量联合分布的改变而导致其他变量的结构性偏差，即样本加权调整应该是对联合分布的调整，而非对单个变量的加权调整。

六、对模拟结果的统计分析

为体现样本结构变化更多的可能性，本文在上述基础上进一步改变缺失案例的范围，即按照上述五种缺失方式，随机产生缺失值域和不同的样本。共进行100次随机化处理实验，最后将这100次实验的结果作为分析样本。分析数据包括了缺失类型、案例数、自变量的估计系数及其标准误、与标准取值比较的 F 统计量及显著性、与基准模型比较的卡方统计量及显著性，以及平均实验效应。其中，缺失类型中又标记了缺失变量（如因变量或 X_1 到 X_4）、实验组或控制组的缺失等基本信息，基本上全面记录了每次实验的具体结果。以下是对这100次随机实验结果的统计分析。由于所得结果较多，本文仅呈现部分统计结果。

（一）系数估计量

在多个系数中，本文更关注实验 D 的系数在各种不同缺失条件下的估计量。因此文中仅给出变量 D 在不同情况下的分布结果（图5至图9）。

图5描绘了因变量有缺失时的情况。以因变量实验组的五种缺失情况（图5中的左图）为例，在纯随机缺失条件下（以小圆圈表示），变量 D 的系数基本上都围绕着0.2小幅波动，而因变量的顶部缺失模型中变量 D 的系数基本上围绕着0.1小幅波动，这说明顶部缺失会导致实验效应的一致性被低估。底部缺失模型中，变量 D 的系数会在0.2~0.3范围变化，即实验线的底部缺失会导致一致性地高估实验效应。由于本文中的局部缺失和结构性缺失的设计是剔除均值以下的部分案例，其中规定：局部缺失是小于均值的某个区间内误差项小于0的案例按随机数（大于0.5）表示的缺失；结构性缺失则将缺失范围扩大到均值以下，并将该值域分割成若干段（100段）更小的区间，规定每段小区间内误差项小于0的案例按随机数（大于0.5）表示的比例（概率）缺失。由图中的分布可以发现，结构模型中变量 D 的系数围绕着0.28小幅波动；但局部模型中变量 D 的系数基本上在0.3以上，且波动幅度较大。这从某种意义上说，局部缺失对实验效应估计量的影响远大于结构模型。总体来看，实验组的顶部缺失会导致实验效应的低估，而底部缺失（包括均值以下的局部和结构）都会导致实验效应的高估。这一点类似于图3中的解释。

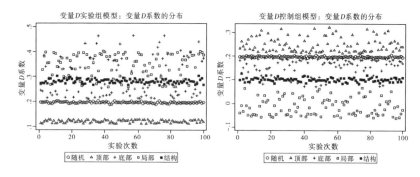

图5　因变量不同缺失条件下实验效应（D）线性估计结果的分布

从图5右侧的因变量控制组缺失模型来看，随机缺失模型的结果仍然相对稳定，但在控制组顶部缺失模型中，变量D的系数都在标准取值0.2以上，且波动范围相对较大；底部模型中的D系数则都在标准取值0.2以下，且波动范围也相对较大（0.08~0.19）；局部缺失对变量D系数的影响会相对更大，变量D的系数不仅波动范围相对较大，甚至会使系数发生方向性变化（有部分散点落在0以下），即实验效应变成负向。而结构变化使变量D的系数被严重低估，但其仍然围绕着0.1小幅波动。这仍然体现了相较于结构变化，局部缺失对实验效应估计量的危害更大，这一点需要引起足够的重视。这种局部缺失相当于在实际调查中缺少一部分特定特征的群体，如收入研究缺少了部分低收入群体（或高收入群体），从而使得估计结果既会严重偏离实际情况，也无法判断其偏离的程度及一致性（我们原来总是认为结构偏离可能会是更严重的，但在随机实验的参数设定中，结构偏离的设定是将小于均值部分按非等概率缺失。这种非等概率的随机缺失，也会呈现出一定的一致系统的偏差。这是出乎意料的，但却极其重要！）。

上述是因变量在不同缺失条件下对实验效应估计量的影响作用，下面将讨论自变量的结构偏离对实验效应估计量的影响，具体如图6至图9所示。由于自变量被分为连续变量和分类变量两种类型，因此，以下讨论也将分成两类。

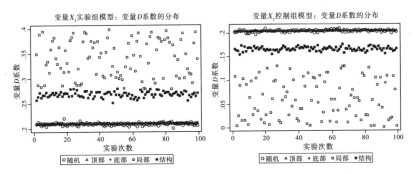

图6　X_1不同缺失条件下实验效应（D）线性估计结果的分布

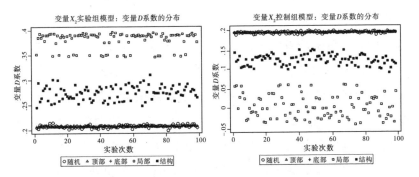

图7　X_2不同缺失条件下实验效应（D）线性估计结果的分布

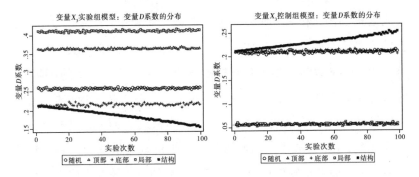

图8　X_3不同缺失条件下实验效应（D）线性估计结果的分布

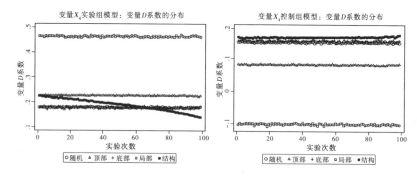

图9　X_4不同缺失条件下实验效应（D）线性估计结果的分布

　　从连续变量的角度看，以X_1为例，X_1的随机缺失、顶部缺失和底部缺失模型对实验效应D的估计并没有太大的影响，但是在结构变化模型中，实验效应D的估计却会发生系统性的偏差；局部缺失模型中，实验效应D的估计量偏差相对更大，且波动幅度也更大。同样地，当实验组中X_1小于均值部分呈局部缺失或结构性缺失都会使实验效应D被高估；而控制组的情况正好相反。在控制组的X_1呈局部缺失时，由于波动范围过大，实验效应D的方向都有可能发生变化。连续变量X_2的作用与X_1基本相同。在此不再赘述。

　　分类自变量的缺失有0值随机缺失、0值非随机缺失、1值随机缺失、1值非随机缺失和结构变化（即总体均值改变）五种情况，具体结果如图8和图9所示。从X_3来看，实验组0值随机缺失时，会导致实验变量D的系数被一致性地高估；而1值随机缺失时，实验变量D的系数却基本围绕着标准取值小幅波动。但X_3的0值与1值均为非随机缺失时，实验变量D的系数被较大幅度地高估，0值非随机缺失时，该系数基本上在3.6左右波动，而1值缺失时，该系数则在4.1左右波动。由此可见，非随机缺失情况会导致系数的大幅高估，而随机缺失情况还需要结合X_3的分布情况来确定这种高估的幅度。

但在控制组中，X_3的缺失却呈现出另一种情况。当X_3是随机缺失时（不论X_3的取值是0还是1），实验变量D的系数仍然是围绕着标准取值小幅波动；当X_3是非随机缺失时，实验变量D的系数将被严重低估，结果具有一致性，都在0.3附近小幅波动。由此可以看到，X_3的结构变化对实验效应的影响受到具体实验组或控制组的影响，而不仅仅与是否随机缺失有关。

最后来看X_3的结构变化。实验中设定X_3的总体比例由0.45逐步提高到0.75。这时，在实验组中，实验变量D的系数随比例的提高而逐步下降；相反，在控制组中，实验变量D的系数随比例的提高而逐步提高。即，前者被低估，而后者却被高估。这说明，实验效应D会随着二分变量的结构变化而出现样本结构性偏差。样本偏离总体越严重，实验效应估计量的偏离也会越严重。而实验组与控制组的偏离方向相反则说明两组样本各自的结构变化对实验效应估计量的影响作用正好是相反的。

分类变量X_4的变化与X_3的表现有些不同。首先，不论是实验组还是控制组，也不论X_4是0值还是1值的缺失，只要是随机的，都会导致实验效应D被小幅低估。其次，在实验组中，X_4的0值非随机缺失对实验效应D会产生较为一致的小幅高估，但X_4的1值的非随机缺失会导致实验效应D被严重高估。在控制组缺失条件下，与实验组的情况正好相反，0值或1值的缺失将会低估实验效应。再次，实验组中X_4的结构变化，会使实验效应D的系数的被略微高估，以非线性方式下降逐步变成被低估，系数与标准取值的偏差幅度随结构偏离程度的增加而提升。但在控制组中，这种结构性的偏离尽管会略微低估实验效应D的系数，但其结果的波动幅度相对较小。

上述结果是对实验效应变量系数分布的讨论，可以看到，如果缺失是随机的，那么，对实验效应的估计不会有太大的偏差；但如果是非随机的，则实验效应估计量必然存在或多或少的偏差。从现实角度来看，我们很难判断这种结构偏离的存在及其来源，也更难判断这种结构性偏差到底有多大。但，现实中分析样本与总体之间的差异还是有可能反映样本结构偏离情况的。例如，2020年"七普"中汉族人口占全国总人口的91.11%，少数民族人口占全国的8.89%。如果某个调查的民族构成与全国总人口中的比例存在显著差异（如汉族人口仅为80%），那么在加入民族变量以后就有可能会导致比较严重的样本结构性偏差。按照上述结果，偏离总体越远，则结构性偏差就可能越大。另外，从流动人口构成来看，2020年"七普"中的流动人口构成为26.62%。那么，在相同定义之下，调查得到的分析样本中流动人口比例与总体比例之间的差异如果太大，那么，分析结果不仅会影响到流动人口这一变量自身的系数，而且也会影响到实验效应的估计。而这只是某变量的独立分布情况，还未涉及联合分布的情况。

除了实验效应估计量以外，本文还涉及与其他自变量相关的自变量系数估计的问题。在本例中，X_2 是依据 X_4 而构建的，因此，X_2 与 X_4 相关。X_4 的结构性变动对 X_2 系数的影响作用如图10所示。首先，在实验组中，X_4 变量的各种不同缺失都会在一定程度上低估 X_2 的作用（X_2 的标准取值也是0.2），其中，低估量最小的是0值非随机缺失，其次是结构性改变；偏差相对较大的是0值或1值的随机缺失，且这两种随机缺失得到的结果基本重合；偏差最大的是1值的随机缺失。其次，在控制组存在缺失的条件下，X_4 的随机缺失结果与其标准取值也基本相同，但0值非随机缺失会低估 X_2 的系数，而1值的非随机缺失会使 X_2 的系数被高估。这也正是实验组与控制组相反的地方。再次，实验组的结构变化随着实验次数的增加（即实验组所对应的 X_4 的均值比例 [1值所占比例] 的提高）而呈现出逐步向标准取值靠拢的趋势；控制组的结构变化在各控制组 X_4 均值变化过程中基本不变，但所引起的 X_2 系数的偏差却是最大的，且严重低估了 X_2 的作用。由此，在强调对实验效应无偏估计的同时，还应考察与缺失变量相关的其他自变量的系数估计量问题。这也就是联合分布偏差效应。

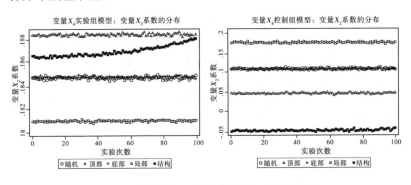

图10　X_4 缺失条件下，相关自变量的系数变化情况

（二）估计量与标准取值和基准模型的差异

　　除了上述估计量与标准取值之间的数值比较，还需要统计检验系数估计量与标准取值和基准模型间的差异。由于所得结果相对较多且繁杂，本文将使用在100次随机实验中两种统计检验显著的次数来表示，具体结果如表11所示。

表11 各种缺失条件下系数与标准取值、基准模型间差异显著的次数

		与标准取值的比较					与基准模型的比较				
		随机	顶部	底部	局部	结构	随机	顶部	底部	局部	结构
	YD	sigF	sigF	sigF	sigF	sigF	sigC	sigC	sigC	sigC	sigC
控制组	D	0	98	81	100	100	8	100	100	100	100
	X_1	1	22	18	15	0	6	100	100	17	70
	X_2	0	100	54	2	35	4	100	100	91	100
	X_3	3	0	4	10	0	4	100	99	11	35
	X_4	0	43	0	15	0	8	100	100	66	43
实验组	D	0	100	98	100	100	2	100	100	100	100
	X_1	2	0	40	90	0	2	1	100	91	6
	X_2	0	100	83	71	100	5	100	100	95	100
	X_3	2	0	39	66	0	4	0	100	66	15
	X_4	0	0	53	19	0	5	61	100	80	30

		与标准取值的比较					与基准模型的比较				
		随机	顶部	底部	局部	结构	随机	顶部	底部	局部	结构
	X_1	sigF	sigF	sigF	sigF	sigF	sigC	sigC	sigC	sigC	sigC
控制组	D	0	0	0	100	100	2	0	0	100	100
	X_1	1	0	0	100	100	1	0	0	100	100
	X_2	0	0	0	0	0	5	0	73	6	7
	X_3	3	0	0	0	1	2	0	0	0	6
	X_4	0	0	0	0	0	6	0	36	7	3
实验组	D	0	0	0	100	100	6	3	0	100	100
	X_1	4	79	0	100	100	6	31	0	100	100
	X_2	0	0	0	0	0	2	0	0	4	6
	X_3	5	0	0	0	0	8	0	13	0	1
	X_4	0	0	0	0	0	2	0	0	0	3

		与标准取值的比较					与基准模型的比较				
		随机	顶部	底部	局部	结构	随机	顶部	底部	局部	结构
	X_2	sigF	sigF	sigF	sigF	sigF	sigC	sigC	sigC	sigC	sigC
控制组	D	0	0	0	100	100	3	0	0	100	100
	X_1	3	0	0	3	0	2	0	0	2	1
	X_2	0	0	0	99	48	6	0	0	100	100
	X_3	2	0	0	7	1	3	26	0	4	7
	X_4	0	0	0	100	38	4	0	0	100	100

续表

实验组	D	0	0	0	100	100	5	0	0	100	100
	X_1	4	0	0	3	0	7	0	0	3	0
	X_2	0	0	0	100	95	3	0	0	100	100
	X_3	4	0	0	0	0	3	14	0	6	4
	X_4	0	0	0	0	1	7	0	0	46	89

		与标准取值的比较					与基准模型的比较				
		0值随机	0值非随机	1值随机	1值非随机	结构变化	0值随机	0值非随机	1值随机	1值非随机	结构变化
	X_3	sigF	sigF	sigF	sigF	sigF	sigC	sigC	sigC	sigC	sigC
控制组	D	0	100	0	100	61	5	100	3	100	100
	X_1	5	5	0	0	0	5	2	9	2	5
	X_2	0	0	0	0	0	7	1	4	3	46
	X_3	1	100	2	100	100	5	100	4	100	100
	X_4	0	0	0	0	0	2	2	3	2	89
实验组	D	100	100	43	100	53	100	100	100	100	97
	X_1	0	0	4	4	0	9	13	7	7	48
	X_2	0	0	0	0	0	0	0	16	22	14
	X_3	100	100	100	93	100	100	100	100	100	100
	X_4	0	0	0	0	0	31	10	15	13	0

		与标准取值的比较					与基准模型的比较				
		0值随机	0值非随机	1值随机	1值非随机	结构变化	0值随机	0值非随机	1值随机	1值非随机	结构变化
	X_4	sigF	sigF	sigF	sigF	sigF	sigC	sigC	sigC	sigC	sigC
控制组	D	100	100	100	100	100	100	100	100	100	100
	X_1	0	0	0	1	0	5	0	0	0	0
	X_2	0	100	0	100	100	9	100	0	100	100
	X_3	100	100	100	100	0	100	100	100	100	0
	X_4	0	100	0	100	100	4	100	0	100	100
实验组	D	100	100	100	100	57	100	100	100	100	92
	X_1	0	0	3	4	0	0	1	1	0	0
	X_2	100	100	100	100	100	100	100	100	100	100
	X_3	6	8	7	2	0	46	66	5	0	0
	X_4	100	100	100	100	100	100	100	100	100	100

1. 因变量控制组缺失、与标准取值的比较。除随机缺失以外，其他四种缺失模型中的实验 D 系数与标准取值的差异基本上都呈统计显著。例如，顶部缺失时有98次实验显著；底部缺失模型中有81次显著；而在局部缺失和结构变化模型中，所有实验都呈显著。同时还应该注意到，因变量控制组的顶部缺失在导致实验效应显著以外，还会导致 X_2 和 X_4 的系数发生变化：所有实验中 X_2 的系数与标准取值都有显著差异，且在43%的实验中 X_4 的系数与标准取值会有显著差异，但其对 X_1 和 X_3 的影响相对较小，特别是在结构变化模型中。这表明因变量的缺失不仅会导致实验效应估计量的变化，而且也可能会导致其他变量的系数估计量的显著变化。

因变量实验组缺失的情况，与上述结果基本相同，即，既会影响实验效应的估计，也会影响 X_2 的估计结果。而在底部和局部模型中，甚至 X_1、X_3、X_4 这三个变量都可能与标准取值有显著差异。

2. 因变量控制组缺失、与基准模型的比较。和标准模型的比较结果十分类似，除随机缺失模型以外，其他四种缺失既会使实验 D 系数全部都显著，而且 X_2 系数估计量在多数情况下也都显著。甚至于在顶部缺失和底部缺失模型中，X_1、X_3、X_4 这三个变量的系数估计量与基准模型都有显著差异。即使在局部缺失和结构变化模型中，仍然会分别有66%和43%的 X_4 结果呈现为显著差异。而 X_1 的系数与基准模型有显著差异的比例，在结构变化模型中达到了70%。

因变量实验组缺失情况下的结果与控制组的基本相同，在此不再赘述。

3. 自变量各种缺失条件下的结果与因变量的缺失略有不同。以连续变量 X_1 为例，不论是实验组还是控制组的缺失，X_1 的缺失主要导致局部缺失和结构变化模型中实验效应和其自身系数显著不同于两种标准，但对其他变量的影响相对较小。但从连续变量 X_2 来看，由于它和 X_4 相关，不仅会导致实验效应和 X_2 的系数显著不同于两种标准，而且也会导致 X_4 的系数与基准模型有显著差异，特别是在 X_2 的控制组局部缺失模型和结构变化模型中。

4. 在分类变量的模型中，X_3 与其他变量不相关，因此它的缺失主要导致实验 D 系数和自身系数的显著，对其他变量的影响相对较小。但由于 X_4 和连续变量 X_2 相关，因此，X_4 的结构变化不仅会导致实验 D 系数和 X_4 系数的显著差异，而且同样也会导致 X_2 系数的估计量与标准取值和基准模型之间存在显著差异。

这些结果表明，样本结构偏离不仅会影响到实验效应的估计，而且也会影响其他自变量的估计，分析中应更多关注由于联合分布的结构偏离而导致的对其他变量系数估计量的影响问题。

（三）平均实验效应的估计量及差异性

图 11 到图 15 分别呈现了不同情况下利用倾向得分匹配方法计算得到的平均实验效应，但很奇怪的是，所有的结果基本上均呈现出负向的结果。导致这种情况的可能原因是：PSM 的基本要求是第一阶段的倾向值估计模型与第二阶段的匹配模型间至少要有一个重要变量是有区别的。但本实验中仅涉及四个简单变量，且无其他变量可以借鉴以计算倾向得分值。当然，由此也可以看到倾向得分匹配方法自身的局限性，在模型设定有问题的情况下，估计结果可能与真实效应之间存在明显的差异。但前面与基准模型的比较则剔除了模型设定问题，可以将两种估计结果看成控制了模型设定以后的差异。因此，本文将参照标准设定为基准模型的平均实验效应估计量，而不再是标准取值（即真实的实验效应）。

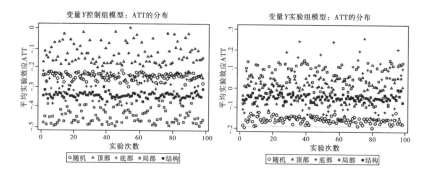

图11 因变量缺失条件下ATT估计量的分布

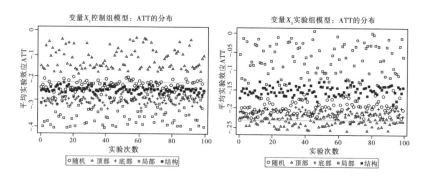

图12 X_1缺失条件下ATT估计量的分布

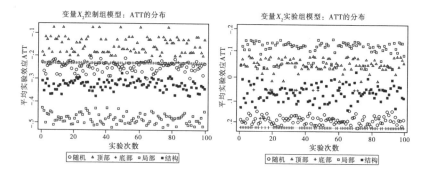

图13 X_2缺失条件下ATT估计量的分布

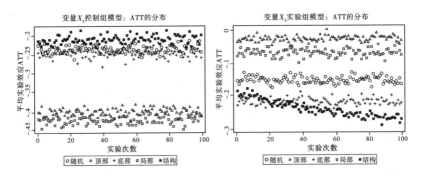

图14　X_3缺失条件下ATT估计量的分布

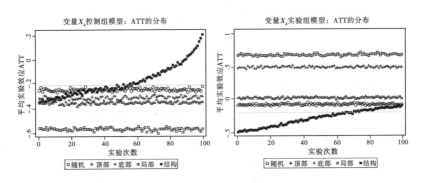

图15　X_4缺失条件下ATT估计量的分布

　　由于图示较多，本文仅以因变量缺失条件下的平均实验效应ATT估计结果为例（图11）。在控制组模型中，根据五种因变量的缺失对应的ATT估计结果：1）随机缺失模型仍然表现出相对较好的一致性，其估计的平均实验效应基本上都在基准模型ATT的周围小幅波动；2）控制组顶部缺失时，相当于控制组本身的均值被低估，在实验组不变的情况下，两组之间的均值差有所减小（以绝对值看），因此，控制组的顶部模型低估了平均实验效应；且低估的幅度受顶部缺失值域范围的影响；3）控制组底部缺失的结果正好与顶部缺失的结果相反，会显著高估平均实验效应，且波动幅度也相对较大；4）结构性缺失模型中所得的平均实验效应的波动相对最小，但其与基准模型估计量的差异不仅大于随机缺失模型，也大于底部缺失模型；5）相对较为严重地高估平均实验效应模型的是局部缺失模型，不仅与基准模型有较大的差异，而且其变动幅度也相对较大，这种局部缺失模型的波动性主要还是源于局部缺失的值域区间。

在实验组中，ATT的估计量几乎都大于基准模型的估计结果。随机缺失模型估计的ATT与基准模型最为接近，但基本上都偏高；而结构变化模型的结果虽然也偏高，但波动幅度相对较小；在顶部缺失、底部缺失和局部缺失这三种模型中，估计量的变动范围相对较大，而且更重要的是，在某些情况下，平均实验效应估计量的方向与基准模型都是相反的，这说明这三种非随机缺失无法真正准确地估计平均实验效应。

在分类变量 X_4 的不同缺失情况下，平均实验效应的估计结果与基准模型间的差异，与连续变量的表现并不一致。控制组模型中，X_4 的随机缺失会一致性地略微低估实验效应。顶部缺失和底部缺失模型中的ATT估计量偏差相对大于随机缺失模型，而局部缺失模型的低估相对比较严重。当 X_4 发生整体结构变化时（即 X_4 的均值从最初的0.55，随实验次数逐步上升到0.95，步长为0.004），平均实验效应估计量呈非线性上升（图15）；当 X_4 取最小（0.55）时，平均实验效应被低估的幅度相对更大，且离基准模型的结果也相对更远；随着 X_4 均值的提高，平均实验效应估计量也逐步提高，并逐步趋近于基准模型；但随着 X_4 取值逐步增大，平均实验效应估计量离基本模型的结果也逐渐变远，且呈非线性上升趋势；

当 X_4 取最大（0.95）时，两者之间的差异更大，即离假设总体均值越远，估计量偏差越大。而且应该注意到，平均实验效应估计量最后甚至出现了方向的改变。X_4 在实验组中的变化与在控制组中的变化基本相同，只是结构变化模型估计得到的平均实验效应并没有发生方向性变化，但估计量与结构之间的关系同样是非线性的。这说明，二分变量的结构变化，不仅会导致无法准确估计平均实验效应，而且还可能导致估计量的方向性变化。

七、结论与讨论

本文利用仿真实验数据，讨论了结构性偏差及其对因果推断中平均实验效应估计量的影响。分析结果表明：1）非随机的样本结构性偏差主要表现在三个方面——实验效应的估计量、自身系数的估计量，以及相关（甚至无关）自变量系数的估计量。在因果推论中，不论是模型中哪个变量的样本结构偏离，都会带来有偏的实验效应估计量，也会导致该变量的系数估计量的偏差。2）样本结构性偏差源自变量的联合分布，而不只是单变量分布的变化，因此，某个变量的结构偏离会导致其他相关变量，甚至不相关变量的估计量有偏差。3）分类变量的结构性偏差会随着与真实结构的距离增大而呈非线性加速扩大趋势，特别是对实验效应的估计。4）在某种意义上，统计方法无法从根本上解决这种样本结构性偏差（尽管在某些情况下有助于减少实验效应估计量的偏差）。因此在实证分析过程中，并不能完全迷信于统计方法，而更应该严格检验样本与总体之间的差异量，以使统计结果能够真正反映总体的情况。

本文将样本结构性偏差的影响作用从线性回归扩展到因果推论

中平均实验效应的估计，这是本文的主要目标。由上述结论可以看到，在非随机缺失的情况下，样本结构偏离不仅使线性回归的系数估计量受到影响，而且平均实验效应估计量也会发生一定的偏差。特别是，如果二分变量存在结构偏离，那么由此引起的结构性偏差随着与"真值"的距离越远而变得越大，这一点很有现实意义。例如，某调查数据的年龄、性别等基础结构可能在加权调整后与总体并不存在太大的差异，但民族结构（假设以汉族和少数民族为分类）却存在较大的差异。如果分析不包括民族结构，则民族变量的结构偏离不一定会对估计量产生太大的影响；但如果分析纳入了民族变量，则不仅民族变量的系数不再是无偏一致的，而且它还会使其他相关变量的系数存在偏差，更会影响到包含民族变量的因果推论的结果，且偏离越远，偏差越大。而这种偏差在目前的各种抽样调查样本中却是普遍存在的，但却又是被数据使用者和分析者们或有意或无意地忽略的。许多研究更关心分析结果与分析方法，而并不关心分析样本的数据来源及其结构问题。根本上讲，已有的许多定量研究的结果是值得商榷、有待检验的。因此，提请定量研究人员能够更加关注数据来源与样本结构，以期能够更贴现实地从总体角度描绘社会现实，解释社会现象，回答社会问题，这既是本文的目的之一，更应是研究人员思考与追求的目标之一。

同时，我们更不能完全迷信于高级统计方法。统计方法只是分析工具，包括回归分析和PSM在内的各种统计方法都应该服务于理论（检验）。之所以使用各种统计方法，不是说某些所谓的高级统计方法所获得的结果必然会优于线性回归（有时有可能正好相反），而只是为解决一般线性回归中可能存在的问题（如无偏有效一致性或分析单位或时间单位等问题）。但不论哪种统计方法都脱离不了工具属性，都会有其适用性与局限性。目前的定量研究普遍存在过度关注统计方法，却相对忽略了工具的对象与基础的问题。样本代表性（结构性偏差）是统计分析中重要的基础性问题，是定量研究结果可信性与可靠性的基础，是后续理论检验与政策建议的重要基础。注重分析样本的代表性问题，既可以解决或缓解结构性偏差，也可以为更加正确地利用各种统计方法以讨论真实的因果关系提供坚实的基础。更重要的是，统计方法并不是万能的，其并不一定能完全解决样本结构性偏差的问题。因此，将样本与统计方法并举，争取做到"使用适合的方法分析（相对）准确的数据，以得到更加接近现实的结果"才应该是社会科学定量研究的目标。

回到本文开篇，我们使用统计学所用的因果推断，仅仅是出于因果推断的工具化和简单化，这也是最狭隘意义上的"因果"关系。这种工具性的因果关系可以直接观察，或者用思维工具推导出。当然，这一过程有赖于经验材料的真实性和完备性，在思考过程中也暂时性地忽略了实然与应然之间的关系。而经验论和理性论所讨论的因果关系，事实上也是大的因果律，其中自然包含了统计学中的局部性使用的因果推断。在认知过程中，经验素材存在的偏差，会在技术上造成归因问题。经验论的脆弱和理性论的霸道也影响了知识的形成过程，关系到我们能够认识什么，以及如何认识的问题。

参考文献

杰弗里·M.伍德里奇，2010，《计量经济学导论（第四版）》，北京：中国人民大学出版社。

邱忠霞、胡伟，2016，《我国社会科学定量研究方法问题的反思》，《学术论坛》第11期。

许加明、陈友华，2020，《数据质量、前提假设与因果模型——社会科学定量研究之反思》，《社会科学研究》第02期。

臧雷振、陈鹏，2015，《选择性偏差问题及其识别》，《世界经济与政治》第04期。

周皓，2012，《流动儿童社会融合的代际传承》，《中国人口科学》第1期。

Berk, Richard A. 1983, "An Introduction to Sample Selection Bias in Sociological Data." *American Sociology Review* 48(3).

Groves, Robert M., Floyd J. Fowler, Mick P. Couper, James M. Lepkowski, Eleanor Singer & Roger Tourangeau 2009, *Survey Methodology*, Second Edition Hoboken. Hoboken, New Jersey: Wiley.

Heckman, James J. 1979, "Sample Selection Bias as a Specification Error." *Econometrica* 47(1).

Heeringa, Steven G., Brady T. West & Patricia A. Berglund 2010, *Applied Survey Data Analysis*. Boca Raton: Chapman and Hall/CRC.

Winship, Christopher & Robert D. Mare 1992, "Models for Sample Selection Bias." *Annual review of sociology* 18(1).

常富军.从个案到因果:过程-事件与过程-追踪——兼论以因果性为统领的混合研究[M]//赵联飞,赵锋.社会研究方法评论:第4卷.重庆:重庆大学出版社.

从个案到因果：过程-事件与过程-追踪——兼论以因果性为统领的混合研究[1]

常富军[2]

摘要： 本文从因果性的角度对个案进行再研究，聚焦个案事实与因果性之间的内在路径，试图阐释清楚特定事件过程与一般机制、深层逻辑之间的关联。过程-追踪研究与过程-事件分析是两种探究"过程"的深度个案研究方法，过程-追踪的个案研究注重对事件过程中的因果机制进行追踪，过程-事件分析注重对事件过程中的运行逻辑进行剖析，这两种方法对事件过程的深描和追踪有助于发现因果之间的内在路径（机制）。以因果性为统领的混合研究则思考了定性个案研究与定量统计研究在因果层面的混合，在因果性的统领之下，过程-追踪的定性研究从因果机制的维度追踪个案事实中的因果，因果推断的定量研究则从因果效应的角度发现调查数据之中的因果。纵向生成性机制与横向关联性效应的结合，使得研究者可以对因果性做出更为全面的解释。以因果性为统领的混合研究不仅可以进行"三角测量"，"强化"定量或定性研究的发现，还能形成社会科学推理的逻辑闭环。

---

①本文系国家社科基金重点项目"乡村振兴背景下农村发展型治理的结构优化与效能提升研究"（编号：22AZZ006）的阶段性研究成果。
②作者简介：常富军，山西大学政治与公共管理学院博士生，研究方向为混合研究方法、因果研究。联系方式：jeffery_chang988@163.com。

关键词：因果性；个案研究；过程－追踪；过程－事件；混合研究

Abstract: This paper re-examines the case from the perspective of causality, focuses on the internal path between the facts of the case and causality, and tries to explain clearly the connection between the process of a particular event and the general mechanism and the deep logic. Process-tracing research and process-event analysis are two in-depth case study methods for exploring a "process". Process-tracing case study focuses on tracing the causal mechanism of the event process, while process-event analysis focuses on analyzing the logic of the event process, and the in-depth description and tracing of the event process. These two methods can help to discover the internal path (mechanism) between cause and effect. Mixed research under the umbrella of causality contemplates the mixing of qualitative case studies and quantitative statistical research at the causal level. Under the umbrella of causality, process-tracing qualitative research traces the causality in the facts of the case from the perspective of causal mechanisms, while quantitative research on causal inference discovers the causality of the survey data from the perspective of causal effects. The combination of vertical generative mechanisms and horizontal correlative effects allows researchers to provide a more comprehensive explanation of causality. Mixed research led by causality can not only "triangulate" and "strengthen" the findings of quantitative or qualitative research, but also form a logical closed loop of social science reasoning.

Key words: Causality; Case Study; Process-Tracing; Process-Event; Mixed Research

一、个案与个案研究

个案与总体相对，个案的研究结论总是试图推论到更大的总体。因此，有学者提出个案是例子，是总体的一个例子，是一个概念丛中的例子（Ragin，1992）。学者们在谈论个案时，在时间和空间上做了限定（Gerring，2017），个案总是在有限的时空中发生，所指涉的事件数目也是很有限的。斯塔克（Stake，2005）认为，个案可以是一名儿童、一间儿童教室，或是一个事件、一次发生（happening），是"有界限的系统"（bounded system）。巴特利特和维弗露丝认为，个案通常被定义为一个地方，用来指一个机构中的场景、地点或个人，或将"个案"与"分析单位"互换使用（巴特利特、维弗露丝，2017）。对于过程-追踪研究而言，个案是指一个将原因（原因丛）和结果联系起来的、运行因果过程的实例，是给定的因果关系从原因的发生到理论的结果这一过程运行的单位（Beach & Pedersen，2016）。对于过程-事件分析而言，个案则是一个事件或者一组事件，单个事件内部的社会现象与各因素以某种有逻辑的方式运行着，一组事件之间以某种清晰的线索串联，进而形成一条严密的逻辑链条。

个案研究是对单案例或少量案例的密集性研究，通常会利用观测数据去揭示更大的总体（Gerring，2017）。个案研究与统计研究之间的一个区别在于各自拥有案例数目的多寡，个案研究是对一种现象的少量实例进行集中研究，而统计研究则以大量的实例为基础。因此，个案研究与 large-N 的统计研究形成对比，它被概括化为 small-n 研究（George & Bennett，2005）。个案研究将有限的时间、精力与金钱投入到有限的案例之上，换句话说，个案研究是高度集中化的，研究者花费相当多的时间去分析，以呈现那些被选择的单案例、多案例以及那些被认为可以成为论点证据的案例（Gerring，2017）。董海军（2017）认为，个案研究是一种以研究对象为基础进行讨论的研究方法，即其研究对象或研究领域的单位数为一个或几个，是一种收集和分析一个或多个案例材料的研究方法。个案研究具有"聚焦于一点"、采用多种方法收集不同来源的资料等基本特征。在社会科学中，个案研究有三种作用：对人们暂时无知的现象获得最初的了解和认识；为理解某一类型的现象提供一般性理论解释以供后续研究检验；通过对多个不同类型个案的了解和比较分析来反映某一类现象的一般状况（风笑天，2022）。

对于个案研究，学界有一些新的讨论。以布洛维为代表的学者提出"扩展个案法"（Burawoy，1998），它试图从田野"扩展"出去，将反思的科学应用于民族志，进而从独特性中提取一般性，从微观走向宏观。它将社会状况作为一项实证调查的对象，从关于国家、经济和法律秩序的一般概念和规则出发，去理解宏大社会结构如何形塑微观情境，其目的在于展示一般社会力量是如何塑造和产生情境性结果的（卢晖临、李雪，2007）。有学者对多个个案进行分析，提出比较个案研究的方法，即在个案研究中同时运用水平视角、垂直视角和横向迁移视角，为开展个案研究提供一个涵盖不同研究场域、不同规模的多场所田野研究模式（巴特利特、维弗露丝，2017）。有学者对个案的代表性与典型性提出了自己的看法，代表性是要"再现"总体的性质，而典型性是案例的一个必要属性，即案例是否包含了一定类别的现象（个人、群体、事件、过程、社区等）或共性的本质（王宁，2002）。个案研究结论的外推性，可以按照同质化、异质化总体概括为"类型代表性"。个案研究可能不存在"总体代表性"，存在的只是"类型代表性"（王宁，2002）。有学者认为，个案代表性并不是个案研究的重点，个案研究所缺少的是基于特定个案资料发现个案因果事实的方法（吕涛，2016）。本文认为，个案研究是发现因果机制的有效路径，在个案事实中运用特定的研究手段与策略，便有可能追踪到社会现象或社会因素之间的因果机制。本文正是从因果性的角度对个案进行再研究，聚焦个案事实与因果性之间的内在路径，试图阐释清楚个案研究与因果机制之间的亲和性。通过梳理既有研究，本文发现，过程-事件分析与过程-追踪研究这两种研究方法试图在个案事实与因果机制/逻辑之间搭建桥梁，而这两种方法因为名称的相似性容易让研究者产生混淆。本文将对这两种研究方法进行介绍与对比，一来是进一步解释清楚个案事实与因果性之间的关联，二来是使研究者今后对这两种研究方法可以做出有效区分和进行合理运用。

二、过程性个案研究：过程-追踪研究与过程-事件分析

（一）过程-追踪研究

过程-追踪（Process-Tracing）是在个案研究中探究因果机制的一种工具（Beach & Pedersen，2013）。与因果效应不同，因果机制关心特定原因（干预）如何影响结果的变化，即因果效应背后的特

定因果性解释（Gerring，2008）。

1. 过程-追踪的类别

过程-追踪有三个类别：其一，理论-检验（Theory-Testing）的过程-追踪。这种类型的过程-追踪从已有理论或者文献出发，演绎推理出理论命题机制假设，然后在特定的案例资料中去寻找证据证明假定的因果机制确实存在，确保个案内的因果机制运行过程与理论假设的一致。其二，理论-建构（Theory-Building）的过程-追踪。这种类型的过程-追踪从已有的经验证据出发，在特定案例事实的基础上推论出一般化的因果机制，进而提炼出一个概括化的理论解释，这种理论能对特定现象进行总体概括。而在这一过程中，研究者对于机制的认知是处于黑箱状态的。其三，解释-结果（Explaining-Outcome）的过程-追踪。此种类型的过程-追踪注重案例事实本身，而对理论的检验与建构几乎不关注，它以特定案例事实为中心，力图对案例的结果做出充分的解释。总的来看，理论-检验的过程-追踪与理论-建构的过程-追踪是以理论为中心的两种方法，而解释-结果的过程-追踪则是以案例为中心的方法。

2. 过程-追踪的运行程序

以理论为中心的过程-追踪研究可以分为遵循演绎逻辑的理论-检验的过程-追踪与遵循归纳逻辑的理论-建构的过程-追踪，前一种是从理论假设到经验事实，后一种则是从案例资料到理论命题。两种研究方法在具体研究中可以进行有机的结合，形成基于"理论—假设—检验—理论"科学环逻辑的过程-追踪研究方法（Wallace，1971）。这一研究方法的运行程序如下：

第一，演绎推理理论命题。从现有理论与文献出发，对一种理论进行概念化。通过操作化的步骤，将以上概念化的理论具体化为理论命题机制假设。

第二，检验理论命题机制假设。这一过程可以分为以下四个步骤：

首先，收集观察资料。聚焦因果机制的理论假设，在个案事实中收集经验证据。来自访谈资料的经验证据包含了客观的事件过程与受访者在事件中的主观动机。

其次，评估观察资料。在收集到观察资料之后，需要进行多方面的评估：1）评估观察资料的内容，基于情境背景知识去评估观察资料能否成为证据，同时对观察资料的真实性进行评估；2）评估观察资料的准确度，这一评价过程集中对资料误差进行测量，这里的误差包括以信度为内容的非系统误差与以偏差为内容的系统误差；3）评估证据的推断权重，这一过程注重对经验证据与理论命题假设之间的独立性进行评价。

再次，在对经验资料进行收集、评估之后，需要对案例进行选择。过程-追踪研究要求案例中 X 与 Y 都存在（X、Y 在此处并非是变量，而是原因与结果的理论术语），过程-机制也存在。

最后，对理论机制假设与案例事实资料进行匹配检验。在选择的个案中，追踪理论命题中的因果机制，经验地追踪"联系机制的每一部分的活动"（Beach & Pedersen，2016）。对照理论命题中的机制与个案中的机制化证据，根据二者的匹配结果确定理论命题是否得到检验。

第三，修正、完善与建构理论机制命题。根据理论机制命题与个案事实的机制化证据匹配结果，可以将已经经过检验的理论命题确定为正式的理论解释。而对于那些未通过检验的异常个案，则需要进一步分析，将异常个案的机制中断处与成功的个案进行集中的比较，厘清因果机制中断的原因。进一步思考个案是否将因果中间过程予以省略，抑或是因果机制运行的情境性条件在个案中未得到满足。从个案因果机制运行的每部分活动中去完善既有理论命题的机制表述，从个案机制运行的情境性条件出发，对既有理论命题机制进行补充。当研究者对于理论命题的因果机制链条并未有完全的认识时，可以在个案事实中去进一步发现和补充。在具体实践中，研究者可能知道 X 与 Y 是相关的，但是不知道中间机制，研究者便可以在个案事实中去寻找。研究者可能知道 Y 和简约的中间机制，但是对 X 未知，研究者便可以在个案事实中去探究引起 Y 发生的原因。这一过程是对理论的二次建构，所遵循的是"理论—假设—检验—理论"科学环的逻辑（Wallace，1971）。在理论机制过程的驱动下，研究者选择和收集个案资料。在个案事实过程中，研究者以经验证据对理论机制过程进行反馈和补充。

3. 过程-追踪的优势与不足

过程-追踪的研究方法相较于传统的个案研究和统计研究而言，有其自身的优势。其一，过程-追踪研究可以利用少量个案或者单个案进行因果推断，降低推论错误的风险，指出统计模型中被忽略的变量（George& Bennett，2005）。其二，过程-追踪研究通过对异常的个案的分析与解释，可以推导出后续的新假设，同时进一步完善之前的理论假设。其三，过程-追踪的详细记录可以追踪引发相同结果的替代性路径，也可以探究相同原因引起的替代性结果。其四，过程-追踪研究是对定量统计方法的一种补充（George & Bennett，2005），在统计研究面临困难时，可以从前提条件、因果路径、遗漏变量的角度对其提供帮助。

过程-追踪研究方法存有一些不足。其一，过程-追踪研究要追踪完整的事件过程,因此需要大量的案例资料,对案例资料的依赖使得其应用范围受到限制。其二,过程-追踪作为个案研究的一种类型,不具备重复性检验的特征。其三,少量个案或单个案往往更可能造成测量的误差和其他形式的误差。其四,过程-追踪研究的结论外推受到限制。因为单个案的研究一般不能推论到更大总体,除非是以比较的方法推论到同质性的总体。

4.过程-追踪的新发展

过程-追踪在发展过程中,其使用边界得到了拓展。过程-追踪经历了历史转向,即对历史的事件过程进行追踪,发现理论与事实的路径依赖。过程-追踪研究不再局限于在单个个案中进行推论,交叉的个案分析在过程-追踪研究中也得到了应用。统计研究测量可观测的概率分布,对大量的自变量与因变量进行度量,注重解释因果效应。而过程-追踪借助深度的个案研究,追踪因果解释中的因果机制成分。以因果性为统领,将二者进行结合,可以开展混合研究,进而对因果进行效应与机制两个维度的解释。

(二)过程-事件分析

过程-事件分析(Process-Event Analysis)是一种描述和分析事件的过程,进而动态地解释事件逻辑的研究策略(孙立平,2001),此方法能在人们的社会行为所形成的事件和过程中把握真实的社会结构和社会过程(谢立中,2007)。

1.过程-事件分析的环节

过程-事件分析是处理实践状态的社会现象的一种方法,旨在发现其运作逻辑。此方法将实践状态浓缩和集中,进而实现过程的创造性再生产(孙立平,2002)。与静态结构分析不同,过程-事件分析主张分析由若干事件构成的动态过程，并且将过程看作独立的解释变项或解释源泉（孙立平，2000）。过程-事件分析由四个环节构成：

其一，过程。这里的过程指的是事件性过程，也是在实践状态中处理社会现象的方法。这里的实践状态是社会因素的实际运行过程，而实践状态的社会现象是实际运行过程中的社会现象（孙立平，2005）。这是实践社会学对社会事实的一种看法，不同于涂尔干将社会事实看作固态的、静止的、结构性的集体表象，实践社会学认为社会事实是动态的、流动的、过程性的，是处于实践的状态之中的。

其二，机制。这里的机制指的是逻辑发挥作用的方式，如权力的非正式运作机制。正是因为机制的存在，实践状态的社会现象的逻辑才得以在事件性过程中充分展示。

其三，技术。这里的技术指的是行动者在行动中使用的技术和策略，在事件性过程中，行动者通过技术得以凸显其主体性。技术也是行动者在实践中能动性的体现。

其四，逻辑。逻辑是过程-事件分析所追求的目标，其最终目的就是在实践中找到逻辑。这里的逻辑可以理解为实践中机制、因素具体运作的方式。通过对实践逻辑进行解读，研究者对实践中的问题进行解释。

以上四个环节在现实中如何付诸实践？过程-事件分析借助深度的个案研究，深入研究社会现象的过程，以发现真正有效的隐藏机制（孙立平，2005）。作为一种研究策略和叙述方式，过程-事件分析以讲述故事的形式，详细描述了某些相关事件的形成和发展过程，以展示相关的研究对象（实践状态的社会现象）形成和变化的实践逻辑（谢立中，2007）。

2. 过程-事件分析的运行程序

过程-事件分析的运行程序可以分为获取素材、整理素材和形成表述文本三个阶段。

第一阶段，获取素材。研究者可以通过两种方法获取资料：一是研究者参与到所要研究的过程-事件之中，通过自身的观察获取一手的原始素材；二是研究者收集与所要分析的事件过程相关的二手资料，这些资料包括那些见证了事件过程的人对事件过程的描述（口述、回忆、日记、信件）、通过间接的"线人"获得的关于事件过程的资料（口述、回忆、日记、信件）以及事件发生过程中的历史记录、新闻报道、文件和档案（谢立中，2007）。

第二阶段，整理素材。一般而言，研究者通过上述方法收集到的原始数据往往是杂乱无序的。因此，研究者需要对原始资料进行进一步整理与分析。过程-事件分析往往是围绕某一主题展开论述的，研究者首先要根据原始资料内容或研究者感兴趣的问题确定一个清晰的研究主题。事件必然涉及故事情节，在对事件的描述过程中需要注意情节之间的合理关联。有时需要将多个事件进行串联分析，事件之间的关联便是串联的依据。因此，研究者要在事件之间、事件内部的情节之间梳理出清晰的线索。从研究主题到故事情节，再到关联线索，研究者要厘清将三者连接起来的严密逻辑。这里的逻辑，不仅是事件过程本身的逻辑，更是研究者表述的逻辑。

第三阶段，形成表述文本。在收集素材、整理分析素材之后，研究者需要形成一个故事的文本载体。研究者要选择一种合适的方式，以某种特定的写作规则撰写文本。作为一项社会科学研究，研究者在表述过程中要注重叙事的生动性，更要考虑表达的逻辑性和学理性。争取在清晰描述事件过程全貌的同时，通过学理分析探明事件过程背后的机理。

3. 过程-事件分析的优势与不足

过程-事件分析是以孙立平为代表的中国学者提出的原创性的研究方法，这一方法也被广泛应用于中国社会转型等本土性问题的研究，是中国学者在方法层面的本土化贡献。这一方法在个案研究中具有明显的优势：其一，过程-事件分析的动态性能克服静态结构分析不可见的局限。静态结构分析无法很好地解释事物内部各因素之间的复杂关联，而过程-事件分析的动态性与事物在不同情境下的变化性相亲和，在动态过程中以往结构分析未能发现的机理可能会显现。同时，动态的过程-事件分析与具有流动性的社会事实更加贴合。其二，过程-事件分析将多种因素融合到事件过程中。过程-事件分析可以将国家因素、本土因素、正式因素、非正式因素、结构因素、文化因素等多种因素融合到一个"过程"中，事件过程显示的不是片面的一方，而是每个国家的因素之间复杂的相互作用。这些因素之间的关系在动态过程中不是静态的，而是不断构建的。其三，历史因素注入过程-事件分析，使其更具有流畅性。将历史因素贯穿于社会互动的过程，是一种动态的、历史的分析手段。一方面，历史的连贯性使得过程-事件分析的描述和解释更加符合逻辑，另一方面，历史因素包含诸多社会情境因素，可以将事件过程与其背后的社会环境进行有机的结合。其四，过程-事件分析将多个事件以过程的形式糅合起来，使得事件背后的逻辑得以凸显。过程-事件分析将对各种事件的描述交织在一起，事件之间的断裂得以修复，事件之间的逻辑也得以建立。在不同的社会情境或历史背景中，过程-事件分析描述和比较不同的互动过程，在社会抽象维度上展示复杂性与变化，探究实践状态中社会互动的过程与原因。

　　过程-事件分析与大多数个案研究方法一样都不是完美的，也有一些不足：其一，过程-事件分析所标榜的社会真实是难以明确度量的，或许只是一种话语建构。过程-事件分析对互动过程的展示，也可能只是一种"制造真实"的话语技术。其二，过程-事件分析追求的完整过程描述可能只是"乌托邦"式的存在。过程-事件分析致力于详尽描述研究对象的过程，然而，即使是在有限的时空，事件的片段也是无限的。因此，要对事件的完整过程予以描述是具有挑战性的。研究者往往只是截取事件加以描述，这势必使得过程中断，进而产生空白。其三，过程-事件分析过度依赖事件本身。将事件本身看作是自足的，以典型事件描述代替过程描述，进而展示事件中的行动策略。这是冒险而又不稳定的行为，因为具有偶然性的事件本身如若失败，那么就会直接导致整个过程-事件分析的逻辑失败。此外，过程-事件分析在应用中也出现了一些问题：研究者往往将过程-事件分析与个案研究混同，注重讲故事而忽视故事背后的深层逻辑（淡卫军，2008）。过程-事件分析目前还停留在研究策略阶段，在执行层面缺少技术保障，背后也缺乏系统方法论的支撑。

　　4.过程-事件分析的新进展

　　实践社会学中的过程-事件分析强调事件的过程性和叙述的动态性，重点关注事件过程中参与者之间的关系和互动。历史社会学对过程-事件分析中的事件做了新的界定，事件在历史维度有三个方面的考量：其一，大众行动者是否参与其中；其二，这些事件是否有需要做选择的时刻；其三，这些选择在宏观层面上是否推进历史图景新的演化（严飞，2021）。

历史社会学视野下的过程-事件分析有四个特征：其一，事件的时间性（eventful temporality）。事件的时间性强调以时间为切入点，将关键性重大突发事件放在因果解释的核心，研究这些事件如何改变社会关系和重塑文化形象（William，1996）。同时，需要留意历史事件的复杂延续性，还需关注历史偶变性（contingency）带来的非预期的影响。其二，濡染和扩散效应。濡染效应，指一个发生在特定时间和地点的事件，会导致类似的事件在其他时间和地点爆发，形成扩散效应。扩散的核心机制是一个触发事件给其他事件带来的自我强化的正反馈（positive feedback）。濡染扩散反映的是时间点 t 的增量，会导致在时间点 $t+1$ 出现相似增量。其三，历史情境的风险和模糊性（ambiguity）。这里的模糊性指的是没有得到明确验证、缺乏明确的政治意义和可管理的风险控制的经验和历史。其四，行动者的回应性选择（adaptive choices）。这里的选择是指个人对其政治行为所做的决定，如是否参加一场运动、是否加入一个组织等。这意味着，当我们试图对任何历史事件做出可信的解释时，必然要解释行为者选择的发生路径（严飞，2021）。

根据以上四个特征，可以对历史社会学视野下的过程-事件分析给出新的定义：我们使用时间序列中的关键事件作为切入点，追踪事件扩散和迭代的过程，以描述参与者如何在历史上的关键时刻做出响应性选择（严飞，2021）。从这一定义不难看出，历史社会学中的过程-事件分析将事件的时间性因素引入分析过程，重点关注事件扩散和迭变的过程以及行动者在这一过程中的能动性。

（三）过程-追踪研究与过程-事件分析的比较

过程-追踪研究主要有三种类型：理论-检验的过程-追踪、理论-建构的过程-追踪与解释-结果的过程-追踪。过程-事件分析主要由四个部分组成：过程、机制、技术与逻辑。过程-追踪研究与过程-事件分析策略的运行程序大致可以划分为三个阶段：收集原始资料、整理评估原始资料、分析资料形成文本。过程-追踪研究所追求的是事件中的因果机制过程，而过程-事件分析所追求的是事件过程的深层运行逻辑。两种研究方法的目标存在重大差异，但二者仍有相似之处。例如，过程-追踪研究所追求的因果机制在特定情况下就是过程-事件分析所探寻的社会现象运行的深层逻辑。

两种研究方法都有一些优点。过程-追踪研究方法与过程-事件分析策略都是在少数个案中进行推断、分析，这会降低推理分析的出错风险。过程-追踪研究对异常个案进行的分析与解释，有利于推导出后续的新假设与补充之前的假设。过程-事件分析将异常事件过程"中断"处与成功事件进行对比分析，有利于找出事件得以顺利运行的前提条件或情境环境要求。两种研究方法都可以对定量统计研究的不足，在前提条件、因果路径、遗漏变量等维度上予以补充。两种研究方法也都有一些不足。两种研究方法对个案资料都产生过度的依赖，而且以少数个案为依据的研究方式，往往会更容易造成测量的误差。两种研究方法都有定性个案研究共有的缺陷——不具备重复性检验的特征。此外，两种研究方法所追踪的因果机制或深层逻辑有话语构建的嫌疑，并且容易受到研究者的主观影响。

三、以因果性为统领的混合研究

本文聚焦个案事实与因果性之间的关联，前两部分已经对其进行了较为深入的分析。通过对过程-追踪研究与过程-事件分析的比较，可以发现，个案研究与因果机制之间存有亲和性，两种方法对事件过程的深描和追踪有助于发现因果之间的内在路径（机制）。而因果性除了关注因果机制，还对因果效应较为重视。在研究中，如果能将因果机制与因果效应统合起来，那么就有可能打破以往学界对定性研究和定量研究之间"鸿沟"的争论。

（一）因果与因果关系

因果究竟是什么？休谟提出因果的三重内涵："一是因果事件之间的时空连续性（contiguity），时空联系是因果关系的先决条件。如果两个在时间和空间上相距很远的物体产生因果效应，那么它们之间一定存在某种因果链。二是时间顺序（succession），即首先是原因，然后是效应。三是必要的联系（necessary connection），即因果现象相互伴随，必然有它的原因和结果。"（Hume，2005）吉尔林（Gerring，2012）认为因子 X 是结果 Y 的一个原因，指的就是在特定的背景条件和总体规模条件下，X 的改变会引起 Y 的改变（是相对于反事实条件下的不改变），原因与结果的特定关系模式被定义为因果性（孟天广，2017）。赫尔曼和罗宾斯（Hernan & Robins，2020）基于反事实框架认为，因果指的是所有处理的个案（一个区域）与所有未处理的个案（另一区域）之间的对比。理解因果的关键在于思考反事实，因果推断就是在事实（实际发生的）与非事实（如果一个关键的条件不同就会发生的）之间做比较（Imai，

2017）。这种反事实逻辑下的因果推断可以溯源到密尔因果归纳的基本逻辑——求同法与求异法（Mill，1843）。求同法可以理解为，如果两个或两个以上的个案除了 A 和 B 之外没有任何共同之处，那么 A 和 B 必有因果关系；求异法可以理解为，如果两个个案在各方面相同，但一个个案有 A 和 B，而另一个个案没有 A 也没有 B，那么 A 和 B 必有因果关系（Mill，1843）。

在哲学上，有两种对因果关系的认识，以休谟为代表的学者主张因果唯名论，认为因果指向恒定关联的因果关系（休谟，1981）。然而，以邦格为代表的学者主张因果唯实论，认为因果指向过程实在的因果关系（Bunge，2009）。吕涛（2012）在过程实在论的视角下将因果关系做出简单与复杂的区分：基于具有固定因果关联的单一因果关系"简单组合"的多元因果关系被称为"简单因果关系"，而将包含了"条件因果关系"的多元因果关系称为"复杂因果关系"。目前学界对于因果关系的讨论集中在两个维度：因果效应（causal effects）与因果机制（causal mechanism）。

（二）因果效应与因果机制

按照因果律（causal law）的意涵，在总体中可以观察到 X 与 Y 之间完美的关系（Gerring，2012）。这种完美的因果关系体现在 X 与 Y 之间的规律性上，因果在规律性方法中可以理解为 X 与 Y 关联的规律模式（Ragin，1992）。原因与结果之间的规律性可以用概率进行表述，有学者认为因果指的是原因引起结果发生的优先概率（Gerring，2012）。原因 X 对结果 Y 产生某种效应，在概率上表现为 Y 随着 X 的变化而波动。珀尔和麦肯齐（Pear & Mackenzie，2018）将这种概率的波动总结为升高的概率（probability raising），如果 X

提高了Y的概率，那么X与Y之间具有因果效应。因果效应反映因果性存在与否以及变量间关系的方向（孟天广，2017），具体而言，因果效应是指解释变量值的变化所造成的系统观测要素的变化，强调解释变量与被解释变量之间的共变性关系模式（Brady & Collier，2004）。金等（King et al.，1994）认为，科学研究的目标就是探究基于因果效应的因果关系。根据上述定义可以对因果效应进行两个维度的理解，因果性存在且变量间关系具有方向性才可以认为两个变量之间具有因果效应。因果效应侧重于揭示自变量X的变化导致因变量Y的变化的程度，其追求的是解释和预测更多、更复杂的社会现象，而发现变量间因果效应的工具主要是大样本统计分析（刘骥等，2011）。

因果关系的本质在于为因果效应提供因果性解释，因果解释主要聚焦于因果的过程和机制（路径）。因果机制不只探究X会影响或者造成Y的变化，而且还探究X作为Y的原因是怎样发生作用的，即因果机制——X影响Y的路径、过程，或者中间变量链条（Gerring，2012）。与因果效应只关注原因与结果之间的规律性不同，因果机制还关注原因与结果之间的中间机制，其研究对象可以描述为：X（原因）、M（机制）与Y（结果）（Ragin & Becker，1992）。因果机制理论关注的是特定的原因如何影响结果的变化，即因果效应背后的特定因果解释（孟天广，2017）。社会科学探索因果机制的原因有两个：第一，探索因果机制有助于降低层次结构，缩短时间延迟，以及揭示原因和结果之间的过程和联系；第二，与因果效应相比，因果机制更强调能动的作用，更适用于充满能动者的社会科学领域，为我们提供了一种分析和研究能动性因素的途径（刘骥等，2011）。

（三）以因果性为统领的混合研究

1. 因果效应与定量统计研究

因果推断的定量研究测量可观测的概率分布，对大量的自变量与因变量进行度量，注重解释因果效应。基于统计原理所进行的因果推断，有其运行的理论逻辑和规范执行步骤。

因果推断的定量研究在检验因果理论方面的基本逻辑是从理论推导出因果命题，从命题推导出相关假设，然后用统计数据检验假设（彭玉生，2011）。根据这一研究程序，定量社会科学研究可分为八个组成部分：问题、理论（文献）、假设、数据、测量、方法论、发现和结论，这就是"洋八股"结构（彭玉生，2011）。从问题出发，针对特定的研究问题对相关的文献与理论进行梳理，从理论中演绎出因果命题，再将其操作化为具体的相关假设，之后寻找与之匹配的经验数据（可以是一手数据，也可以是二手数据）。根据研究假设与已有数据进行方法选择，检验过程中产生新的发现，最后得出研究结论。以上就是统计研究的科学发现过程，所谓"科学发现"，不是从特定的经验命题中归纳出一般的理论命题，而是从一般的理论假设中推导出特定的经验命题，这可以通过经验数据来验证（Popper，1959）。因为上述对因果理论的演绎-检验过程是可以进行重复的，是可被证伪的，这就具备了科学的本质（Popper，1963）。

近年来，随着统计技术的进步，以反事实为框架的因果推断方法层出不穷，对于因果效应的推断更加精细化、科学化。然而，定量统计研究大多仍处于推断变量间的因果效应的阶段，对于变量间的中间路径（机制）的探究则相对较少。这意味着统计研究的因果推断大多仍是处于探究关联性因果的阶段，还未完全进入到探求机制性因果的过程，而关联性因果无法揭示原因与结果之间的"黑箱"，那么对于因果关系的解释自然也就有局限。

2. 因果机制与过程–追踪研究

过程–追踪借助深度的个案研究，追踪因果解释中的因果机制成分。与统计研究追踪因果效应相比，过程–追踪致力于打开因果黑箱，以揭示原因与结果之间的中间路径。理论–检验的过程–追踪根据已有文献理论进行演绎，推导出理论机制命题，再将理论命题根据特定案例资料转化为可操作的研究假设，之后在特定的个案之内，以深入访谈的方式，在被访者叙述的事件中，追踪因果力传递的过程。

在过程–追踪研究中，研究者是在生活事件过程中去追踪因果力从原因向结果传递的中间过程。具体而言，过程–追踪方法注重对两个过程的匹配检验，其一是理论机制命题中的因果传递过程，其二则是生活事件中的因果传递过程。通过对以上两个过程的对照，理论假设与经验事实进行互动，而这一互动过程具有双向作用。第一，理论假设在经验事实之中得到检验与补充，以确证特定的因果机制并完善理论命题的不足之处。第二，经验事实在理论假设的指导之下得到整理与分析，无序的原始资料变为有序、规范的个案资料。将这些个案资料进行基于归纳逻辑的理论–建构的过程–追踪，便可以创造出新的理论或命题，进而形成一个将演绎与归纳相结合的科学闭环。

尽管过程–追踪研究方法可以进行因果机制追踪，然而其对个案事实的依赖与个案研究结论外推的局限性，使得其很难产生普遍化的科学理论。尽管过程–追踪可以对因果路径进行追踪，但是其对因果存在的证明与对因果关联的检验是基于特定少数个案进行的,其检验的过程与结论并非完全令人信服。对于因果性的存在、因果之间的关联等问题,还是定量统计研究的检验过程更具科学性。

3. 以因果性为统领的混合研究

定性个案研究与定量统计分析的结合在以往的研究中已有尝试,如三点定位原则(King et al., 1994)。从语义上讲,三角测量(triangulation)是指来自三维空间中的任何三个点都可以精确定位该空间中的任何其他点的几何结构。例如,全球定位系统(GPS)可以根据位于三个不同位置的三颗卫星来确定飞机或汽车的确切位置。社会科学研究中的三点定位原则,是指从理论、案例研究和统计分析三个不同的角度对研究者的假设进行论证。三点定位的最大优势是将假设的生成和检验过程进行了有机融合(彭玉生,2011)。

当现有的理论不能完全适应新的经验现实时,个案研究可以引入新的概念和理论,而个案事实为理论创新提供了方向。当现有的理论不能为经验问题提供精确的答案时,从理论到假设的演绎过程有许多联系和构想,需要现场观察和个案信息。这有助于研究者将理论和现实结合起来,制订具体的统计检验假设。通过深入的案例研究分析,研究者可以澄清这些联系,然后适当地修改理论。简而言之,案例研究可以帮助研究人员制订事先的假设。由此产生的假设随后被统计数据严格证明,完成了一个完整的科学研究闭环(彭玉生,2011)。

个案研究有利于确定统计研究中的理论假设,在理论驱动的实证研究中,个案研究能为后续统计研究奠定理论基础。统计研究对个案研究所提的理论命题可以进行实证检验,对于理论的关联命题与因果效应可以进行有效检验,进而为定性个案研究开展因果机制的追踪夯实前提基础。以因果性为统领，因果推断的统计研究对因果效应的存在予以检验，而过程-追踪研究进行因果机制的追踪。因果推断的定量研究确定因果性的存在与因果关系的方向，过程-追踪的定性研究打开因果的黑箱、确定因果的中间路径。本文认为，将二者进行有机的结合，研究者就可以开展以因果性为统领的混合研究。两种研究方法的混合，一方面可以发挥彼此的长处，分别进行方向与路径的探究，另一方面可以弥补对方的缺陷，以更好地检验与提出理论假设。以因果性为统领的过程-追踪与统计研究的混合，不是简单的对两种方法的杂糅，而是可以对因果理论进行效应与机制双重解释的、具有逻辑统一性的研究方法。按照华莱士（Wallace，1971）"科学环"的逻辑，"理论-建构的过程-追踪"通过对事件过程的追踪以"归纳"的逻辑总结出理论命题，而理论命题经过"操作化"成为研究假设之后，可以通过统计研究进行经验层面的检验。在上述"假设-检验"的过程中，同一理论命题经过"操作化"可以具体地转化为因果效应的关联假设和因果机制的过程假设。"理论-检验的过程追踪"在特定的案例事实中探究因果机制，而以反事实为基础的因果统计推断则在经验数据中检验因果效应（胡安宁，2012）。通过对理论命题在因果机制与因果效应两个维度上的检验、完善，可以建构出解释力度更强的、解释范围更广的理论结构。

四、结论与讨论

个案研究与统计研究相对，通过对单个或者少数个案进行深入细致的分析，以期从个案事实中形成某种理论。过程-追踪研究方法与过程-事件分析策略是两种致力于探究"过程"的深度个案研究方法。过程-追踪更加注重对事件过程中的因果机制进行追踪，试图在理论层面与生活事件层面进行因果机制的对照，从而检验或者建构理论。过程-事件分析则注重对单个或多个事件过程进行分析，试图在对"过程"的详细分析中发现社会现象运行与社会各因素之间互动的深层逻辑。两种研究方法均采用深度个案的研究方式，对于"失败"的个案过程更是重点关注。然而，两种研究方法均对个案事实有高度依赖，其结论可能并不具备外推的条件，同时它们对过程的描述以及理论归纳有话语建构之嫌。

过程-追踪发生历史转向，开始对历史事件进行追踪。与之前相比，过程-追踪不再局限于单个案的讨论而是开始进行多个案的交叉分析。过程-事件分析以时间为线索，也开始转向历史视野的事件分析。某一事件在特定时间点发生之后，会和之后发生的事件有路径或机制上的关联，可以通过对过程的描述，形塑一条具有历史延续性的逻辑链条。过程-事件分析的历史性还体现在行动者的主观能动性上，过程-事件分析致力于描述这样的一个过程：行动者在特定时间点做出选择，这一选择之后对某些重大历史事件产生重大影响。与统计研究注重因果效应分析的取向不同，过程-追踪的定性个案研究注重对因果机制的追踪。两种研究方法在因果性的统领下，可以进行探究因果效应与追踪因果机制有机结合的混合研究。

以因果性为统领的混合研究，与既有的混合研究相比有一些共同之处：其一，过程-追踪的定性研究和因果推断的定量研究可以形成"三角测量"（彭玉生，2011），对同一研究问题进行不同角度的测度、阐释，可以相互印证，进而提高研究结论的可信程度。其二，过程-追踪的定性研究和因果推断的定量研究可以相互补充，使用两种不同的方法可以收集到更多的数据，调查数据和访谈数据互为补充，可以"强化"定量或定性研究的发现（朱迪，2012）。其三，过程-追踪的定性研究和因果推断的定量研究从"定性"和"定量"两种角度对研究问题进行解释，其解释的角度更为多元，解释力度更强，解释范围更为全面（Bryman，2008）。与以往混合研究相比，以因果性为统领的混合研究有一些独特之处：其一，过程-追踪的定性研究和因果推断的定量研究都是致力于探究"因果"，两种研究方法的这一属性使得它们之间的混合成为可能。其二，在因果性的统领之下，过程-追踪的定性研究从因果机制的维度追踪个案事实中的因果，因果推断的定量研究则从因果效应的角度发现调查数据之中的因果。纵向生成性机制与横向关联性效应的结合，使得研究者可以在同一研究中对于因果性做出更为全面和完整的解释（梁玉成、贾小双，2021）。其三，过程-追踪的定性研究和因果推断的定量研究形成推理逻辑上的科学闭环。因果推断定量研究所遵循的是"演绎"的逻辑，在假设检验的过程中，"理论-检验的过程追踪"可以辅助其从"关联性"和"过程性"两个维度对研究假设做出检验。在假设检验之后，"理论-建构的过程追踪"遵从"归纳"的逻辑，在个案事实的基础上完善已有理论假设或形成新的理论假设。以因果性为统领的混合研究在上述过程中形成了一个社会科学推理的逻辑闭环，这一"逻辑闭环"在意涵上与华莱士所提的"科学环"相呼应（Wallace，1971）。

参考文献

淡卫军，2008，《"过程-事件分析"之缘起、现状以及前景》，《社会科学论坛》第6期。

董海军，2017，《个案研究结论的一般化：悦纳困境与检验推广》，《社会科学辑刊》第3期。

风笑天，2022，《个案的力量：论个案研究的方法论意义及其应用》，《社会科学》第5期。

胡安宁，2012，《倾向值匹配与因果推论:方法论述评》，《社会学研究》第1期。

莱丝利·巴特利特、弗兰·维弗露丝，2017，《比较个案研究》，《教育科学研究》第12期。

梁玉成、贾小双，2021，《横向因果与纵向因果——计算社会科学的范式探讨》，《天津社会科学》第1期。

刘骥、张玲、陈子恪，2011，《社会科学为什么要找因果机制——一种打开黑箱、强调能动的方法论尝试》，《公共行政评论》第4期。

卢晖临、李雪，2007，《如何走出个案——从个案研究到扩展个案研究》，《中国社会科学》第1期。

吕涛，2012，《因果理论的结构与类型——社会科学理论建构的方法论思考》，《西北师大学报（社会科学版）》第1期。

——2016，《回到个案事实本身——对个案代表性问题的方法论思考》，《兰州大学学报（社会科学版）》第3期。

孟天广，2017，《从因果效应到因果机制:实验政治学的中国路径》，《探索》第5期。

彭玉生，2010，《"洋八股"与社会科学规范》，《社会学研究》第2期。

——2011，《社会科学中的因果分析》，《社会学研究》第3期。

孙立平，2001，《"过程-事件分析"与对当代中国农村社会生活的洞察》，《农村基层政权运行与村民自治》，王汉生、杨善华主编，北京：中国社会科学出版社。

——2000，《"过程-事件分析"与中国农村中国家-农民关系的实践形态》，《清华社会学评论》第1期。

——2002，《实践社会学与市场转型过程分析》，《中国社会科学》第5期。

——2005，《现代化与社会转型》，北京：北京大学出版社。

王宁，2002，《代表性还是典型性？——个案的属性与个案研究方法的逻辑基础》，《社会学研究》第5期。

——2007，《个案研究的代表性问题与抽样逻辑》，《甘肃社会科学》第5期。

谢立中，2007，《结构-制度分析，还是过程-事件分析？——从多元话语分析的视角看》，《中国农业大学学报(社会科学版)》第4期。

休谟，1981，《人类理解研究》，关文运译，北京：商务印书馆。

严飞，2021，《历史图景的过程事件分析》，《社会学评论》第4期。

朱迪，2012，《混合研究方法的方法论、研究策略及应用——以消费模式研究为例》，《社会学研究》第4期。

Alexander, G. & B. Andrew 2005, *Case Studies and Theory Development in the Social Sciences.* Cambridge: Massachusetts Institute of Technology Press.

Beach, D. & B. Pedersen 2013, *Process−Tracing in the Social Sciences.* Michigan: The University of Michigan Press.

——2016, *Causal Case Study Methods: Foundations and Guidelines for Comparing, Matching, and Tracing.* Ann Arbor :University of Michigan Press.

Brady, H. E. & D. Collier 2004, *Rethinking Social Inquiry: Diverse Tools, Shared Standards.* New York: Rowman & Littlefield Publisher.

Bryman, A. 2008, "Why Do Researchers Integrate/ Combine/ Mesh/ Blend/ Mix/ Merge/ Fuse Quantitative and Qualitative Research?" In Manfred Max Bergman (ed.), *Advances in Mixed Methods Research: Theories and Applications.* Los Angeles, London, New Delhi, Singapore: Sage.

Bunge, M. 2009, *Causality and Modern Science.* New Jersey: New Brunswick.

Burawoy, M. 1998, "The Extended Case Method." *Sociological Theory* 16(1).

Gerring, J. 2008, "The Mechanismic Worldview: Thinking Inside the Box." *British Journal of Political Science* 38 (1).

——2012, *Social Science Methodology: A Unified Framework.* New York : Cambridge University Press.

——2017, *Case Study Research: Principles and Practices.* New York : Cambridge University Press.

Hernan, M. A. & J. M. Robins 2020, *Causal Inference: What If.* Boca Raton: Chapman & Hall/CRC.

Hume, D. 2005, *A Treatise of Human Nature.* New York: Barnes and Noble.

Imai, K. 2017, *Quantitative Social Science: An Introduction*. Princeton: Princeton University Press.

King, G., O. Keohane & S. Verba 1994, *Designing Social Inquiry: Scientific Inference in Qualitative Research*. Princeton: Princeton University Press.

Mill, J. S. 1843, *A System of Logic, Ratiocinative and Inductive*. Toronto: University of Toronto Press.

Pearl, J. & D. Mackenzie 2018, *The Book of Why: The New Science of Cause and Effect*. New York: Basic Books.

Popper, K. R. 1959, *The Logic of Scientific Discovery*. London: Routledge.

——1963, *Conjectures and Refutations*. London: Routledge.

Ragin, C. C. & H. S. Becker 1992, *What Is A Case: Exploring the Foundations of Social Inquiry*. New York: Cambridge University Press.

Robert, E. S. 2005, "Qualitative Case Studies." In Norman K. Denzin & Yvonna S. Lincoln (eds.), *The Sage Handbook of Qualitative Research*. Los Angeles: Sage Publications.

Wallace, W. 1971, *The Logic of Science in Sociology*. Chicago: Transaction Publishers.

William, S. 1996, "Three Temporalities: Toward an Eventful Sociology." In Terrance J. McDonald (ed.), *The Historic Turn in the Human Sciences*. Ann Arbor: University of Michigan Press.

吴肃然,周凡.当代中国社会学语境中对"范式"的三种理解——兼谈方法论的对话为何难有效果[M]//赵联飞,赵锋.社会研究方法评论:第4卷.重庆:重庆大学出版社.

当代中国社会学语境中对"范式"的三种理解——兼谈方法论的对话为何难有效果

吴肃然　周　凡[①]

摘要: 当代中国社会学家围绕一些方法论议题展开了激烈的探讨与争论,然而这些对话往往难有效果,参与者各执一词,谁都不会被对方说服。本文试图以"范式"概念为例剖析这一现象。"范式"是对社会科学领域影响最为深远的科学哲学概念之一,当代中国社会学家对它的理解和运用表现为强调"整合"、强调"规范"和强调"演进"的三种范式观,它们分别代表了三种不同的知识关怀,也体现了社会学家对当前中国社会学发展阶段的三种不同认识。这种情况表明:虽然方法论常被视为经验研究的元理论,但在真正的学术实践中,方法论被社会学家当成了推进自身行动的话语资源。在方法论的讨论中,社会学家较少地就概念的历史、逻辑、应用性展开辨析,而是常常借用概念的常识意象来捍卫自己本来的立场,这是方法论对话难以取得共识的根本原因。

关键词: 方法论;社会科学;当代中国;范式

---

①作者简介:吴肃然,哈尔滨工程大学社会学系教授,博士生导师,主要研究方向为社会研究方法论,联系方式:wusuran@hrbeu.edu.cn。周凡,哈尔滨工程大学社会学系研究生,主要研究方向为社会研究方法论,联系方式:zhoufaneliot@hrbeu.edu.cn。

Abstract: Some methodological issues have sparked intense discussions and debates among contemporary Chinese sociologists, but these dialogues often reach a deadlock, with each side holding on to their own views and not being convinced by the others. This article tries to analyze this phenomenon by using the concept of "paradigm" as an example. "Paradigm" is one of the most influential concepts of scientific philosophy in the social sciences. There are three different understandings and applications of paradigm among contemporary Chinese sociologists, which are reflected in three paradigm perspectives that stress "integration" "normativity" and "evolution", respectively. They represent three different concerns of knowledge, and also imply the sociologists' three different perceptions of the current development stage of Chinese sociology. This situation suggests that although methodology is often seen as the meta-theory of empirical research, in the actual academic practice, methodology is employed by sociologists as a discursive resource to promote their own agendas. In the methodological discussion, sociologists seldom examine the history, logic and applicability of the concepts, but rather use the common sense impressions of the concepts to justify their original positions, which is the fundamental reason why the methodological dialogue is hard to achieve consensus.

Key words: Methodology; Social Sciences; Contemporary China; Paradigm

　　方法论之争是当今中国社会学界的重要现象，在目前学术界普遍一团和气、回避学术批评的整体文化中，一些针锋相对的讨论（以"本土化问题"为代表）都发生在方法论领域中（吴肃然、孔天慧，2022），这是一个有趣的现象。更为有趣的是，从实际效果看，这些方法论对话并不成功，不仅未能增进理解、化解分歧、形成共识，反而强化了不同立场的对立。这一知识社会学的现象引发了我们的下述疑问：此现象到底是如何形成的？为何方法论"逻辑"没能发挥人们原本赋予它的知识标尺的作用？社会学经验研究者到底该如何看待和使用方法论？

　　为了回答这些问题，本文选取"范式"这一著名方法论概念进行考察。"范式"位于实证-建构、定量-定性、现代-后现代、中-西等诸多对立范畴的交叉点上，有着极为丰富的概念意象。基于这种原因，在社会学理论研究与方法研究的领域中，范式就成为一个极易被引用和嫁接的概念。在近年中国社会学界的主要方法论文献中，我们常常都能看到"范式"一词，然而在细究之下，也不难发现概念用法的含混。下文将考察中国社会学家对范式的理解与运用，澄清不同用法背后的学科认识与知识关怀，剖析方法论分歧难以化解的原因，并进一步揭示目前中国社会学方法论研究领域的困境。

一、《科学革命的结构》与"范式"

　　2022年，《科学革命的结构》的新版中译本出版，"范式"这一著名概念再次浮现在中国学术界的眼前。作为一个哲学和历史学的概念，范式的影响远远超出了这两个领域，它在社会科学尤其是社会学领域中产生了深远影响。在国际社会学会评出的20世纪百大社会学著作中，《科学革命的结构》这本非社会学著作位列前茅。范式是《科学革命的结构》一书中最重要与最核心的概念，借助这一概念，库恩得以成功地将科学哲学的路径扳道，将逻辑实证主义推进到了社会历史主义。在科学哲学的领地里，不再只有逻辑、句法等元素，信念、文化这些原本与科学观念水火不容的事物也被引入其中，且成为推进科学发展的重要元素。

关于范式，库恩给出了如下定义："一方面，它代表某个共同体的成员所共有的整个信念、价值、技巧等；另一方面，它又意指那个整体中的一类要素，即具体的谜题的解答，把它们用作典范或范例，可以取代明确的规则作为解决常规科学其余谜题的基础。"（库恩，2022：236）科学的发展就是范式不断变迁的过程，呈现出前科学阶段、常规科学阶段、科学革命阶段和新常规科学阶段的发展序列。

在一门学科发展的早期，由于缺乏范式，常常有"若干迥然不同的自然观在持续竞争"（库恩，2022：52），科学显现出一片"百家争鸣"的局面。它们往往围绕着特定的待解问题，使用特定的方法和仪器，检验理论与自然是否相符。在理论的指引下，每个学派都能在各自的角度下看到与自然界相符的观察和实验结果，它们都在"科学"地从事研究。然而不同学派看待世界以及从事研究的方式可能是相互冲突的，那么如何承认一个学派是科学的，其他学派不是科学的呢？

各个学派经常会对"什么是科学"展开频繁争论，包括"什么是合理的方法、问题和解答标准……然而这些争论主要是为了表明自己的学派主张，而不是达成一致"（库恩，2022：99）。共同信念的缺失、持续的争论使科学变得更加模糊和混乱，最终不仅丝毫无助于解决科学危机，反而使危机变得不可遏止。这时就有人疾呼，现在科学所需要的是"某个人或群体产生第一次综合"（库恩，2022：66）。所有这些学派都对科学的概念、现象和技巧做出过重要贡献，从这些贡献中，某个人或群体得出了第一个几乎被普遍接受的范式（库恩，2022：61）。随着各种分歧的消失，常规科学研究开始了，最终整个学科秉持一套共有的信念。在常规科学时期，几乎所有的研究活动都在一个统一范式下展开，这个范式告诉科学家"世界是什么样子的"，科学家的任务就是"解决当前知识领域中一些悬而未决的谜题"（库恩，2022：13），让世界的面貌更加清晰。

与前科学阶段相比，在常规科学时期，谜题的类型大大减少，未能被范式纳入的自然领域已经被排除在外。虽然谜题的数量也许更多了，但研究者已不再是各自为政的"杂牌军"，而是组成了一支拥有共同信念的纪律部队。他们的目标只有一个：迫使自然就"范"。所有的科学研究活动都围绕着解谜进行。一方面，科学家们需要对谜面进行各种澄清，因为只有精确的谜面才能确定地指向现实中的观察。谜底也被进行了限定，那些无法被范式解释的、天马行空的答案都被排除在外。换句话说，谜题和谜底必须在范式上具有意义。另一方面，为了检验谜底是否与自然相符，人们需要明白去观察哪些事实、如何观察事实，这些都必须由范式来提供答案（Kuhn，1977：284）。大量的仪器和工具被制造出来，以精确地观察自然界，大量的实验程序和标准也被统一下发，成为所有研究人员的规范。简言之，整个解谜活动都处于范式的规范之下。当然，常规科学存在僵化的风险，但"在范式指向的那些领域，常规科学引出了详细的信息，也使观察和理论空前地精确符合"（库恩，

2022：117）。

常规科学的吊诡之处在于，尽管它并不以发现新奇的事实或理论为目标，但在范式指导下的科学研究一定会引发反常，并最终引致科学革命的发生。为了征服自然，常规科学需要检验由范式推导出的大量预期，许多精密化的仪器被制造出来，概念和事实变得日益精确。然而在这种对各个领域进行广泛而精确的"认定"的背景下，反常就会出现。每个反常如同星星之火，或很快被扑灭，被现有的范式所吸纳，或相互勾连，一发不可收拾。在常规科学时期，科学家并不惧怕反常，恰恰相反，正是克服一个个反常，并把它们最终转换成现有范式的一部分，才是他们乐此不疲地从事科学工作的原因。然而，这种自信满满也蕴涵着满盘皆输的另一面。当现有的理论、实验和仪器无论如何都不能容纳一些反常时，非常规的研究就开始了，并最终会为科学实践建立一个新的范式（库恩，2022：117—120）。

新范式的诞生常常会带来翻天覆地的变化，甚至可以说创造出一个新世界。把新范式看成是对旧范式下未探索领域的延伸，或者把旧范式看成新范式的一个特例（如把牛顿力学看成相对论的特例），这在逻辑上似乎可行，但总会暴露出不可调和的矛盾，比如牛顿力学中的质量是守恒的，而相对论中的质量则可以转换成能量。因此新范式的成立必须以摧毁旧范式为前提，也就是说，要承认相对论就必须否定牛顿力学。范式的转变无法以改良的方式出现，它只能诉诸革命，并由此推进到常规科学阶段（库恩，2022：157，205）。

二、当代中国社会学家的三种范式观

范式概念深深影响了中国社会学界。早在1980年，上海科学技术出版社就出版了《科学革命的结构》的中译本，之后四十年又有五个中译本陆续问世。这一翻译引介的过程与中国社会学的重建同步，于是改革开放后的许多社会学家在讨论学科问题时都不约而同地借助了范式这一概念。不过他们对"范式"的理解与运用有相当大的差异，以下三种不同的落脚点就常见于中国社会学家的论述中，它们可以被概括为强调"整合"、强调"规范"、强调"演进"。

（一）强调"整合"的范式观

乔治·瑞泽尔对社会学做了众所周知的范式划分，即社会学可以被分为社会事实范式、社会定义范式和社会行为范式（Ritzer，1975）；周晓虹做出了进一步的区分，即社会事实范式、社会释义范式、社会行为范式和社会批判范式（周晓虹，2002）。每一种范式在基本假定、研究对象和研究方法上似乎都迥异其趣，无法形成统一的认识，以致社会学给人一种越发展越模糊的印象，甚至威胁了其作为一门学科的独立性（文军，2004）。这不是专属于新手的疑问，即便是有多年研究经验的成熟学者，在面对"社会是什么""社会学是什么"之类的询问时，也都莫衷一是（肖瑛，2006）。

众学派的多元驳杂，虽然或许有助于激发社会学的活力，但彼此之间争论不休，始终无法形成能够有效解释社会现实的研究范式（文军，2004；王建民，2005）。中国社会学家十分熟悉西方社会学史中的范式混战：早在社会学初创时期，以涂尔干与韦伯为代表的自然主义、实证主义传统和人文的、理解的传统就争论不休（吴小英，1999），余响延绵至今。其后，在20世纪60年代的美国又出现了以帕森斯为代表的结构功能主义与冲突论、互动论、现象学社会学、常人方法学、交换理论和批判理论的大混战（陈心想，2019）。社会冲突的加剧、运动浪潮的峰起，暴露了社会学的无能为力，这使人们对混乱的社会学更加不满，"因此有人会说，与其说这些造反的学生（1968年法国'五月风暴'中的大学生）厌恶社会，毋宁说他们首先厌恶那种将社会的形象解构得支离破碎的社会学"（莫兰，2001：62）。学科与现实的双重危机，迫使一些社会学者将目光转向诸学派的整合或综合，在他们看来，整合是一种必然趋势（文军，2004），或者是社会学的永恒主题（王建民，2005）。

社会学有着一系列为人熟知的二元对立：行动与结构、主观与客观、微观与宏观、地方性行动与超情境后果、静力学和动力学等（Giddens，1993），它们混杂在一起，使社会学家无法形成统一的认识，造成了社会学的无所适从（文军，2004）。鉴于此种现状，越来越多的学者开始把各种对立看成是构成完整社会现实的一个组成部分（伍学军，2004）。加之长期以来不同流派之间的相互渗透（Collins，1994），因此，从方法论的角度来说，"整合"就不失为一个可能的选择。所谓的"整合"并不是否定或取消各个流派，而是"认识到各种范式自身的合法性、局限与潜质，打破范式之间的互斥敌对的紧张局面，明确各种范式在实际研究中的应用阈限，以广阔的视野在各范式之间取舍适度、扬长避短"（王建民，2005），共同解释复杂多变的社会现实。如果作一个比喻的话，"整合"就是将社会学从"邦联制"变成了"联邦制"，学科内部具有一种联结松散却有着共同目标的结构。在"整合"范式观下，各种传统既能保持一定的独立性，不失自身活力，又能朝向共同目标，协力促进学科发展。

（二）强调"规范"的范式观

近年来，中国社会学家围绕着本土化问题展开了激烈的争论，范式也是其中的核心要点。这一争论肇始于谢宇2018年在《社会学研究》上发表的《走出中国社会学本土化讨论的误区》一文。在该文中，谢宇将台湾社会学家叶启政的观点称为"范式本土化"，并激烈地批评了叶启政的观点以及其他学者的类似观点。

谢宇认为，现代社会科学有一套成型的研究规范，这套规范规定了一个学科中的所有学者都应接受的标准，"这就是托马斯·库恩（Thomas Kuhn）所指的范式——共享的、预设的有关什么是好的科学研究、什么是证据及如何研究的规范"（谢宇，2018）。谢宇指出，范式意味着纪律性，而一门学科正是依赖于一定的纪律来确立的。有了纪律，学科才能保证知识的成功积累，才能使同行对学术价值做出有效判断。

特殊性与普遍性之争是社会科学哲学的核心议题之一。特殊主义者认为，不同历史和文化下的研究对象具有特殊性，必须根据具体的研究对象选择不同的研究方法，而西方业已形成的研究规范只是西方特定情境下的产物，不可能适用于其他的情境。普遍主义者提出了明确的反对意见，认为任何现象都具有特殊性，如果过度强调特殊性，那它就会被无限分解下去，社会学研究只能一无所得。特殊主义者的问题在于混淆了特殊/普遍和具体/抽象的关系。范式所要求的规范正是一种普适性的规范（彭玉生，2010；李宗克，2011）。

谢宇对于"范式"的理解是比较常见的，吕小康在对假设检验方法进行知识社会学的回顾时就提及：假设检验方法"从一个普通的统计工具上升为一种学科范式，起到了收敛学科的精神指向、提供模式化的解题方法，从而实现学科内部知识较快发展的功能"，"一个表面上中立的统计工具，在其建构和应用过程中，既体现了建构者的个人态度与追求，也反映出整体学科的整体价值倾向"（吕小康，2014）。

可以看到，上述有关"范式"的讨论都着重强调范式的"规范"意义，号召置身方法论争议中的社会学家都积极遵守一种主流研究规范。彭玉生更进一步从操作上对这种"洋八股"的规范进行了细化讨论，旨在"为国内社会科学的年轻学者，特别是研究生，做规范化研究，写一流学术文章，提供一个范式参考"（彭玉生，2010）。

（三）强调"演进"的范式观

近年来从事大数据及相关领域研究的社会学家也常在论文中提及范式概念，但他们的落脚点与前两种学者又有所差异，学科的"演进"在此时成为了学者的主要关切，大数据、人工智能的到来意味着社会学需要一场范式革命。

21世纪以来，互联网已经被成功地编织进人们的生活之中。从衣食住行、组织管理到生产劳动，人们的电子足迹遍布世界。虚拟化的社会行为逐渐构造出一个虚拟化的社会世界，"新数据"也应运而生。大量的电子化痕迹数据，如电子邮件、购物记录、网页浏览，为社会学研究提供了庞大的信息来源，而这些数据即使在过去以其他的形式存在（如书信、记账），也难以被有效收集。与传统的根据研究者意图所收集的结构化数据不同，这些"新数据"主要是一种非结构化的数据，是实时地、在没有任何研究者介入的情形下自然形成的，因此更贴近真实情况的发生，而视频、文本和图像等数据形式能使社会学家在一定程度上摆脱观察和回忆的主观性，更客观地描述社会现实（胡安宁等，2022）。

"新数据"的出现催生了新的研究方法，而后者又推进了对未知领域的探索。一直以来，社会学对因果关系的评估主要是通过净化变量关系中的内生效应来实现的。因此，传统计量分析方法的目的主要是"识别、隔离和控制那些干扰因素"（内生变量），其中以控制变量法最具代表性（冯帅帅、罗教讲，2021）。这种计量方法得到的是一个十分简洁的、往往只由几个核心变量组成的、旨在对回归系数 β 进行无偏一致估计的模型。这种模型拟合主要通过牺牲方差来获取更小的偏差，以实现对 β 的最佳估计，因此模型并不关注预测。但预测是因果解释的必要非充分条件，社会学作为一门科学，必须按照科学标准来评估，即必须能够进行预测（Watts，2014）。随着"新数据"的涌现以及算法和算力的提升，以机器学习为代表的新方法在预测这一未知领域实现了重大突破。借助庞大的、多类型的数据以及在算法和算力的加持下，机器学习可以纳入近乎无数多的、各种类型的控制变量，减少了方差，从而提升了对被解释变量的估计精度，达到预测目标，实现了范式突破。新数据和机器学习的应用不仅改善了传统的计量方法（He et al.，2018；陈云松，2012；胡安宁，2012；Xie et al.，2012），甚至还重构了理论与经验研究的关系。"大数据除了可以用来当作验证理论的资料外，其挖掘成果也可以通过诠释和与其他理论对话来加以演绎，得到新的理论或修正旧的理论。理论又进一步指导预测模型的建构，而预测模型又推论出新的'事实',无论是在时间上、文化环境上还是新的范畴上,新'事实'又会有相应的新数据,如此周而往复,使理论不断得以修正,也使推论扩展到更广阔的领域中。"(罗家德等,2018)因此,大数据及其催生的计算社会科学必将引发社会学的范式革命,在推进传统社会学发展的基础上,实现社会学的跃迁(罗玮、罗教讲,2015)。

三、三种范式观背后的学科认识与知识关怀

可以看到,以上三种范式观背后的学科认识与知识关怀是很不一样的。

对于持"整合"范式观的学者来说,当代中国社会学正处于库恩所说的前科学阶段,其时代任务是尽快沉淀出一个整体性的学科形象。相对于自然科学、法学、经济学、心理学等学科来说,中国社会学的学科形象一直比较模糊,以致从学生到知名学者往往都很难回答"社会学是什么"这一灵魂之问。有人笼统地认为中国社会学应该关注中国社会的问题,但对于具体研究哪些问题,这些问题之间有何关联,又往往语焉不详;有人以早期中国社会学和当代美国社会学为例证,主张社会学应该是关于社会调查的学科;有人从中国社会学被取消的原因以及中国改革的实践出发,认为中国社会学应该是关于社会改革和社会预测的学科;还有学者为避免"何谓中国社会学"这一争论,转向"以问题为导向"(肖瑛,2006)。

在界定学科形象的工作中,不少社会学家做出了重要论述:在《试谈扩展社会学的传统界限》一文中,晚年费孝通(2003)将社会学界定为具有科学与人文双重性格的学科,既注重实用性和工具

性，也注重培养完善人格和理性生活态度。这种界定就是在21世纪初的社会背景和思想背景下，对庞杂的社会学定义所做的一次努力整合；郑杭生（1987）将社会学界定为研究社会良性运行的学问，并通过社会运行论整合了多种已有的研究路径；肖瑛（2006）借助"社会学的想象力"这一概念，把"社会当作是一个高度相对性和具体性的存在，个体和社会处在相互建构的'结构二重性'关系之中"，以此突出社会学独一无二的品格；赵鼎新（2019）则试图通过结构/机制和事件/时间序列两种叙事的划分来奠定社会学和历史学在社会科学中各自的基础地位。在整合取向的社会学家看来，中国社会学已经走过了"补课阶段"，此时需要结束混乱林立的局面，尽快结束前科学时期，努力开启常规科学时期。要为中国社会学建立清晰的、整体性的形象，一个整合的统一范式不可或缺。

　　与上述落脚点不同，持"规范"范式观的学者认为当代中国社会学正处于库恩所说的常规科学阶段，其时代任务是消除"反常"，把整个学科统一到一个已经成熟的主流范式上来。正如吕小康（2014）所说，"NHST（原假设显著性检验）之于社会科学，正如类似范式之于库恩所谓的'常规科学'"，由此，NHST"从一个普通的统计工具上升为一种学科范式，起到了收敛学科的精神指向、提供模式化的解题方法，从而实现学科内部知识较快发展的功能"，向NHST靠拢，乃是"处在常规科学阶段的各社会科学得以迅猛发展的一个必经之路"。在这个问题上，谢宇（2018）有着更为朴素和更加激烈的表达，在他看来，只要中国社会学仍属于广义上的社会科学，那就不应该成为以另一个范式为基础的学问。如果中国社会学一定要拒绝国际主流的量化研究范式，那中国社会学就"不再是社会学"。可见，吕小康和谢宇都认为当前的社会科学已经进入了常规科学阶段，主流量化研究的模式就是一种规范性的范式，反对者只有学习、接纳、服从规范，才能在学科共同体中获得成员资格。

从"规范"的角度来诠释范式，这种做法有着鲜明的思想背景，即当代中国社会学在"定性-定量""土-洋"等方法论问题上有着非常激烈的对抗情绪。争论双方常常拿出各种理据，一些强调中国社会学本土化的学者呼吁"脱离"西方社会学规范的束缚，警惕当代中国社会科学越来越美国化的倾向（渠敬东，2014）；对西方社会学背后的哲学人类学存有的预设和认识论进行批判和反思（叶启政，2006）；从中国传统思想文化（应星等，2006；阎明，2004）、从中国社会自身的结构属性和文化属性（田毅鹏、刘拥华，2006）出发，创造出独特的、贴合中国的研究范式；从知识生产的逻辑出发，主张"中国社会学自主知识体系的建构必须直面西方社会学范式中蕴含的知识霸权，发挥历史主动精神，自觉推动范式革命"（冯仕政，2022）。与此不同，另一些学者明确抵制这种与国际社会学分裂的倾向，在他们看来，作为国际社会学的一分子，中国社会学唯有遵守国际学术规范才能向前迈进。国际一流的社会学期刊已经形成了一套规范的格式（彭玉生，2010），人们没有充足理由去排斥这种被许多人接受的、可以按图索骥的方法。因此那些反对者只不过是常规科学阶段的"反常者"，以库恩的"范式"概念来劝说"反常者"，便成为一个上佳的论辩思路。

与以上两种落脚点均不同的是持"演进"范式观的学者，他们认为当代中国社会学正处于库恩所说的科学革命阶段，其时代任务是打破旧有的研究范式，探索和建设一种新的学科范式，以此将中国社会学推向新的常规科学阶段。自20世纪80年代以来，在学习美国社会学的过程中，中国的定量社会学获得了迅猛的发展，在社会分层与流动、社会网与社会资本、性别、家庭与婚姻等领域引领了中国社会学与国际社会学的接轨和对话。但"以美国为师"却是一把双刃剑，在获得先进技术与经验的同时，也将美国社会学中存在的固有缺陷引入了中国社会学，定量社会学的"微观旨趣"便是其中之一（陈云松，2022）。这也正是当前中国社会学的危机。在经典社会学家那里，关注宏观社会结构与个人生活的交织，一直是社会学的独特优势，也就是米尔斯所说的"社会学的想象力"。但是在批判宏大理论的过程中，以默顿和拉扎斯菲尔德为代表的哥伦比亚联盟却把洗澡水和孩子一起倒掉，以致"定量社会分析所证实或证伪的假说或理论，往往仅仅是个体生活中的社会过程，或宏观社会因果链条中的一个小小环节，而无法对宏观社会过程有总体性的探索"（陈云松，2022）。中国社会学亦不例外。许多从事定量研究的中国学者往往只聚焦当代中国，缺少对中国变迁和国际社会的总体关注和全球问题意识，他们或是使用在手数据对西方理论进行跨情境的检验，或是"不断增加结构性因素以降低理论层次"（陈云松等，2015），由此导致数据与理论的时空脱节，使社会学日益变得精巧而贫瘠。

大数据和计算社会学的来临为中国社会学的下一步发展提供了契机。中国在人工智能、5G通信技术等领域均处于世界前沿，为中国计算社会学的发展提供了坚实的后盾。中国是传统文明延绵最久远的国家之一，大量的、丰富的历史文化资料，不仅为中国也为世界探索、研究文明的发展提供了独一无二的资料。中国同时还是互联网使用最多的国家，跨度宽广、国情复杂，加之传统与现代的变迁所产生的非结构化大数据，为中国学者在大数据领域展开研究提供了重要的原料。中国社会学已经形成了结构合理，老、中、青三代积极互动的传帮带研究梯队（陈云松，2020），一场范式跃迁指日可待（邱泽奇，2022；周涛等，2022）。

表1　三种不同的范式观

范式观	中国社会学所处的发展阶段	关注的主要问题	核心观点
强调"整合"	前科学阶段	学科形象模糊	社会学需要统一对象、理论和方法
强调"规范"	常规科学阶段	定量/定性争议、本土化争议	社会学需要以主流量化研究为标准模式
强调"演进"	科学革命阶段	研究技术与社会环境不匹配	大数据时代需要发展新的研究技术

四、讨论

当代中国社会学家对"范式"所持的三种理解展现了三种不同的学科认识与知识关怀：持"整合"范式观的社会学家认为中国社会学处于库恩所说的"前科学阶段"，关心社会学的学科形象问题，主张对不同的研究路径予以整合；持"规范"范式观的社会学家认为中国社会学处于库恩所说的"常规科学阶段"，关心学科内部的"反常"争论，主张让学术共同体汇聚到一个主流的研究模式上；持"演进"范式观的社会学家认为中国社会学处于库恩所说的"科学革命阶段"，关心中国社会学的发展速度和国际地位，呼吁研究技术的革新。这三种范式观彼此有差异，也有联系，构成了中国社会学家对于"范式"概念的理解谱系。同时，我们也不难看出三种范式观的共性，学者们各自选取了概念的一个侧面，试图用方法论概念来捍卫特定研究实践的正当性，这种对"范式"的理解和运用是迥异于西方社会学的。

西方社会学界曾对"范式"有过极其重要的引用和拓展，并且引发了一场重要的知识运动，即科学知识社会学（SSK）。以SSK为代表的西方社会学家将库恩的科学哲学与传统的社会学方法论予以并置，视范式为一种崭新的认识论概念，试图借此复兴涂尔干晚期的思想，将社会学从普通的经验科学提升至西方思想的母体地位。比较来看，当代中国社会学家在运用范式概念时就采取了比较轻快的立场，他们对这个科学哲学概念予以一种反身性的使用，将其当作推进自身行动的话语资源。这种做法有得也有失，它一方面使中国社会学摆脱了西方社会学的一些内在矛盾，另一方面也让中国社会学丢掉了西方社会学的一些思想精髓。以研究者自身的实践为中心来"调用"方法论概念，往往会放大概念的隐喻性，突出了概念的某个侧面意象，忽视方法论概念在科学哲学中的历史和相对位置，由此难免使其丧失了知识标尺的功能，也就无法让方法论的对话取得实效。

在改革开放后的学科重建工作中，虽然社会学研究方法领域的建设和发展是重中之重，但无论从教材、课程还是期刊的角度看，相较于研究技术层次，方法论层次的学术讨论是极为薄弱、片面的。如今青年学者和学术期刊热衷于追捧国外前沿的社会科学分析技术，却对分析技术背后的思想史和学术争论缺乏必要的了解和讨论，这一现象值得高度重视，未来中国的社会科学亟待在社会科学哲学领域进行系统补课。

参考文献

艾德加·莫兰，2001，《社会学思考》，阎素伟译，上海：上海人民出版社。

陈心想，2019，《社会学美国化的历程及其对构建中国特色社会学的启示》，《社会学研究》第1期。

陈云松，2012，《逻辑、想象和诠释：工具变量在社会科学因果推断中的应用》，《社会学研究》第6期。

——2020，《中国计算社会学的发展：特征、优势与展望》，《湖南师范大学社会科学学报》第5期。

——2022，《当代社会学定量研究的宏观转向》，《中国社会科学》第3期。

陈云松、吴青熹、黄超，2015，《大数据何以重构社会科学》，《新疆师范大学学报（哲学社会科学版）》第3期。

费孝通，2003，《试谈扩展社会学的传统界限》，《北京大学学报（哲学社会科学版）》第3期。

冯仕政，2022，《范式革命与中国社会学自主知识体系的建构》，《社会》第6期。

冯帅帅、罗教讲，2021，《社会学量化研究控制变量方法的反思与超越》，《深圳社会科学》第6期。

胡安宁，2012，《倾向值匹配与因果推论：方法论述评》，《社会学研究》第1期。

胡安宁、陈滔、李东雨，2022，《从定量社会学到计算社会学：传统进路与新兴议题》，《西安交通大学学报(社会科学版)》第1期。

克瑞杰，诺里塔，2003，《沙滩上的房子：后现代主义者的科学神话曝光》，蔡仲译，南京：南京大学出版社。

库恩，托马斯，2022，《科学革命的结构》，张卜天译，北京：北京大学出版社。

李宗克，2011，《社会学本土化的理论反思》，《探索与争鸣》第10期。

罗家德、刘济帆、杨鲲昊、傅晓明，2018，《论社会学理论导引的大数据研究——大数据、理论与预测模型的三角对话》，《社会学研究》第5期。

罗玮、罗教讲，2015，《新计算社会学：大数据时代的社会学研究》，《社会学研究》第3期。

吕小康，2014，《从工具到范式:假设检验争议的知识社会学反思》，《社会》第6期。

彭玉生，2010，《"洋八股"与社会科学规范》，《社会学研究》第2期。

邱泽奇，2022，《数字社会与计算社会学的演进》，《江苏社会科学》第1期。

渠敬东，2014，《社会科学越来越美国化的危机》，《文汇报》。

田毅鹏、刘拥军，2006，《社会学的人文属性与社会学研究——兼论费孝通《试谈扩展社会学的传统界限》一文的理论意涵》，《社会》第2期。

王建民，2005，《现代性的主题分化与社会学研究范式整合》，《社会》第5期。

文军，2004，《论社会学理论范式的危机及其整合》，《天津社会科学》第6期。

吴肃然、孔天慧，2022，《从KKV到TTC》，《社会研究方法评论》第2辑。

吴小英，1999，《社会学危机的涵义》，《社会学研究》第1期。

伍学军，2004，《社会(学)理论:整合、瓦解,还是多元分化?》，《河北学刊》第3期。

肖瑛，2006，《回答"社会的"社会学》，《社会》第5期。

谢立中，2010，《多元话语分析: 社会分析模式的新尝试》，《社会》第2期。

谢宇，2018，《走出中国社会学本土化讨论的误区》，《社会学研究》第2期。

阎明，2004，《一门学科与一个时代——社会学在中国》，北京: 清华大学出版社。

叶启政，2006，《社会理论的本土化建构》，北京: 北京大学出版社。

应星、吴飞、赵晓力、沈原，2006，《重新认识中国社会学的思想传统》，《社会学研究》第4期。

赵鼎新，2019，《什么是历史社会学?》，《中国政治学》第2期。

郑杭生，1987，《社会学对象问题新探》，北京: 中国人民大学出版社。

周涛、高馨、罗家德，2022，《社会计算驱动的社会科学研究方法》，《社会学研究》第5期。

周晓虹，2002，《社会学理论的基本范式及整合的可能性》，《社会学研究》第5期。

Collins, Randall 1994, *Four Sociological Traditions*. New York: Oxford University Press.

Giddens, Anthony 1993, *New Rules of Sociological Method*. Cambridge: Polity Press.

He, Guangye, Yunsong Chen, Buwei Chen, Hao Wang, Li Shen, Liu Liu, Deji Suolang, Boyang Zhang, Guodong Ju, Liangliang Zhang, Sijia Du, Xiangxue Jiang, Yu Pan & Zuntao Min 2018, "Using the Baidu Search Index to Predict the Incidents of HIV/AIDS in China." *Scientific Re-*

ports 8(1).

Kuhn, Thomas Sammual 1977, *The Essential Tension: Selected Studies in Scientific Tradition and Change*. Chicago: University of Chicago Press.

Ritzer, George 1975, *Sociology: A Multiple Paradigm Science*. Boston: Allyn and Bacon.

Watts, Duncan J. 2014, "Common Sense and Sociological Explanations." *American Journal of Sociology* 120(2).

Xie, Yu, Jennie E. Brand & Ben Jann 2012, "Estimating Heterogeneous Treatment Effects with Observational Data." *Sociological Methodology* 42(1).

王丽圆.我和我的"男朋友们"：主体间性视角下的亚文化研究方法思考[M]//赵联飞,赵锋.社会研究方法评论：第4卷.重庆：重庆大学出版社.

我和我的"男朋友们"：主体间性视角下的亚文化研究方法思考

王丽圆①

摘要：在研究方法的讨论中，研究者身份角色及其与研究对象的关系等细枝末节的问题往往被忽略。本研究基于笔者自身对男同性恋群体的多年田野经验，利用主体间性视角，反身性地重新审视整个研究过程。研究发现，亚文化研究中研究者与受访者两大主体互构的过程是一种更为复杂的动态的"他者-自我""主流-边缘""区隔-共生"等矛盾性相互交织的循环往复的关系。具体田野里两大主体都经历了身份转变，在"共享话语""他者的污名共鸣"以及"身外之境的全局观"互动中，实现了不同程度的主体间性。前两者体现了语言符号和文化冲突等结构体系对"自我"与"他者"状态的影响，后者强调亚文化研究中受访者对研究者理解的重要性，以及他们在日常生活中的自我呈现和诠释。三个过程共同反映出亚文化研究中不同文化之间冲突与合作的结构机制。最后，尽管主体间的理解可能不够充分，但是我们不能忽略在亚文化研究中主体间性视角所带来的主体身份及对文化冲突的警觉性。

关键词：主体间性；研究者；受访者；亚文化研究

---

①作者简介：王丽圆，女，华东理工大学社会与公共管理学院社会学专业2021级博士生，研究方向：性别、情感与家庭研究。联系方式：wly1213534745@163.com。

Abstract: In the discussion of research methods, the details of the researcher's identity or role and his or her relationship with the research subject are often ignored. Based on the author's years of personal field experience of the gay community, this study uses the wisdom of intersubjectivity to re-examine the whole research process. It is found that the process of mutual construction between researchers and interviewees in the subculture research is a more complex and dynamic cycle of contradictions such as "other-self", "mainstream-edge" and "separation-symbiosis". In the concrete field, both the two subjects have undergone the identity transformation, and achieved intersubjectivity in different degrees in "sharing discourse", "sharing stigma of the other" and "the overall view of the outside world". The former two reflect the influence of structural systems such as language symbols and cultural conflicts on the state of "self" and "other", while the latter emphasizes the importance of respondents' understanding of researchers in the subculture research and their self-presentation and interpretation in daily life. The three processes jointly reflect the structural mechanism of conflicts and cooperations between different cultures in the subculture research. Finally, although the understanding between subjects may not be sufficient, we can't ignore the subjective identity and vigilance against cultural conflicts brought by the perspective of intersubjectivity in the subculture research.

Key words: Intersubjectivity; Researcher; Respondents; Subculture Research

一、背景与问题

方法是研究的基础，根据研究的不同维度，质性研究可以被分为很多范式（刘博，2009）。同样，在方法论和认识论这一块，质性研究的典型性、结论推广，以及称不上是问题的"代表性"话题也已是老生常谈。但遗憾的是，除了人类学对于田野调查有较多的反身性思考，国内社会科学界对于调查方法，尤其是调查过程的重视还远远不够（黄盈盈，2016），也缺乏自我反思的"田野工作叙述"（休谟、穆拉克，2010）。而处于学术边缘地位的亚文化研究，此领域的方法论探讨更是处于弱势地位，因为其获取资料的途径本身就有限（黄盈盈、潘绥铭，2009）。具体而言，对敏感人群的研究，田野的进入方式不仅重要，而且难度较大，这在一定程度上限制了我们对这些领域的实地研究（黄盈盈，2016），甚至一些研究者为了避免麻烦，选择相对安全的历史文本等二手资料进行分析。不仅入场和获取资料方式具有难度，黄盈盈（2017）还进一步指出，在面对敏感人群和敏感话题的亚文化研究中，研究者需要保持对话语的批判性与挑战性，这样的思考与传统的价值中立视角形成了张力，强调了研究者的反思性以及对于整个研究行动过程的反思，即什么造就了受访者的表述与身份呈现等行为。

黄盈盈与潘绥铭等学者对性工作者亚文化群体的研究和过程方法论的反思，启发了笔者对多年来研究男同性恋亚文化群体的投入过程与其中映射出来的方法论问题的思考。在方法学上，亚文化群体的特殊性并不会削弱相关讨论的学术意义，反而可以充分地突显更为广泛意义上的研究问题（黄盈盈，2016）。从特殊性延伸到广泛意义，这是质性研究典型性的学术魅力，而笔者之所以选择同性恋亚文化群体研究这个案例，并反思该田野过程中的方法，其典型性在于：作为异性恋的女研究者，进入同性恋的男性群体，这样的性别文化鸿沟本身就是研究者和被访者之间"最大跨度"的案例，使得两大实践主体之间的关系倍显张力。拉比诺（2008）曾自我反思道："人类学家与研究对象是平等的实践主体。"布迪厄也曾强调研究者以及田野调查工作本身都应成为被反思的对象（波丢，2006）。然而，由于亚文化研究中受访者身份的敏感性很有可能破坏拉比诺所说的平等关系，以及这种敏感性更加凸显研究者进场和其身份角色展演过程中的重要性，因此，在亚文化研究中不可或缺的研究者的自反性，以及亚文化研究的特殊性对两大实践主体关系的影响，都是促成这篇文章的重要出发点。

笔者在2011—2021年这十年的时间里一直保持着对男同性恋群体的观察与研究。迄今为止，采访的对象分布在山东、东北、江苏、浙江、湖南、云南、甘肃、上海、广州、台湾和香港等全国各省/市。粗略计算，到目前为止，笔者一共与数百位男同性恋者有过交流，接触的有上千位，但比较遗憾的是，由于个人的时间、精力和财力等成本都有限，所以真正深度采访过的男同性恋者只有50位左右。涉及的研究内容主要包括同志身份认同、出柜行为决策以及男性气质等。由于该田野的难度在亚文化研究中具有典型性，本文不准备按时间顺序或区域来分析具体线性的研究过程，而是纵观整个研究，并深入到田野过程中的观察、访谈与建立关系等具体操作的细枝末节，在变化与差异、区隔与融合的文化中全局地审视田野方法论。

结合自身在调查过程中所遭遇的困惑、拒绝与不适等问题，笔者将所关心的问题进一步细化：社会研究通常认为不平等关系是由研究者的主导性姿态或角色造成的，因此要保持立场的价值中立；但事实上，研究中的不平等互动也可能是因研究者为能够入场收集资料以过度迎合受访者的低姿态，或者是受访者过强的防御心造成的，这该如何避免？尤其在亚文化研究中，研究者如何处理好与边缘群体受访者之间的关系？研究亚文化群体的主流研究者又如何处理文化之间的区隔，以及研究者自身被边缘化的风险？

二、亚文化研究伦理问题与方法论视角

（一）亚文化研究的方法伦理问题

在中国社会学研究方法发展70年的历程中，关于这方面的讨论主要围绕三个层面：科学性、本土化等根本性问题，具体操作化的技术规范问题，以及认识逻辑和基本伦理问题（赵联飞，2019）。其中伦理思考在中国特殊情境下尤为复杂，但常常被学术讨论忽略。而在具体的亚文化研究实践中，存在着一个隐藏的伦理困境，即研究者作为亚文化群体文化的"局外人"，其身份角色、距离位置，以及他们的参与程度直接影响着研究者与受访者间文化世界的联系及彼此间关系的建立（牟利成，2018）。这一伦理困境其实强调了在亚文化研究中，克服两大实践主体的文化区隔是重中之重。而相较于未入场的研究者来说，内部参与者的研究身份可能更利于建立良性的关系，但常常又面临另一种困境，即因为研究者深入其中，没有保持特定的"距离"，可能会导致无法从外部视角对内部获得一个全新的理解（Labaree，2002）。一直致力于亚文化群体研

究的黄盈盈和潘绥铭（2009）认为社会研究伦理遵循着"互动、交换与主体建构"三大理念，因此研究过程实质上就是一种人际互动，更纯粹来讲，是研究者与受访者之间的互动与交换，共同建构出一种互为主体的视角。这一视角有利于研究者对受访者建立"移情式的理解"，并要求在整个研究过程中能够贯彻"知情同意、平等尊重、无伤害/受益"三大伦理原则。但是在亚文化研究中，两大主体非平等的关系通常会造成伦理原则的复杂化和难以执行的局面，以及高于伦理原则的道义责任和研究者的价值立场可能会陷入困境，难以抉择。同样，在监狱亚文化研究范式中，研究者（汪前臣，2022）也注意到了研究主体对象的扩展问题。由此可见，亚文化研究中对主体对象的关注，有利于把控研究的全貌和提升调查质量。

综上所述，亚文化研究目前面临的方法伦理问题主要聚焦在研究者与受访者两大主体间的关系互动上，尤其体现在两者之间如何达成信任与合作，研究者在田野中该如何把握具体的身份位置，以及如何警惕自身的价值立场上。但是现有研究都只是提出了问题，并没有结合自身田野经验去分析具体问题，因此，本研究将结合笔者自身对亚文化研究的田野经验，围绕这些问题展开和分析。

（二）主体间性的方法论视角

如前所述，讨论亚文化研究伦理问题时，我们发现研究论述都离不开对主体性的讨论以及主体建构的互动过程。另外需要强调的是，身份认同一直是亚文化研究的关注重点，而认同实质上也是主体性的问题，是一种在某种文化关系中对主体性的追问与建构（杨洋，2019）。但是仅仅讨论主体性还远远不够，因为这一概念仍没有脱离传统的主客体关系，研究过程中的"他者"仍然存在，这就无法避免研究中主体与他者之间的文化区隔，所以亚文化研究的方法论视角也需要沿着哲学的发展路径，迈向主体间性的思想。

"主体间性"（inter-subjectivity）是20世纪出现的哲学思想，标志着西方哲学实现第二次意义深远的转向，它是指两个"主体"共存的状态，是"我"走向"他者"，构建出"我们"的一种群体社会状态（胡塞尔，1997）。主体性只能做到"移情式理解"，即所谓的"将心比心"，但是这种"移情"是自我对他者投射的一种主观臆断与理解，无法看到"我"与"他者"的区别。而主体间性能够将自己置于局外，即一种"身外之境"，除了能看到区别，自我与他者还能通过构建的一致性意识交流而共存，由此单个的自我与他者的主体性则构成了主体间性（朱有义，2019）。所谓的意识交流建立在个体对这个世界编织的意义和采取的行动基础之上，简言之，意义是个体对周遭世界文化的阐释，意识是对意义的抽象，是行动的基础，当文化在不断变化，意义的描述和行动也会发生变化。因此，两个主体基于这样的意识交流产生了连续性的互动，实现了主体间性空间（杜靖，2021）。这种意义的阐释与描述具体通过语言这种符号来实现，语言是他者表达自身情感与存在意义的一种手段，而这种符号或手段可以再通过自我加以诠释，因此诠释是一种主体间性的方法与行为（朱有义，2019）。

语言与意义阐释促进了自我与他者的互动，事实上就本质而言，他者并不存在，每个人都是文化的产物，是了解彼此的支撑物，即每个主体都可以成为认识自我的他者（张海洋，2008）。这在几位主流西方学者讨论主体间性时都有提到，舒茨（1991）强调文化时空里的共同性和互惠性，"交流、共享""我们的"共同经验；存在主义大师海德格尔（2012）则更明确地表示"我"与"他者"之间的共通性和无差别性，可以说研究者和研究对象都是此在的存在，是存在"主-主"关系的两个此在，互为主体，主体是与"他者"共存的存在。

由此，主体间性的两大核心问题都得到了解答：一个是主体之间如何实现互相理解，另一个关键问题则是自我与他者两个主体的关系。

而在具体的田野操作中，"主体间性"强调对"文化"的定义，并通过意义的共享与"互构"呈现研究过程和结论。人类学家通过"观察、体悟和用语言交流"等方式参与具体的他者文化活动，让不同主体之间形成"互动-理解"多重往复的过程。伽达默尔（2004）则进一步提出"视域融合"的概念，将主体从人扩展至文本等非人媒介，强调了理解和解释文化意义的重要性。我们发现，无论是用什么方法达致主体间性，都离不开主体所生活和需要阐释的意义世界，这是胡塞尔所说的生活世界，舒茨更强调这是主体共同构建的文化世界，而哈贝马斯的生活世界则注重真实、实践的语境意义（孙飞宇，2013）。这种文化世界里有不同主体构建的语言、历史还有行动结构，因此在主体间性视角下，亚文化研究中突出的文化区隔和矛盾的文化规范无时无刻不在潜移默化地影响着研究者与受访者。

从上述研究发展来看，主体间性已经实现了由过去的主客观认知模式到互为主体性的认知模式的转向。其具体构成如图1所示：语言、文本等符号帮助"自我"理解"他者"，而"他者"亦是认识"自我"的参照物，两者互为主体而共存；"自我"与"他者"又以各自的主体视角对彼此共建的文化意义世界和日常生活进行诠释，诠释的过程与上述互为主体的过程构成了双向的互动与理解，从而进入主体间性状态。当语言、文本这些在以往被看作客体的研究对象上升为具有自身视野和价值的主体时，研究者和研究对象不再是主客观的关系，研究对象也不一定是被动地等待被研究，而是在互为主体的两者互动过程中，彼此影响。在社会学方法论探讨的问题中离不开"他我"的意义问题（孙飞宇，2013）。因此，笔者认为，主体间性对社会学方法论在意识结构上产生重要影响，本研究将结合笔者自身的田野经验，讨论研究者与研究对象的关系互动，这种主体间性是否能够真正实现两大主体的理解，以及研究者与受访者之间到底呈现怎样的"我"与"他者"的关系，关系互动又奠基于何种结构机制。

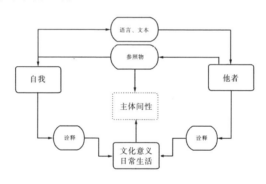

图1　主体间性的构成

三、田野场中的主体间性思考

（一）共享一套"话语"的亚文化世界：腐女身份入场

　　所谓"入场"，绝不仅仅是指"到达该地"这种单一行为，而是指"与该社区建构起足以开展调查的人际关系"的一个过程。而能否成功地进入田野，与被研究者建立起怎样的人际关系，是社会调查的第一步，更是亚文化研究获取资料的关键一步，直接影响研究的可行性及数据资料的质量（潘绥铭、黄盈盈、王东，2011）。

为了能够突出本研究对方法的反身性思考，将个人的感受和田野经验上升到一般性的学术研究问题，笔者将在田野过程描述和方法经验论证中使用第一人称。这个"我"既是笔者具体的个人，也是抽象的"自我"，与"他者"相对，以达到对"主体间性"更好的分析论证。

通常来讲，在入场问题和收集资料上，女性研究者对于女性群体的隐私问题可能更具有敏感度（Robertson & Rosenberg，1983），女性身份也更容易进入女性被访者的生活，真正参与她们的日常，并非一个全然的旁观者（Lamphere，2010）。因此，作为一名女性研究者，且是异性恋者，我进入男性同性恋文化圈子的难度毋庸置疑，这也是上述所强调的案例典型性。但是，我除了是女异性恋者的身份之外，还是一名男男同性之爱和"耽美文化"①（杨玲、徐艳蕊，2016）的忠实拥趸。

我是一名女异性恋者，但对"男同性恋边缘群体"并无偏见，并且在成长和求学的过程中发现，仅仅阅读二次元②的耽美小说不能帮助自己去深入地理解和共情男同性恋群体，需要冲破二次元到

---

① 1970年，一种以男男爱情为主题的文学样式出现于日本漫画中，这种类型的作品被称为"耽美"。作品作者和受众均为女性，她们自发在网络中形成社群，称其为"耽美文化"。20世纪90年代初，"耽美文化"传入中国大陆。

② "'二次元'一词来源于日本，原意指二维空间或二维世界，既可以指动画（Animation）、动漫（Comic）、游戏（Game）、轻小说（Novel）爱好者族群（即ACGN，"御宅族"），也可以指与之相关的网络文化。二次元的世界是一个平面的世界，一个幻想的世界，非常灵动和轻盈，它的几个关键词是架空、虚构和幻想。与之相对立的词语是'三次元'，也就是人类所身处的现实世界。"（张柠，2019）

三次元的"次元壁"（张柠，2019），去接触和了解真实的男同性恋群体，才能更好地认识他们，并帮助到他们。

"腐女"①的身份让我这名女异性恋者熟知男同性恋亚文化的知识，包括他们的身份角色（"攻"与"受"、"0"与"1"、"0.5"）、互动方式（"搅基"）与社交软件（BLUED、ZANK）等，这些语言符号与知识文化都成了"腐女"与"男同性恋者"之间虚拟互动的"通关密码"。基于对知识的掌握，我对于这场田野研究的入场胸有成竹，但现实是，我很难从二次元的耽美作品顺利进入现实中男同性恋群体的文化圈子。

2011年，由于主客观因素，我开始了西北区域的同性恋研究。在最初，我抱以主观性和单方面的热情不断激励自己主动勇敢地认识男同性恋者，以实现"兴趣-学术"的进阶过程和雄心壮志。我从身边的每一位异性恋朋友开始打听，和别人的聊天话题都是以"你是否有认识的男同性恋朋友？"这样"非比寻常"的询问开场。通常这种直白式的朴素发问，换来的是周遭人的惊讶，甚至是愤怒的眼光。我清晰地记得当时自己好不容易在学校广播站发现一位学长疑似是"同性恋者"时，原本以为可以通过他来帮助自己拓展这个圈子的人脉，但最终却被他恼怒地"指桑骂槐"了一顿，而事实上，当我后来真正进入到"他们的世界"与文化圈子中，我也了解到那位学长确实是一名男同性恋者。再后来，"天道酬勤"，我终于在一位异性恋男性朋友的"引荐"下认识了他口中的不太熟的一位男同性恋朋友。更加幸运的是，这位男同性恋者社交广泛，热情大方，他活泼的性格迅速把我带入他们的圈子：参加他的生日派对、

---

① 源自日本"腐女子"一词，是指喜欢幻想男男爱情（即男同性恋）以及追捧"耽美文化"的女性（邵燕君，2016）。

去同性恋酒吧、一起通宵唱歌等。

然而在具体的相处过程中，我仍然发现次元壁的突破确实很难，尤其是，腐女汇编的那套同性恋话语体系并不能实现与现实中同性恋者之间的互通有无，反而我以"腐女"身份入场时，彼此都受到了"文化震惊"。

我在自己的田野日志中写道："我目前认识的这些男同性恋者怎么都不是帅哥呢？"显然外形条件并不是学术研究关注的重点，但是这打破了二次元腐女对男同性恋的群体想象。再者，当我第一次进入同性恋酒吧时：

作为大一新生，一个从未进过酒吧的乖学生，穿梭在灯红酒绿中，看着奇装异服的一群舞男相拥热舞，他们之中存在着不少跨性别的男性，举止柔弱娇羞，打扮女性化。还有所谓的"妈妈"式的主管带领着身着华服的舞男敬酒。我没有想象中的兴奋，而是异常地感受到浑身充满了躯体不适，有一种背叛父母的感觉。我时刻提醒自己要镇定。以及我清楚地记得一对肢体亲密接触的男同与我长达一分钟的目光对视。我是那么的好奇、惊讶，甚至有点强迫式地告诉自己要理解和包容。而他们的眼光同样也充满了好奇——这位穿着休闲长外套、牛仔裤，齐肩短发，戴着黑框眼镜的"怪物"是男是女？我平平无奇的着装与当时的场合格格不入。在大家觥筹交错的整晚，我始终怀抱手臂，希望呈现理想式的"参与式观察"——我默默地看着他们交流，以局外人的身份在旁边观察。此刻，我与他们在一起，但事实上，我们却形成了两个世界。

主体间性的关系与理解是动态的。我以腐女身份初次闯入男同性恋圈子时，因为抱着太多不切实际的幻想，用潘绥铭教授的话讲，就是没有遵循研究伦理原则中的"平常心"，所以这个"我"没有成为"我们"，"自我"与"他者"共存却没有达致理解。这也从侧面反映出亚文化研究入场的困难，研究者很难通过官方渠道去获取这些群体的资料，依赖个体滚雪球的方式积攒必然要投入更多的精力与成本。尤其我最初还是在西北地区展开的研究，受访者的特质也受到地域文化的影响。但是，另一方面，尽管腐女汇编的话语充满了理想文化与现实主义的冲突，但是不得不承认这一文化身份的确能够让我在田野初期更加顺利地融入到同性恋的世界中，因为我们共享一套亚文化的话语，语言是达到主体间相互理解的基本媒介之一，这种媒介不仅仅指涉研究者与受访者之间的言语交流，还包括神情、行为等具备各种符号意义的语言，需要研究者仔细观察并体悟。例如，他们在"我"这个腐女面前更加容易放下戒备之心，毫无顾忌地展示亲密行为。有一次我的一位"异性恋"朋友通过与男性接吻的方式直接坦率地向我出柜（公开同性恋性取向）。他们还会用肢体动作模仿其他男同性恋者"妖娆"的体态风格，展示男同性恋中男性气质的"雄竞"现象。

"一个宿舍全是受，你敢想象？八百个心眼子。""那些男生都喜欢去健身房，肌肉更受欢迎。""大熊（指那些身材壮硕的男同性恋者）也有市场。"

当然这套话语也带来了一些挑战和质疑。有一位相对年长的男同性恋者，面对我这个初出茅庐的研究者，始终抱着怀疑的态度和戒备心理，他通过一些圈内的话语挑战我的身份和辨认我的目的：

"你最喜欢的同志电影是什么？你知道南康白起（一位非常有名的出柜男同性恋者）吗？你怎么看待攻受身份？你来这边肯定有什么目的吧？"

那是在一个酒吧里展开的对话，但是笔者缺乏足够的田野经验和文献准备，被连串严肃深刻的提问排斥在酒吧轻松的氛围之外。尽管这种质疑会让研究者感到不舒服，但是受访者用"共享话语"来提问，其实已经是一种对研究者入场身份的"承认"。在后续的交谈中，这位男同性恋者又拉着我畅聊他情感史的事实也足以证明我以"腐女"身份入场的利处。"我"的身份也终于在"他者"的文化中被承认和认同了。这种"承认"得益于主体间建构的"话语意义"。

（二）谁是"他者"？——"污名"的共鸣

在田野研究中，调查者的身份被想当然了，大家关注着"入场"与"离场"的困境，却忽略了扎根在田野中互动的过程，以及互动中研究者动态的身份转变。

往往大家有一种刻板认知，即研究者是调查活动或者这类人际关系的掌控者和评判者，拥有绝对的优势，这在一定程度上导致这场"互动"的不平等性（黄盈盈、潘绥铭，2009）。但是我在田野过程中，发现自身并没有简单地实现从"耽美爱好者"到学术研究者的身份转变，我与研究对象的关系也并非"异性恋者"主流姿态对边缘群体的"居高临下"，而是由于特殊身份入场建构了"过度共情"的不平等关系。

我记得有一次为了能够认识一位男同性恋者，我不断发出邀约，想要与他建立朋友关系，他爽约了2次，最后一次还是在我足足等了他两个小时之后才见到了他。感谢他毫无保留地向我倾诉他的恋情以及他成长的故事。因为他也属于同性恋者中的"受"（柔弱的一方），所以我这名女性必须要表现出比较男子汉的一面，否则会引起他的反感。这样的经历，我同样在之后的田野中也遇到过，一位"受"在接受访谈时直接和我说："我有挺多闺蜜的，通常都是她们保护我，所以你不要太女生噢。"

除此之外，我在入场之后，为了充分融入男同性恋圈子，与他们建立良好的信任关系，还会陪伴他们一起逛街，参与他们的恋爱过程，如给他们介绍对象，甚至也是他们情感倾诉的回收站，是他们失恋时的陪伴者。在此期间，我接受他们的一切，默默忍受了其中一些男同群体对自己的利用，以及言语的质疑甚至排斥。但也是这样的付出，我才有机会加入他们的微信群和QQ群，线上参与观察他们的日常交流与自我呈现。但是我发现，即使我进群了，也不意味着"我"与"他们"就是"我们"了，我还是需要时刻注意自己说话的分寸，以免触碰边缘群体的防范警戒线。

有一次，我通过微信询问研究对象："你能谈谈对你们群体的认识吗？"研究对象立马情绪激动地回应："你为什么要使用'你们'这个词呢？'你们'证明你已经把自己和我们区别开来了。我没什么好说的。"然后受访者就把我拉黑了。

后续我寻找其他男同性恋者倾诉时，他们安慰道："有些男同天然就有一种防备心理。"这些拒绝和不可说都是亚文化研究中非常重要的资源，主体间性的关系需要通过语言来实现。索绪尔（1980）说："语言是一种思想。"在田野研究中，受访者表达的语言是他们"达志"的一种手段（杜靖，2021），所以即使语言表达的是拒绝，也能启发研究者对"不可言说"背后的结构进行思考。这里所说的语言与上述探讨的"共享话语体系"不一样，它更强调受访者当下在场的真实表述，包括拒绝，需要反思的是话语背后的另一套结构机制。

如前几位受访者无论在强调性别气质，还是划分"你们-我们"的时候，事实上都反映了主流性别规范的底色。父权制社会的底层逻辑是"厌女"（孙芊芊，2020），无论腐女还是同性恋者，事实上都在排斥由父权社会定义的女性。霸权男性气质主导的异性恋者更是将其他性取向置于低于女性的边缘地位。

在此文化规制下，我在男同性恋群体中既不可以表现得过于具备"女性气质"，另外，在异性恋世界中，我又变成了不被理解的"他者"。

有好几次，我被一些异性恋圈子的同学问："你一个女生研究男同，你是不是也是同性恋啊？""你是女同吧？"甚至有老师直接质问我："这个研究有什么意义呢？男同属于弱势群体吗？"

这些言论不断地侵袭着我的生活。我从"腐女"变成了"女同性恋者"，奇怪的"他者"。"我"被同性恋群体和异性恋群体同时排除在外，成了夹缝中求生存的"污名者"，带有污名的"他者"

无法与"我们"站在一起。

因为这样的污名一直存在，我与身边的异性朋友接触得越来越少，我成为了他者，说实话，很多次我都动摇过是否要继续男同的研究。我四年的大学时间的日常生活都离不开与男同的接触，我在寻找男同、建立关系、访谈男同和维护关系等一系列与研究对象相关的实践操作上一路前进。

在另一层面上，也因为"污名"的身份让研究者与男同性恋亚文化研究对象有了共同的"他者"身份，有了更多的相处与接触机会，所以反而在此种情境下，"我"与男同性恋者们站在了一起，成为了"我们"。

在此亚文化研究案例中，"我"的身份污名、成为"他者"的事实，让研究进入到一个新的启发式阶段，即研究者也可能成为"沉默"的弱势群体。以及在过度共情中，研究者失去了"主体性"，不平等互动的主导方成了受访者。因此，研究亚文化的研究者可能也会变成一种边缘性的存在。在抒写边缘群体的"声音"和理解受访者的同时，研究者本身也是沉默的，他们无法被纳入到亚文化群体中，且被主流群体排除在外，此过程，也是研究者与男同性恋群体一起寻找自我认同和身份承认的过程。就像，我在多年以后，再次与一位男同性恋友人探讨腐女研究男同性恋群体的时候，这位男同性恋者经历了自身性别文化观念的不断变动和认知的提升，认为："腐女现象是父权社会下女性因为性压抑出现的替代式性幻想。你的访谈提问本身就能促进男同性恋者对自身议题进行更深的思考。"

综上，任何"自我"都可以成为"他者"，他者只是主体理解自我的一个参照物。而这种理解，在男同性恋亚文化研究中则受到主流性别文化的规范与定义。

（三）受访者日常生活的诠释与"共生文化"的建构

1. 研究者身份反思被纳入到研究分析中

在上述田野过程反思中，"我"无论以"腐女"还是"污名的他者"身份，都通过"在场"的观察与面对面的语言交流方式与男同性恋"他者"们构成了"我们"。研究者在某种程度上也与男同性恋群体共同构建了"圈内人"的圈子。

主体间性除了论述"自我"与"他者"的互构与互动过程，还强调对日常生活世界的参与和理解，但"我"与男同性恋者构建的"我们"只存在于男同性恋文化的世界中，而在此之外，即在他们的日常生活中，"我们"似乎又被性别文化区隔开了。

正如一位受访者在谈到研究对个人的影响时，他说："个人觉得在交流阐述过程中更多地表明了自己，也是剖析明确个体的过程，其他关于生活的影响比较小，依旧自我，依旧常规。"这验证了亚文化的研究本身是一个受访者与研究者共同寻找自我的过程，但是研究的影响也只局限于此，未能延伸至受访者的生活。事实上，在主体间性视角下，研究远没有结束，研究者应该去关注受访者的日常生活，这也能帮助研究者更好地理解他们"不可言说"的一部分，我们需要看到在研究过程中受访者"表明了自我"，为何在访谈结束后又"依旧常规"了呢？解析出这背后的行动机制，将有利于研究更加立体地诠释访谈资料，更加动态地呈现受访者的角色，研究者的角色也将在此过程中得到完善和反思。

一位受访者表示："研究者是关键的角色，一方面引导展开话题，另一方面需要建构良好的交流氛围，甚至延展更多深度研究的可能性。"他指出了研究者在研究过程中以及田野退出之后两个层面的作用与反思。在很多研究中，我们只是在叙述调查对象的角色，却忘记了反思研究者的角色。既然研究过程是一场人际互动，本文希望通过主体间性视角对研究方法进行思考，能够把"反思研究者"这一环节纳入到具体的分析中。

纳入这一环节的过程也比较复杂，最好是在访谈过程中就进行提问，而这部分提问很多时候被研究者忽略或者当作是结束访谈的客套话。例如，"我们的访谈暂时可以告一段落，你还有什么要说的吗？"这一问题的探讨就可以去挖掘受访者对研究者以及研究本身的看法，这非常有利于完善后续的研究，尤其在亚文化研究中，找到受访者和保持联系本身就不容易，所以尽量要在研究过程中尽可能获得充分全面的资料。

由此，"我"已经从入场和在场的圈内人角色中抽离出来，在时间的累积和研究的调整反思下，"我"最终还是需要站在局外人的视角下，以理性研究者的身份去看"自我"与"他者"之间的共性与差异，以及增加对受访者日常生活的关注，达到"身外之境"的抽离和获取全局观的价值取向与立场。

2. 诠释受访者的日常生活

大部分男同都在接受访谈之后，与我主动或间接断了联系，这其中蕴含着非常多的主客观因素：有的是因为随着时间的拉长、地域的变化，自然与我的关系疏远了；而有的则是在访谈结束之后，选择主动地切断这种受访者与研究者的关系，进入他们定义的"正常的"日常生活中。而在切断联系之后，我也发现似乎研究者从未真正认识过他们同性朋友之外的人，没有真正走入他们的日常生活。他们除了男同性恋者这个角色之外，还有学生、儿子、职场职员、老板，甚至是丈夫和父亲等多重社会身份。关注多重身份角色，才能完整地构建出男同性恋者的主体性和他们的日常生活世界，而在失去联系和活跃互动之后，我只能通过社交媒体，才能观察到他们的"日常生活"。

DX 是一位形婚者，现在也是一位父亲，他完美地扮演着乖儿子、好爸爸的角色。他经常在朋友圈发的动态就是"回家吃饭"，然后配一张母亲做了一桌菜的图。在孩子出生之后，他也经常晒与孩子互动的照片，照片呈现出其乐融融的家庭氛围。但是我发现在他朋友圈呈现的日常生活状态中，妻子的角色是隐蔽的、不可见的；即使他有法定意义上的妻子，但是他的不分享是否也意味着这是他守住男同性恋者身份的最后一道防线，他在隐形地对抗着社会规范，努力地维持一部分亚文化中的自我。

男同性恋者的田野研究，为很多隐匿的同性恋者打开了一扇窗；但是他们自身在主动地表达需求之后，又把这扇窗给关上了。是什么原因让他们关窗？我一再寻找他们也无果，反而变成了一种打扰？访谈中讲述的"希望"，如"希望更多人能看到我们；希望自己能顺利出柜；希望不让父母担心"，是"虚幻的梦想"还是"真实的发声"呢？例如，我很想再次回访一些男同性恋者，但却被拒绝了：

"不好意思，我们年纪大了，都不再接触这个圈子（同志圈）

了。""很抱歉，我们最近上班都比较忙，我和妻子现在生活得也很好。""最近没有接受访谈的意愿。"甚至有的直接假装未曾接受过我的访问："你好像认错人了哦，我不是你说的那个人。"

　　结束访谈之后，这些研究对象又隐匿于人群中，变得不可见。但是这些都是研究对象主动采取的身份转变的选择，他们可能在同性恋话语中是不够"勇敢与诚实的"，但是他们在主流价值观下的日常生活中却是"成熟的、体面的"。因此，当我们去比较访谈中和日常中的受访者时，我们会发现更立体的受访者形象以及更深刻的研究对象与结构的互动机制，这在亚文化研究中尤为重要。因为研究对象试图能动地选择与研究者成为"我们"，比如，在亚文化研究中，构建的是同性恋文化中的"我们"；而结束研究关系后，同性恋者掩饰"他者"身份，以实现与异性恋群体构成"我们"。

　　3. "共生文化"的建构

　　在诠释男同性恋者的日常生活中，本文有两个发现：一方面，研究对象的身份转变是他们主体性选择的体现。另一方面，在他们多重角色的操演背后，是亚文化群体的"他者"与主流文化的"自我"动态的互构过程。

　　同性恋亚文化研究最突出的特点是，研究对象被主流的异性恋性别规范排斥为"他者"，这是两种不同文化缺乏有效互动的结果，是主流对边缘的压迫。而人类学研究早已发现不同文化之间也可以通过互动创造新的文化，来构成主体间性。创造新文化的过程，本研究将其定义为一种"共生文化"的建构过程。

　　在同性恋亚文化研究的田野中，我发现同性恋群体尝试采纳主流的家庭主义融入社会模式（魏伟，2023）来获得生存空间。例如，受访者 FL 带着父母一起出柜，他与父母共同接受了主流媒体的访谈，并且参与全国各地的同志亲友会或恳谈会，他们一家作为同志家庭出柜的成功典范，给予了更多男同性恋者与其父母信心。"带着父母出柜"成了很多同性恋者走向主流社会的一种渠道。我从多位受访者那里了解到他们在出柜之前都会做很多铺垫，如和父母一起看同性恋电影，买同性恋研究的书籍与父母分享知识，再与父母参加同性恋线下公益活动，让父母接受"同性恋"身份的自己。还有的受访者在得到了父母的肯定之后，决定要更加彻底地将男同性恋性身份全面公开与表达。有的人会与外籍男友登记结婚。有些人会尝试试管婴儿，实现主流道义上对父母的孝道责任。这表明他们在表达个体性身份的同时，也始终努力与主流文化在某些方面保持在同一个轨道。

这些是出柜成功的同性恋"他者"，自主地向主流社会表达自我，将性身份融入到主流的日常生活中。而在男同群体中，大部分受访者还未出柜，且不准备出柜，他们未尝不是在向主流社会进一步靠拢。例如，非婚不出柜的男同性恋者通过掩饰"性身份"，来融入日常的社交：

"别人问我有没有女朋友，或者问我啥时候结婚，我都会说我有对象了，来搪塞过去。总之，身边的人都不知道我是男同。"

形婚的男同性恋者也在某种程度上被纳入主流文化规范，扮演恰当的社会角色，获得世俗上的成功与体面，如前文提到的受访者DX。还有一部分拒绝访谈或回访的男同性恋者，从他们拒绝的声音中也可以看到他们向主流生活靠拢的努力身影："年纪大了，我也不想参与'男同圈内'的事情。"他们在日常生活中努力地去除"他者"身份。过往，对于选择"形式婚姻"的男同性恋群体的研究，可能都局限于一种视角——他们内化了主流性别规范和霸权男性气质，妥协于家庭父权制。也有学者认为"形婚或不出柜"的男同选择也体现了男同性恋者的主体性，这是他们能动选择与主流文化"同行"的策略（从 coming out 走向 coming with）（Huang & Brouwer，2018）。所以同性恋亚文化群体以不同的方式选择与异性恋主流文化站在了一起，构建了"我们"的日常生活世界。

另一方面，主流文化也在吸纳不同的亚文化组织和亚文化群体话语，这促进了社会多元化的发展。因此，在性/别文化多元发展和家庭模式变迁的趋势下，父母也开始关注子女的情感动态和日常生活（Evans，2007）。也是基于这一背景，才有以上那些"带着父母出柜"的案例。再者，上述谈到有主流媒体选择报道一些男同性恋者"带着父母出柜"的案例，也将男同性恋话语体系融进主流的家庭模式中，促进两者和谐共存与社会稳定。同样，在网络环境相对包容多元的趋势下，一些同性恋亚文化活动也在一段时间内有了良好的发展空间。例如，同性恋"亲友会"便是在这样的情境下成长壮大，并帮助了很多同性恋群体和家庭。民政对民间防艾行动和防艾基金等组织的投入与培育，也体现了主流文化与亚文化之间的互动合作。

总体来看，基于主体间性视角下的研究方法反思，本文发现研究者与研究对象是一个主体互构的过程，是"他者"与"自我"共存，并走向"自我"的过程，而在两大主体身份转变的背后，是同性恋亚文化与主流性别文化发生碰撞与合作的过程，这一过程体现了文化区隔背后的社会结构在影响着研究者与研究对象主体性和行动策略的改变。

四、结论与讨论

在男同性恋亚文化研究中，腐女身份的入场一方面可能会打破研究者预设的群体想象，并在"过度共情"下，构建了受访者占据高位的不平等研究关系；但另一方面，腐女与男同性恋者共享一套话语体系，更容易建立信任关系和获取资料。随着研究的深入展开，研究者的身份也在发生动态转变，从"腐女"变成"污名的女同性恋者"，因此，在亚文化研究中，研究者也可能成为研究中的"他者"。这种污名身份的获得反而有利于与受访者的互动，使"自我"走向"他者"，共享"他者"的污名，让研究者与受访者成为了"我们"。而污名话语背后的机制是主流性别规范与男同亚文化之间的冲突。

随着研究者身份的转变，我们看到了"自我"与"他者"的关系；但是田野过程是一项人际互动，受访者也需要理解研究者，因此在研究者转向理性学术创作者，处在"身外之境"的全局观时，笔者认为我们应将研究者的身份反思放置于对调查对象的访谈过程中，这对亚文化研究尤为重要。

当研究者为理性的局外人时，可以看到行动策略背后的结构机制，即"共生文化"的构建。"共生"体现的是两个不同主体之间的互动。因此，我们还要看到受访者身份的转变，实现更加动态的主体间性。换句话说，主体间性中的理解需要关注研究者与研究对象两大主体身份的改变。受访者身份的叠加性通常体现在他们的日常生活中，所以研究者的追踪调查和持续观察也非常重要。最后，我们不能忽略两大主体所处的社会结构以及日常生活中呈现的社会规则，在同性恋亚文化研究中，我们发现了主流文化与亚文化之间的磨合与创新。

纵观整个研究过程，笔者发现，在亚文化研究中研究者与受访者"互构"的主体间性，并非像一般研究呈现"前期、中期和后期"这样清晰的线性路径，而是一种更为复杂的"他者-自我""主流-边缘""区隔-共生"等矛盾性相互交织的循环往复的关系。首先，在研究者与受访者两大主体关系上，是"自我"与"他者"共存的关系，另外，不能忽视这种关系的形成离不开现有社会文化和结构机制的规范和影响，以及它们与亚文化之间的合作共生。

撰写的过程，事实上也是笔者再次将自身重走了一遍"自我-他者"的一个过程，笔者在同性恋亚文化研究中，与同性恋群体共同完成了自我成长与身份认同。腐女是一厢情愿幻想式的主体角色，她们并没有成为同性恋世界的一员，相反，笔者走出二次元进入到同性恋群体的现实圈层和日常生活中，才有实现"我们"的可能。另外，在现实世界里，女性异性恋研究者与男性同性恋受访者生活在共同的文化规范里，却实践了不同的性别气质操演，因而被文化所区隔，笔者只能以内部观察者的身份短暂地进入他们的同性恋世界，无法真正进入舒茨所强调的日常生活世界。但是他们把笔者排除在外的这个选择背后，如他们为什么拒绝研究者，为什么在朋友圈呈现这样的日常自我，又为何在接受访谈之后拒绝承认自己，隐藏的是亚文化研究中值得关注的社会结构与文化冲突，这是受访者行动的逻辑和机制。

另一方面，随着时间、场域的变化，受访者的态度也在变化，他们也从学生时代迈向了结婚生子的中青年阶段，昔日对同性恋文化表述的谨慎、同性恋身份的展演以及对同性恋研究的期待或防备等都变得无所谓，或者用时髦的词说是"佛系"。他们的转变又转化成了学术研究新的无奈和新的议题。或许到目前为止，我们还不能够去发现，受访者能在多大程度上或者通过哪种途径去理解研究者，因为毕竟他们除了在访谈的表述上是主动者之外，在文本的呈现过程里，他们又成为了"沉默者"，所以这给研究者的启发是，在日后的亚文化研究中，有必要将受访者对研究者的态度和研究意义的理解纳入到对议题的阐释上。这才有可能建构出更加完整系统的研究者与受访者的关系，达到主体间性下的理解。而这整个过程更考验研究者如何去阐释语言符号，以及如何呈现文本。

总而言之，亚文化群体的研究，通常是主体分散性的，无法以个案研究的方式将他们聚集起来进行概括，而是需要深入内部看见每一个个体生动的行动表达与身份展现。另外，亚文化群体研究始终绕不开对群体身份，即自我认同的话题探索。以及，在亚文化背景下，研究者与受访者的关系比普通研究始终多了一层文化区隔。

尽管目前在田野过程中，受访者对于研究者的理解不充分，以及主流文化与亚文化之间的合作有限，更好的主体间性可能还依赖日后社会结构的改变，但本文更强调在亚文化研究中主体间性视角所带来的主体身份及对文化冲突的警觉性，思考研究者与受访者如何在结构中能动地互动。主体间性可能不够充分，但是实现主体间性具有更大的可能性。

参考文献

阿尔弗雷德·舒茨，1991，《社会世界的现象学》，卢岚兰译．台北：桂冠图书股份有限公司。

保罗·拉比诺，2008，《摩洛哥田野作业反思》，北京：商务印书馆。

波丢，2006，《人：学术者》，王作虹译，贵州：贵州人民出版社。

迪克·赫伯迪格，2009，《亚文化：风格的意义》，陆道夫、胡疆锋译，北京：北京大学出版社。

杜靖，2021，《主体间性：哲学赐给人类学的一滴奶液》，《青海民族研究》第1期。

费尔迪南·德·索绪尔，1980，《普通语言学教程》，高名凯译，北京：商务印书馆。

郭建斌、姚静，2021，《"把自己作为方法"——兼谈民族志文本中作者的"主体性"》，《南京社会科学》第1期。

郭于华，2003，《心灵的集体化：陕北骥村农业合作化的女性记忆》，《中国社会科学》第4期。

汉斯-格奥尔格·伽达默尔著，2004，《真理与方法：哲学诠释学的基本特征》，洪汉鼎译，上海：上海译文出版社。

胡塞尔，1997，《胡塞尔选集（下卷）》，倪梁康选编，上海：上海三联书店。

黄盈盈，2017，《女性身体与情欲：日常生活研究中的方法和伦理》，《探索与争鸣》第1期。

——2016，《大时代与小田野——社会变迁背景下红灯区研究进入方式的"变"与"不变"（1999—2015）》，《开放时代》第3期。

黄盈盈、潘绥铭，2009，《中国社会调查中的研究伦理：方法论层次的反思》，《中国社会科学》第2期。

黄盈盈、祝璞璞，2020，《质性研究中的叙述套路：访谈的陷阱与拓展，《妇女研究论丛》第3期。

林恩·休谟、简·穆拉克，2010，《人类学家在田野：参与观察中的案例分析》，上海：上海译文出版社。

刘博，2009，《质性研究中的"关系"资源利用与身份介入差异——基于个案研究的社会学研究方法思考》，《青年研究》第6期。

刘清平，2021，《价值负载、价值中立和价值重载——人文社会学科的构成和使命》，《兰州学刊》第1期。

马丁·海德格尔，2012，《存在与时间：修订译本》，陈嘉映、王庆节译，北京：生活·读书·新知三联书店。

牟利成，2018，《隐遁的社会：文化社会学视角下的中国斗蟋》，北京：社会科学文献出版社。

潘绥铭、黄盈盈、王东，2011，《论方法：社会学调查的本土实践与升华》，北京：中国人民大学出版社。

钱弘道、崔鹤，2014，《中国法学实证研究客观性难题求解—韦伯社会科学方法论的启示》，《浙江大学学报（人文社会科学版）》第5期。

孙飞宇，2013，《方法论与生活世界–舒茨主体间性理论再讨论》，《社会》第1期。

孙芊芊，2020，《我国耽美改编网络影视剧兴盛原因与发展对策——以〈镇魂〉〈陈情令〉爆红为例》，《电影评介》第10期。

邵燕君，2016，《再见"美丰仪"与"腐女文化"的逆袭———一场静悄悄发生的性别革命》，《南方文坛》第2期。

王晴锋，2011，《认同而不"出柜"——同性恋者生存现状的调查研究》，《中国农业大学学报（社会科学版）》第4期。

汪前臣，2022，《罪犯与警察：监狱亚文化研究范式演进的两种进路——文化主体视角下中国监狱亚文化研究范式回顾与反思》，《中国监狱学刊》第2期。

魏伟，2023，《同性恋群体的家庭主义社会融入模式》，《甘肃社会科学》第1期。

项飙、吴琦，2020，《把自己作为方法———与项飙对话》，上海：上海文艺出版社。

杨玲、徐艳蕊，2016，《文化治理与社群自治——以网络耽美社群为例》，《探索与争鸣》第3期。

杨善华，2010，《田野调查中被访人叙述的意义诠释之前提》，《社会科学》第1期。

杨洋，2019，《〈德鲁大叔〉：粉丝狂欢及亚文化身份认同》，《电影文学》第19期。

姚建华、王洁，2020，《虚拟恋人：网络情感劳动与情感关系的建构》，《青年记者》第25期。

约翰·奥莫亨德罗，2013，《人类学入门：像人类学家一样思考》，张经纬、任珏译，北京：北京大学出版社。

张海洋，2008，《好想的摩洛哥与难说的拉比诺——人类学田野作业的反思问题》，《广西民族大学学报（哲学社会科学版）》第1期。

张柠，2019，《世界的轻重缓急及其想象方式——三次元与二次元对话的可能性》，《小说评论》第2期。

赵联飞，2019，《中国社会学研究方法70年》，《社会学研究》第6期。

折晓叶，2018，《"田野"经验中的日常生活逻辑经验、理论与方法》，《社会》第1期。

朱有义，2019，《再议"主体性"到"主体间性"的发展之路——施佩特对胡塞尔思想的传承与批判》，《俄罗斯文艺》第1期。

Evans, H. 2007, *The subject of gender: Daughters and mothers in urban China*. Rowman & Littlefield Publishers.

Huang, S. & D. C. Brouwer 2018, "Coming out, coming home, coming with: Models of queer sexuality in contemporary China." *Journal of International and Intercultural Communication* 11(2).

Labaree, R. V. 2002, "The risk of 'going observationalist': negotiating the hidden dilemmas of being an insider participant observer." *Qualitative research* 2(1).

Lamphere, L. 2010, "Feminist anthropology: the legacy of Elsie Clews Parsons." *American Ethnologist* 16(3).

Marcus, R. 1984, "Time and the Other: How Anthropology Makes Its Object by Johannes Fabian." *American Anthropologist* 86(4).

Robertson, P. & R. Rosenberg 1983, "Beyond separate spheres: intellectual roots of modern feminism." *The American Historical Review* 88(2).

Schutz, A. 1976, "Making music together: A study in social relationship." In A. Schutz & A. Brodersen (eds.), *Collected papers II: Studies in social theory*. Dordrecht: Springer Netherlands.

王晓平．论汪晖研究在方法论上的启示：国外学术界的反响和评价[M]//赵联飞，赵锋．社会研究方法评论：第 4 卷．重庆：重庆大学出版社．

论汪晖研究在方法论上的启示：国外学术界的反响和评价

王晓平①

摘要：近年来，汪晖有关中国思想史的社会学研究引起了国外学界的重视；与此同时，国外学者也对汪晖在研究中所采取的方法论进行了思考。本文通过归纳这些反响与评价，总结了他们在这方面的主要观点：汪晖的研究注重问题意识与历史化的结合、辩证法与总体性的一致、政治性与能动性的统一。总之，汪晖的研究成果与方法给世界进步学者提供了进一步探讨的思路和启发，而国外学者的这些评价也给国内学者树立理论自信提供了有价值的参照。

关键词：再政治化；社会民主；历史化；总体性；能动性

Abstract: In recent years, Wang Hui's sociological exploration of Chinese intellectual history attracts the attention of foreign scholars. In the meantime, they ponder upon his methodological contribution. By engaging in these discussions, this article summarizes their main points of these two issues: Wang Hui's research combines the awareness of problems with the principle of historicization, integrates dialectics with total-

---

① 作者简介：王晓平，男，1975 年生，同济大学特聘教授，博士生导师。联系方式：wxping75@163.com。

ity, and unifies political consciousness with agency. In all, Wang Hui's research proffers inspiring lessons for progressive scholars in the world, and the appraisements of the foreign scholars also provides invaluable reference for domestic students to establish theoretical confidence.

Key words: Repoliticization; Social Democracy; Historicization; Totality; Agency

近二十年来，在对既有西方学术成果与范式进行质疑与指谬，并立足于中国历史与现实经验进行创新性的理论阐释的同时（王晓平，2023），汪晖积极以理论思考介入社会实践。其实，他的理论反思本身即是社会实践的一种方式。这种理论实践的意义在于在新自由主义全球化的背景下，为中国与世界的进步与发展探寻出路。国际学界已经感受到，汪晖在对历史的反思中包含着对现实中国和世界的前景的展望。例如，美国威斯康星大学麦迪逊分校的历史系教授慕唯仁（Viren Murthy）认为"在新自由主义扩张与启蒙主义批评的双重压力下，汪晖所作的努力可以被视为是拯救中国思想于两者夹缝之间的行动，同时，他的努力也表明了，中国传统思想为对抗现代的现代性（或者说反现代性的现代性）的发展铺平了道路"（Murthy，2006；慕唯仁，2014：223）。

在对汪晖相关学术成果高度关注的同时，国际学界也对他的研究在方法论上的贡献进行了评论和总结。在此意义上，我们可以理解意大利博洛尼亚大学的鲍夏兰和鲁索所指出的："汪晖的学术研究是对于那些并非仅针对中国读者和中国问题专家而提出的思想观念所做的杰出贡献。他从丰富多样的中国古代和现代的政治和思想事件出发，为思考当下的'僵局'并且'继续下去'提供了广阔的视野和宝贵的方法。"（Pozzana & Russo，2012）这种视野和方法可以被归纳为以下几点：问题意识与历史化的结合、辩证法与总体性的统一、政治性与能动性的一致。这些原则性的研究方法不但为国际学界呈现出另类的图景，也给国内学者带来了有益的启发。

一、问题意识与历史化的结合

国外学者广泛注意到汪晖研究工作的一个重要特点是对问题意识的关注。例如，韩国延世大学国学研究院的赵京兰教授指出汪晖最早察觉到资本主义的新自由主义的本质，这种问题意识是他被国内外自由主义者认为是"新左派"的原因：

汪晖明确认为，暴露和批判在改革过程中利用"过渡期"和"发展"等观念来密封其自我矛盾的新自由主义者的本质，才是中国批判性知识分子的任务。如上所述，他分析认为，中国新启蒙主义对中国社会主义的批判没有发展成为对资本主义的省察，因此在20世纪80年代末没有做出正确的应对。这一点正是与新自由主义的起源相关联的，所谓"新左派"与自由主义者之争，正是由汪晖的这种问题意识引起的。（赵京兰，2014：163）

与此同时，他们也注意到汪晖的问题意识是从马克思主义的分析方法中得到启发，例如，赵京兰如此评价进行批判性分析的知识分子："他们主张的核心是试图以经济民主为关键字来看待一切问题，汪晖认为这一问题意识很符合目前的中国社会。"（赵京兰，2014：158）而在面对与国内局势密切关联的国际问题时，汪晖也有着明确的分析思路：

> 汪晖强调：我们所处的亚洲世界正在被卷入比任何一个地方都汹涌的新自由主义全球化这一浪潮之中；朝鲜半岛和台湾海峡两岸等地的亚洲地域主权处在尚未完成阶段……汪晖的问题意识在于，若没有对东亚所处现实的真实的"绝望"认识阶段，很难实现我们所希望的亚洲联合（赵京兰，2014：171—172）。

这种无处不在的问题意识，与汪晖坚持清醒自觉的历史化原则紧密相连。一些学者把他迥异于当前主流著作的历史化研究模式看作一种后现代主义式的方法。例如，在谈到《现代中国思想的兴起》（以下简称《兴起》）的时候，美国加利福尼亚大学洛杉矶分校（UCLA）的历史系荣休教授黄宗智在2008年于 *Modern China* 发表的书评中，就提及这是一部特殊地运用后现代理论和感觉的著作，因为贯穿全书的是与现代主义叙述框架的持续不断的对话。但他也同时强调必须将汪晖与大多数的后现代主义学术做出区分，这是出于汪晖对话语之外的历史语境的把握：他"非但没有漠视话语之外的历史，还持续不断地去追踪它，他也不是为了话语而话语，他的目的是为一个新的中国建立一种新的视野"（Huang，2008；黄宗智，2014：9）。密歇根大学社会学系助理教授徐晓宏也指出在这本书中，思想、观念和动机不仅是它们的社会背景的反映和产物，更是社会背景和社会变化的组成部分。就此而言，该书不仅是思想史著作，而更应作为历史社会学的研究范例（Xu，2015：853）。

的确，虽然日本东京大学综合文化研究科的石井刚教授认为这一著作展现了某种意义上的考古学或谱系学（石井刚，2014：131），但它却不是福柯那样的没有确切依据的历史考掘，而是一种杰姆逊所说的"未来考古学"，在这里，正如杜赞奇所指出的，出现了"一种批判的阐释学方法"：尽管需要诉诸历史分析，但汪晖希望通过恢复他者视野来实现自我的改变（Duara，2008：153）。

　　这种历史化的具体实践在《兴起》一书中贯穿始终。例如，黄宗智谈到汪晖将宋儒的"天理"观念置于其历史语境中，得以把握住其真实的指向；他还认为这一历史化的内在理路反过来又可以帮助我们对晚清思想和历史采取一种不同的观照现代西方科学及当代中国的方式（Huang，2008；黄宗智，2014：4—5）。他举出的例子是美国学者史华慈认为严复将古典自由主义思想理解为个人为了国家能力目的所做出的能量的释放，这与约翰·密勒和洛克的古典自由主义观念有很大的不同。但汪晖认为问题不是严复的理解"准确"与否，而是"每一种理解背后揭示的不同历史情境和问题意识：一者在社会与国家的二元对立关系中，强调资产阶级对于国家的权利，另一者则立足于一个正欲共同追求自强的国家和社会中"；黄宗智就此认为，汪晖的这一分析不仅为我们提供了对严复思想的新的理解，也为我们理解当代中国国家与社会的关系提供了新的思路（Huang，2008；黄宗智，2014：4—5）。

　　黄宗智在这里所提及的还只是提纲挈领，美国威斯康星大学麦迪逊分校的慕唯仁教授则具体解释了汪晖的历史化工作：16至19世纪的欧洲自由主义者为了占据市民社会并与贵族国家相抗衡，对社会与国家、个人自由与国家干涉、个人与社群进行区分；而在晚清中国，知识分子却将社会看作建立强有力国家的手段（Murthy，

2006，2014：231）。

由以上的评论我们可以看出，国外学者普遍体认到汪晖抓住了语境的差异，不但看到在中国社会中同一概念呈现的不同内涵，而且拆解了西方的理论话语的普遍性，将其还原为特殊历史经验的总结。与此同时，他还致力于从中国本身的历史与社会经验中，找到契合中国实际的理论话语。这种"历史化"因此是在双方面进行的：将西方的话语和有关中国的概念"历史化"，"还原"为对其特殊经验的演绎；也将中国的经验理论化，上升为普遍性的理论话语（Huang，2008；黄宗智，2014：1—2）。黄宗智强调，汪晖的这种方法"不是仅就话语论话语的分析，或就观念史论观念史的研究"；相反，这种质询"总是建立在对大的历史背景的敏锐的把握之上"，因为他坚信"唯有通过历史背景，才得以使观念和话语内在于其语境，才使得对历史化的意义的追寻成为可能"（Huang，2008；黄宗智，2014：2）。

这种方法论的实际运用还可以从作者对宋儒的"天理"话语的去自然化中洞见到。哈佛大学王德威教授就以此为例，说明汪晖的研究方法（王德威，2014：113）；而慕唯仁则注意到这种阐释也是对一些"本土现代性"论者的回应（Murthy，2006；慕唯仁，2014：227）。时为美国加州大学洛杉矶分校博士的章永乐则以汪晖分析戴震的学说为例，说明汪晖看到了戴震学说的实际针对对象："戴震著名的'以理杀人'在二十世纪革命中被作为反抗封建专制的重要口号。汪晖将这一说法还原到历史语境中去，认为戴震的直接批评对象并不是他所在时代的整体政治社会秩序，而是那些被宗族控制、滥用家法的地方共同体，因而与后世解释相反，戴震这一批判恰恰响应了清廷收紧对地方宗族共同体控制的倾向。"（Zhang，

2010；章永乐，2014：28）

　　总之，汪晖的这种历史化方法正如黄宗智所言，是将理论主张解神秘化，在恢复到历史语境的同时，反过来为观照现实问题提供了新思路，为观察当代中国提供了替代性选择的可能（Huang，2008；黄宗智，2014：4—5）。由此我们可见，问题意识和历史化的结合，使得汪晖在坚持马克思主义的历史唯物主义基本原则的同时，还对其加以发展，使得历史经验能为现实探索提供启示。这也就是辩证法的精神，而汪晖对此的坚持是和总体性的分析结合在一起的。

二、辩证法与总体性的统一

　　国外学者在研读汪晖的著作时，注意到一种很强烈的辩证法色彩。这种辩证法是贯穿着《兴起》的主要线索，即一方面汪晖似乎在进行一种破除身份迷思的工作，但"破除"不等于解构主义的"拆解"，更不是虚无主义的"埋葬"，而是"不破不立"，因此，另一方面汪晖着重分析了"中国身份"的文化层面的形式连续性。例如，斯坦福大学讲座教授王斑指出，汪晖认为"中国人"这个概念总是包含着不稳定的政治内容；但与此同时他将中国的文化连续性放置在儒学及其各类变化形态中，因为在他看来儒学是道德价值和政治价值的连续不断的对话。于是，这种辩证性就表现为汪晖在把"中国性""去魅"的同时，在断裂和变化中发现其连续性（王斑，2014：89—90）。

　　这种辩证法的应用还表现在汪晖在分析中一直关注事物的两面性。例如，他既还原了宋朝儒学者建立的"天理"世界观的历史性，将其自然的神圣性解神秘化，又将其当中的进步因素作为批判检视现代性的资源。又如，汪晖既看到科学话语对现代国家、法律体系和个人权利的构成至关重要，又对作为现代性标志的科学普世主义进行了批判性剖析。国际学者注意到，即使是彻底揭穿为新自由主义奠基的理论家哈耶克的理论观点，汪晖也保留了他的思想中的合理因素。例如，日本学者石井刚注意到汪晖在《兴起》中指出哈耶克的方法论的个人主义及其"必然的无知"概念包含对古典经济学的尖锐批判，即"在被认为是自然而然的现象背后有一股人为的各种要素交错而成的复合力量"催生"必然的无知"的现象。就此而言，石井刚认为汪晖对哈耶克的这种批判"与其说要从根本处推翻哈耶克的思想，还不如说部分地接受其思想，甚至要在某些方面深化他的思想"（石井刚，2014：134—135）。

的确，汪晖对待现代性的态度是辩证的，这种辩证源于现代性本身的两面性，即马克思当年在《共产党宣言》里指出的资本主义作为新生的生产方式本身具有的两面性。美国西方学院教授戴震认为，在汪晖看来，现代性不是一个规范性的概念，而是自身悖论性地包含了内在的张力和矛盾，即对现代性的批判从现代性自身兴起。因此，对汪晖来说，对现代性不能采取整体性的态度，把它变成一个或者支持或者反对的无缝的总体。他进一步指出，这种态度将汪晖与中国后现代主义者区分开来，后者构建了"从现代性转向中国性"或"从现代转向后现代"的叙事；也使得汪晖与中国的自由主义启蒙学者区分开来，后者不加批判地拥抱西方资本主义现代性；两者都将现代性视为一个无张力的整体（Day，2011：144—145）。正是在这个意义上，在评论汪晖的英文论文集《革命的终结》时，英国诺丁汉大学当代中国研究学院的尼芙·贺拉斯

（Niv Horesh）和乔纳森·苏利文（Jonathan Sullivan）于 2014 年在
《中国报道》（*China Report*）上发表文章，评论汪晖论著中反复出现
的现代性及其与民族的关系：

> 不同于黑格尔学派的整体的、目的论的现代性概念，汪晖看到
> 了现代性是"悖论性的[和]包含内在紧张和矛盾"。因此，他拒绝了
> "现代性"可以简单地从一个语境（西方）转移到另一个语境（中
> 国）的观念。这些紧张和矛盾在中国现代性的描述中被恰当地概括
> 为"反现代的现代性"，其意思为反传统的观念伴随着反帝国主义
> 和反资本主义立场。与那些认为这一矛盾是自我毁灭性的自由主义
> 者相反，汪晖认为它是"现代性自我更新的源泉"。（Horesh & Sul-
> livan，2014：156）

实际上，这种辩证法的内核在于汪晖对"历史化"工作的深化
和发展。马克思主义的历史化的要义在于从具体的历史和社会语境
中解读观念和思想的产生和演变，这一点在上述汪晖对严复的解读
中我们已经可见一斑。但汪晖还同时着重分析了近代学人章太炎的
思想，后者与晚清以来在吸纳了西方先进思想的进步知识分子中流
行的集体性观念有很大差异。斯坦福大学王斑教授指出，汪晖看到
章太炎的独特的个性概念试图去除具有现代普遍意义的大规模组织
和制度的神秘性，包括在公理统摄下的所有整体性观念（如社会、
国家、进步、道德等）（王斑，2014：99）。在我看来，汪晖指出这
一点，已经进行了第一步历史化的工作。但与此同时，他还进行了
历史化的第二步，即以辩证法进行了阐释的升级。例如，王斑进一
步指出，汪晖认为章太炎的个性的观念并没有与独特的现代自我观

相混淆，因为自私自利、自我本位的个人正是在借公共道德的名义实现自我扩张（王斑，2014：100）。由此，历史化的第三步在于更深入地看到章氏所做的是根据佛教、道家和德国的哲学家费希特和叔本华的学说，将万物众生平等化，这给自治和每一个特别实体的发展提供了空间（王斑，2014：100）。这种"万物平等"或"齐物平等"的观念能给今天的世界留下不少启示，这就在原初马克思主义的"历史化"所意味的"还原"和批判的基础上继续前行，以辩证法的精神进行了再反思的推进。①

这种辩证思维还体现为汪晖的研究不是单向度的，而总是同时结合了对历史与现实、中国与西方、政治经济学与观念思想史、静态的结构与动态的过程、历史的"必然性"与偶然性等的思考。例如，芝加哥大学文哲凯（Jake Werner）教授认为："汪晖研究方法的关键是他对主流社会科学和历史学术的静态的'非政治化'概念范畴的批判，以及他对代替它们的关系性和动态性的概念的发展。"（Werner，2018，520）黄宗智曾经这样深刻总结道：

他的工作中总是具有一种历史的视野，或一种现实感（用汪晖自己的话说，就是一种"历史感"），它既是宏大的，又是具体的，既是历史的，又是现实的，既是中国的，又是西方的。也许可以进一步引申说，它同时包含了马克思和韦伯那样的宏大视野，既有社会-经济体制的观察，又有观念和思想的分析；既有对结构的洞

---

① 这也正是国际学者指出的，"汪晖在方法论上的独特选择"在于他指出的"仅仅研究一个对象是不够的，历史学家还必须'将这个对象从其作为对象的位置上解放出来'，以期形成一种主体间的对话（subjective dialogue），并形成一种能够据以审视思想方向的视野，或者用他的话说，'将（对象）转化为一种也许能够指导研究和思考的有效资源'"（Pozzana，2012）。

悉，又有对过程的细察；既考虑到了大的历史动力，又观察到了个人的能动性和历史的偶然性。正是这样的历史视野和现实感最终给汪晖的比较话语分析赋予了深度和力量。（Huang，2008；黄宗智，2014：8）

　　实际上，这就是一种"总体性"的视野和方法，这种总体性本身建立在其所研究的对象本身的总体性特征上。曾任加利福尼亚大学洛杉矶分校东亚语言文化系教授的胡志德指出，汪晖力图把世界历史作为一个整体来进行思考（胡志德，2014：294），加拿大渥太华大学的慕唯仁教授指出，汪晖强调资本主义是基于启蒙哲学和科学的整体化过程（totalizing process）（Murthy，2006，2014：242）；因此，不同于那些自由主义批评家逐渐失去了替代现代资本主义社会的思考能力，汪晖作为坚持马克思主义唯物主义辩证法的学者总是能够坚持总体性的批判和反思精神。

　　台湾东海大学社会学系的赵刚教授曾经比较了汪晖和美国俄勒冈大学德里克教授的共同点：作为历史研究学者，他们都不约而同地反对"后学"的历史性概念，共同呼吁对"全球资本主义"进行分析，都在进行一种批判的现代主义计划。在此之中，他们都意识到"当资本主义透过时空压缩、弹性生产在全球急速扩张的同时，我们必须警觉到一种新的、全球的权力结构的出现……要让这种浮现中的整体性霸权存在于我们所监控中的视野，那么就必须在认识上'保持某种结构与总体性意识以对抗断裂性与局部性'"（赵刚，2010；2014：96—97）。更具体而言，在赵刚看来，汪晖提出了一个包括了政治、经济和文化分析的整体观念：

　　汪晖并没有质疑分析马克思主义对社会不平等趋势所做的分析，但质疑它的整体观不够彻底，指责它仍然在"底层／上层建筑"的方法／暗喻下操作，没有赋予文化资本与生产足够的重视。在这个意义上，汪晖认为一个包含政治、经济与文化的整体观必须要被提出来，因为这三种资本在当代中国社会的现实操作是相互纠结穿透的。在透过对分析马克思主义的批判中，汪晖提出了它的批判的现代性计划中有关方法的最重要的原则，那就是一种整体论的方法；他呼吁"要在方法论的意义上寻找文化分析与政治经济学的结合点"。（赵刚，2010，2014：96—97）

　　也就是说，汪晖的研究的一个特点在于，他把政治经济学视野纳入到他对文化、社会和历史的考察中。[①] 这既是目前加速全球化时代对于学者的客观要求，也是马克思主义一直所强调的整体性视野和政治经济学原则的方法论的需要。

三、政治性与能动性的一致

　　通过鲜明的问题意识，深入到研究对象的历史性中，在坚持唯物辩证法与总体性原则的前提下，汪晖所最终达到的是贯穿研究过程的政治性与能动性的协调一致。正如胡志德在《亚洲想象的政治》的英文版导论所言："他的分析既是历史的、文化的，也是极其政治的，他认为所有的思考都包含着政治意识，政治意识促成了

---

① 赵刚指出："汪晖要把文化分析的有效性结合到政治经济学中（而非反之），以求建立一种'具有时代特点的政治经济学'。在能够保存理论和经验间的辩证关系与保存表面和内里之间存在落差的深度模型的前提下，把政治经济学、历史与文化在探知行动中整合起来。"（赵刚，2010，2014：96—97）

阐释的灵活性。"（胡志德，2014：294）

汪晖的政治意识贯穿其研究的始终，即使在他早期关于鲁迅的研究中也不例外。慕唯仁将日本著名的中国现代文学研究学者竹内好和汪晖做了全面的比较，指出了这一点：

尽管他们背景不同，但竹内好和汪晖都借鉴鲁迅，来发展一种与民族国家和资本主义相联系的叙事和过程作斗争的政治的新视野，都用鲁迅来对抗与资本主义和商品形式相关的理性化和官僚化。他们都援引了一种与先验资源相关的感觉或经验发展新的政治愿景。此外，他们都强调了政治实践的不稳定性，因为人们倾向于物化社会关系，从而使历史实践非政治化。在战后日本和后毛时代的中国，马克思主义者都支持一种进化史观，忽视了人的能动性和政治实践的时刻，从而表现出僵化。尽管鲁迅与社会达尔文主义有联系，但竹内好和汪晖都引用鲁迅对历史的进化史观进行批评。为了与反复出现的僵化威胁作斗争，他们都主张发动革命和重新政治化的辩证法。竹内好和汪晖最终都描述了一种螺旋式的动态，在这种动态中，人们不断地通过将政治带入一种与植根于他们认为非物化的来源的文学、超自然、民俗和其他领域的紧张关系来复兴政治（Murthy，2016：515）。

与此同时，章永乐也指出汪晖与鲁迅一样，"抛弃了基于线性时间观的过于简单的进步观念，并且质疑隐藏在诸如'发展'或'和谐'这些形形色色的口号与面具之后的支配关系"（Zhang，2010；章永乐，2014：18）。

这种政治性首先体现在揭穿西方理论话语的历史性霸权。例如，美国西方学院历史系和亚洲系戴震教授看到在《兴起》一书中：

> 他用"多互动视角"反驳了世界历史和现代性的普遍进步概念，其中现代性不是不可避免地把世界克隆成西方资本主义现代性的西方的产物，而是最初是不同社会相互作用的产物。只是由于一系列非常偶然的原因，西方模式才占据主导地位。这意味着即使在今天，西方资本主义模式也不应被视为不可避免的现代化的终点。（Day，2011：143）

因此，他认为汪晖的工作旨在揭示在讨论中国现代思想时，关键的西方观念范畴是如何成为霸权的。

易言之，通过这种历史化工作，汪晖揭示了西方资本主义模式的历史性。这种模式包括了经常被反社会主义者称为社会主义"致命的自负"的所谓"科学主义"。慕唯仁指出，汪晖强调，要充分理解科学主义，只有将它与现代化和资本主义的潜在进程联系起来才有可能（Murthy，2006；慕唯仁，2014：237）。斯坦福大学王斑教授评价说，汪晖在这一联系中暴露的"市场自由"的暴力性一面，就其深刻性而言，不止是一种历史性的分析，而且还是当今"批判自由主义全球化的寓言"（王斑，2014：107）。

这种对"科学主义"真实性质的剖析，使得汪晖所坚持的研究方法和原则的政治性也得以显露。芝加哥大学东亚语言与文明系教授文哲凯指出，汪晖扬弃实证主义方法，代之以政治性分析："汪晖声称，那种将政治性内容从我们的分析范畴中剥离的欲望，以及将其与他们声称从概念上把握，并进而使这些概念范畴'客观'的历史行为者的主体性相分离开的欲望，在很大程度上与20世纪70年代以来在中国和世界其他地区取得主导的非政治化（浪潮）有关。"（Werner，2018：521）换句话说，正如胡志德在评论汪晖研究方法时所说的那样，汪晖总体著作的显著特征在于，他强调在任何时候思考政策为什么被采纳以及它如何运作时，必须考虑政治经济学的政治层面，以及经济政策的政治基础（Huters，2003：29）。

这种政治性还体现在汪晖对亚洲的重新想象上所坚持的政治性分析原则，而这承继了其对自由市场原教旨主义的批判。韩国学者赵京兰指出，汪晖认为由于亚洲概念是与欧洲相互作用而产生的，因此亚洲话语也应该在全球的联系中、在具体的历史关系与地区的实践中展开。换句话说，排除"以资本、战争、殖民地、革命和民族主义等为内容的亚洲历史基础与现实条件的亚洲论只是虚构"（赵京兰，2014：170—171）。斯坦福大学王斑教授指出汪晖在揭示全球化掩盖了不平衡发展，并无限延长了以剥削为本质的殖民主义体系后，在主权国家相互合作的基础上重新想象亚洲联盟，回到了第三世界建设独立于新自由主义和帝国主义的共同体和经济体的构想（王斑，2014：107）。瑞士苏黎世大学哲学系韦宁（Ralph Weber）教授尤其看到了这一点：汪晖的亚洲新想象的独特性"来自内在的'社会力量及其相互关系'，而只有采取社会革命的视野，并用一种动态的和'政治的分析'来看待国际关系与不同社会的内部关系时，这种独特性才是可见的"；而采用社会革命的视角意味着拥抱一种政治视野："在汪晖看来，'政治的视野既需要将认知者的主体置于这一视野内部，又需要从这个视野中分辨出不同的能动的主体，进而寻找敌友，判断社会的发展方向'。"（Weber，2009；韦宁，2014：262）

　　这种"鉴别敌友"本身如毛泽东和施密特所言，是政治的首要问题；在学术研究中，则意味着在资本主义的统治中，从历史发展和现实经验上寻找革命性的出路，即意味着主体性和能动性。例如，韦宁看到汪晖在孙中山和列宁那里看到了以革命视野看待亚洲社会特性的构想："在这个视野里，构成亚洲之为亚洲的不是从儒学或某种文明类型中抽绎出来的文化本质，而是亚洲国家在世界资本主义的体系中的特殊位置——这个特殊位置不是产生于对世界资本主义的结构性的叙述，而是产生于有关亚洲社会内部的阶级构成和历史传统的动态分析。"（Weber，2009；韦宁，2014：262）因此，这种政治性并非简单的霍布斯般的社会达尔文丛林中的敌我对立，也不是施密特左派的"分清敌我"，而是具有独特内涵的、超越国家主义和民族-国家的国际关系的框架；"亚洲社会内部的阶级构成和历史传统的动态分析"实质上指向了亚洲共同的反殖民主义、反帝国主义乃至共同的社会主义革命经历。例如，汪晖赞赏孙中山最终超越国家-帝国的框架去思考革命政治中"能动主体"形成的条件（Weber，2009；韦宁，2014：261）。

　　由此，韦宁看到汪晖反对20世纪70年代以来的"去政治化时期"将国家与政治等同，即国家机制将能动的主体性或主体的能动性纳入"国家理性"和全球市场的轨道之中，而是认为应该以一种社会革命的视野，将政治看作存在于不同的能动主体之间，而超越了单纯的以国家为单位的政治（Weber，2009；韦宁，2014：262），这实际上指向了自列宁以降至毛泽东的社会主义国际主义观念。恰如章永乐点明的那样，在汪晖具体阐释的"去政治化的政治"的概念里，后一个政治指向的是将政治作为权力与利益斗争的日常理解，但前一个政治却暗含着一个规范性的政治性概念，即指向公共领域中的能动的主体性和行动（Zhang，2010；章永乐，2014：45）。因此，汪晖所呼吁的"再政治化"即意味着在今天新自由主义主导的世界里，恢复马克思主义倡导的革命能动性。

实际上，汪晖主张的这种主动性或主体性正如日本学者石井刚所言，是试图使人们思考主体怎样能够得以存在并面对世界进行认识活动。因此，他不无道理地指出"寻求将历史与个人的关系诠释为能动的主体运动之可能性，才是汪晖批判现代性的意义所在"（石井刚，2014：131）。这种"主体性"不能被误解为基于民族主义（不管是政治民族主义还是文化民族主义）或沙文主义的自负，因为汪晖从来没有排斥吸收外来有益文化的立场。国外学者也看到了这一点，如韩国学者赵京兰指出，在汪晖那里，"主体化"与只依靠中国的传统来设计人类未来的文化民族主义者和亚洲价值论者所说的"主体化"不同，与梦想体现出中华性、成为新的中心的所谓"后现代学者"的"主体化"不同，也与追求学问本土化的一群知识分子也略有不同，因为汪晖认为在东西学术传统相互渗透的情况下，只要对历史有效解析的目的意识明确，区分其发源地并非必要。因此，她认为汪晖的立场是"反主体化的主体化"（赵京兰，2014：154）。

这种对在"历史必然性"之外的能动性的坚持，使得汪晖在具体研究中，坚持和发展了马克思主义的历史唯物主义和辩证法。例如，诸多学者都注意到在《兴起》一书中，汪晖所着重阐释的概念范畴"势"的意义相当于"历史的能动性"。哈佛大学王德威指出，汪晖的这个概念"意指宇宙天地变化、各种权宜之计和人类与偶然事件互相作用并对其进行控制的能力"（王德威，2014：113）。意大利博洛尼亚大学的鲍夏兰和鲁索认为"时势"这一范畴"可以让你将时间性视为一个由主体特性所构成的领域，由此来对其进行思考……'时'只能'存在'于人类主体与'势'保持一种直接关系的能力之中……时间只存在于人类主体现实地应对由各种力量、趋势和立场（势这个词所表达的所有术语）所构成的特定事态，以及将阻碍改造为展现其自身存在的独特情形的那种能力之中"（Pozzana & Russo，2012）。日本学者石井刚也认为这个概念能赋予人实践性，他指出在汪晖那里，"势"不同于进化论自然观，也完全不同于"科学主义"的认识方式，而是有错综复杂的人为因素；正因如此，它"不同于由某种目的组成的理性精神，也不同于在商品的差异和交换之原则上必然开展的异化的历史过程"（石井刚，2014：135—136）。

与"势"相对的，是重新定义中国传统思想中"生生"的概念。在阐释汪晖的《兴起》一书书名的"兴起"一词与时势及能动性的关系时，章永乐强调了这一被重新阐释的范畴："'兴起'是两种力量——时势与人的能动作用的结果。时势的变异使得已确定的看法和实践变得过时，人的能动作用则将新的观点与实践带入现实。因此，'兴起'应当被理解为'生生不息'意义上的'生生'。"（Zhang，2010；章永乐，2014：22）这种"生生"是中国哲学的特定说法，在此被进行了新的阐释，赋予了新的内涵。在此意义上，加利福尼亚大学大学洛杉矶分校的胡志德教授也强调，汪晖总结出的"时势"这一概念赋予了旧思想的新职能以活力和灵活性，把思考的历史世界从观察对象的位置上解放出来转变成一种视角，借以反思并构想一种完全不同的现代世界（胡志德，2014：295）。正是借助这些重新阐发的概念，汪晖试图探讨一种与资本主义现代性不同的、更好世界的另类道路。

四、结语

汪晖的探索无疑对国际思想界和学术界产生了重要影响。正如国际学者普遍观察到的那样，汪晖的研究突破了思想史研究的规范，注重思想与社会间的互动关系。他将知识界的理论阐释与实践中的制度创新和社会民主相关联，并试图让它们彼此互动，从而在对总体的社会关系结构的把握中，寻找批判性的理论与实践的可能。

鉴于汪晖在国际学界上代表中国发声的举足轻重的地位，他在学术研究上的动向持续引起国内外学界高度关注，美国马凯特大学的麦康勉（Barrett McCormick）教授极力向国际学界推荐他的理论和现实思考："那些想理解当代中国思想辩论的学者需要阅读汪晖。他的很多关注点，包括中国日益增长的不平等现象，值得我们密切关注。他的一些创造性的解释应该在英语世界里被更广泛地采用。"（McCormick，2006：148）而国外学界的上述评介对于国内学者树立文化自信与理论自信，也提供了有益的借鉴和参考。

参考文献

胡志德，2014，《〈亚洲想象的政治〉英文版导论》，《理解中国的视野》，何吉贤、张翔编，东方出版社。
黄宗智，2014，《探寻中国的现代性》，《探寻中国的现代性：汪晖学术思想评论集》，何吉贤、张翔编，东方出版社。
慕唯仁，2014，《两种现代性的故事——汪晖的现代中国思想谱系》，《探寻中国的现代性》，何吉贤、张翔编，东方出版社。

石井刚，2014，《知识生产·主体性·批评空间》，《探寻中国的现代性：汪晖学术思想评论集》，何吉贤、张翔编，东方出版社。

王斑，2014，《在历史中发现启蒙——阅读汪晖的〈现代中国思想的兴起〉》，《探寻中国的现代性：汪晖学术思想评论集》，何吉贤、张翔编，东方出版社。

王德威，2014，《理、物、势的多重变奏——阅读汪晖〈现代中国思想的兴起〉》，《探寻中国的现代性：汪晖学术思想评论集》，何吉贤、张翔编，东方出版社。

王晓平，2023，《反思海外中国学与学术主体性——国外学界对汪晖学术思想的接受与评价》，《中国比较文学》第2期。

韦宁，2014，《论汪晖对亚洲和欧洲的重新想象——汪晖〈现代中国思想的兴起〉中的章太炎论所引发之思考》，《探寻中国的现代性：汪晖学术思想评论集》，何吉贤、张翔编，东方出版社。

章永乐，2014，《过去之未来——评汪晖〈现代中国思想的兴起〉》，《探寻中国的现代性：汪晖学术思想评论集》，何吉贤、张翔编，东方出版社。

赵刚，2000，《如今，批判还可能吗？》，《台湾社会科学集刊》总第37期。

赵刚，2014，《如今，批判还可能吗？》，《理解中国的视野》，何吉贤、张翔编，东方出版社。

赵京兰，2014，《中国知识分子的现代性论述与亚洲构想》，《理解中国的视野》，何吉贤、张翔编，东方出版社。

Day, Alexander 2011, "Depoliticization and the Chinese Intellectual Scene." *Criticism* 53(1).

Duara, Prasenji 2008, "History and Globalization in China's Long Twentieth Century." *Modern China* 34(1).

Horesh, Niv & Jonathan Sullivan 2014, "Examining The End of Revolution." *China Report* 50(2).

Huang, Philip C. C. 2008, "Review Article: In Search of a Chinese Modernity." *Modern China* 34(3).

Huters, Theodore 2003, "Introduction." In Theodore Huters (ed.), *China's New Order: Society, Politics and Economy in Transition*. Cambridge: Harvard University Press.

McCormick, Barrett 2006, "Review of China's New Order." *The China Journal* 55.

Murthy, Viren 2006, "Modernity Against Modernity." *Modern Intellectual His-*

tory 3(1).

Murthy, Viren 2016, "Resistance to Modernity and the Logic of Self-Negation as Politics: Takeuchi Yoshimi and Wang Hui on Lu Xun." *Positions* 24(2).

Pozzana, Claudia, Alessandro Russo & Michela Duranti 2012, "Circumstances, Politics, and History: Reading Notes on Wang Hui's General Introduction'to The Rise of Modern Chinese Thought." *Positions* 20(1).

Weber, Ralph 2009, "On Wang Hui's Re-imagination of Asia and Europe." *Europa Regional* 17(4).

Werner, Jake 2018, "Review of China's Twentieth Century." *The Journal of Asian Studies* 77(2).

Xu, Xiaohong 2015, "Review of China from Empire to Nation-State." *Asian Journal of Social Science* 43(6).

Zhang, Yongle 2010, "The Future of the Past." *New Left Review* 62.

洪泽 . 演化社会科学 : 历史、现状和展望[M]//赵联飞, 赵锋 . 社会研究方法评论 : 第 4 卷 . 重庆 : 重庆大学出版社 .

演化社会科学：历史、现状和展望

洪　泽①

摘要：近一个世纪以来，西方社会科学迅猛发展，各学科形成了不同的研究内容和范式。本文对其中一个重要的方法论流派"演化社会科学"进行了系统的阐述和分析，回溯其历史及发展现状，并通过对"人口转型"这一经典案例的分析，详细解读了演化社会科学内部不同学术分支的异同。最后，本文讨论了演化理论未来发展的方向，以及演化方法成为现代社会科学中"聚合力"的可能性。

关键词：演化社会科学；演化人类学；演化经济学；基因－文化共同演变

Abstract: During the past century, social sciences in the West have undergone rapid development and formed different disciplinary research focuses and paradigms. This paper systematically examines an important methodological school "evolutionary social science" by reviewing its intellectual history and current development, and closely analyzes the classic case study, the demographic transition, to compare and contrast differ-

① 作者简介：洪泽，澳门大学社会学系助理教授。联系方式：zehong@um.edu.mo。

ent evolutionary approaches. Towards the end of the paper, I discuss potential future directions for evolutionary social science as well as the possibility for evolutionary approaches to become the "unifying force" in contemporary social scientific studies.

Key words: Evolutionary Social Science; Evolutionary Anthropology; Evolutionary Economics; Gene-Culture Coevolution

一、演化理论在社会科学中应用的简史

提及演化论[①]，便不得不提及达尔文。事实上，在达尔文之前，一些学者[②]的社会理论中已经出现了"演化"的影子。这些理论的共同点在于将人们在某个时间点所观察到的社会文化现象解释为此前某些自发的、无组织的长期过程运行的结果（Nelson，2007）。举例来说，孟德维尔（Mandeville，1989/1806）将战舰技术的发展描述为多年来不断修改和改进的积累；休谟（Hume，1739）提出，类似的过程塑造了他那个时代盛行的法律和政治制度。达尔文的天才之处在于他明确地提出了一个过程长期运行而导致变化的机制（mechanism）：差异、遗传和选择。自然变异所产生的个体之间的性状（phenotype）差异导致有一些个体能够产生更多的后代，由于这些性状是可以遗传的，那些对于产生下一代有益的性状就会在群

---

①中文世界里有时也用"进化"这个词来翻译"evolution"，但为了避免"进化"一词中"改善、进步"的引申义对读者造成的误导，本文中统一使用"演化"一词。

② 如果给"演化"赋予"变化"这样更广的涵义，相关的学说则可以追溯到亚里士多德，甚至前苏格拉底的哲学家（Sloan，2019）。

体中逐渐增加。换句话说，这些有益的性状就"被选择"了。我们常听到的"自然选择"（natural selection）即描述了这一机制。

　　当然，达尔文在其著作《物种起源》（*On the Origin of Species*）中提出的演化论原理，主要是用来解释非人类的生物演化，但是人们马上就意识到这一理论对于人类演化意味着什么。虽然激起宗教界人士的一堆反对之声，但是达尔文所提出的自然选择的机制也鼓舞了一大批学者将演化论原理应用于人类社会中，而其中最著名的应用莫过于优生学（eugenics）。优生学的奠基人弗朗西斯·高尔顿是达尔文的表弟，是19世纪少见的学术全才（今天我们统计学中常见的线性回归即为高尔顿首先提出）。达尔文的《物种起源》激起了高尔顿在人类遗传学方面的浓厚兴趣，而高尔顿也以自然选择作为理论基础做出了很多在遗传机制方面开创性的工作（Gillham，2001）。但是从我们今天的眼光来看，高尔顿的主要问题在于他是一名（用现在的话来说）"遗传（heredity）[①]决定论"者。和当时许多受达尔文自然选择学说影响的学者一样，高尔顿过分看重遗传的作用，并倾向于把所有人类个体之间身体和心智的差异归结于遗传而忽略环境的影响。由于人口转型（在工业化基本完成以及经济快速发展的背景下，受教育程度高的富人的生育率降低，而受教育程度低的穷人的生育率相对升高）在20世纪初已经初现规模（Soloway，2014），在当时的优生学家看来，如何避免人类个体及社会的退化（degeneration）是一件关系到国家甚至人类作为一个物种存亡的头等大事。这种焦虑在第一次世界大战之后尤其加剧（Carr & Hart，2012；Turda，2009），原因很简单，参加战争的士兵

[①] "基因"一词直到1909年才被丹麦植物学家威廉·约翰森（Wilhelm Johannsen）提出。

被认为是相对于同龄人更优秀的（即身上有可遗传到下一代的优良性状），而战争所导致的士兵伤亡则会扰乱自然选择的"适者生存"的逻辑。因此，整个"一战"到"二战"的时间里优生学在西方世界迅猛发展。现在美国著名的生物医学研究中心冷泉港（cold spring harbor）以及高等教育学府哈佛大学（Harvard University）都曾是优生学研究的重镇（Allen，1986；Fiorito，2019）。在纳粹德国，优生学的应用被推到一个前所未有的新高：数百万人因种种原因被认为"低等"而被杀害或被限制生育（Sear，2021）。"二战"以后，优生学也受其牵连被彻底污名化。需要指出，虽然"优生"这个词在中国通常是用在正面的语境中（如"少生优生，幸福一生"），但"eugenics"在当代西方社会中由于其和纳粹的联系而含有绝对的贬义。

　　当达尔文专注于他对于生物演化的研究时，同时期的很多学者也开始了对于人类社会演化（social evolution）的思考。这一时期的社会演化理论尤其强调人类社会在发展过程中的"进步"（progress），如人类学的先驱爱德华·泰勒（Edward Tylor）就明确提出所有的人类社会都经历了相同的由低级到高级的演化阶段，因而研究世界其他地区仍处于低级形态的文明可以有助于理解高级形态文明（如欧洲文明）的历史（Tylor，2010/1871）。另一位人类学的早期学者路易斯·亨利·摩尔根（Lewis Henry Morgan）更是具体地把人类社会从最低级的野蛮形态到最高级的文明形态的发展过程分成了七个阶段，而从其著作的全名《古代社会，或人类从蒙昧时代经过野蛮时代到文明时代的发展过程的研究》（*Ancient Society, or, Researches in the lines of human progress from savagery, through barbarism to civilization*）我们可以清楚地看出摩尔根对于社会演化的一种

"进化"理解（Morgan，1877）。英国著名的社会理论家赫伯特·斯宾塞（Herbert Spenser）更明显地受到达尔文的影响（他在读了达尔文的著作之后创造了"适者生存"[survival of the fittest] 这个词组，并被达尔文在1869年的《物种起源》第五版中采用），并将生物个体演化和人类社会演化进行了直接比较（Mitchell & Peel，1973）。斯宾塞认为人类社会可以被看成一种超级生物体，而将这种超级生物体作为选择的单位（unit of selection），自然选择的逻辑仍然成立。在不同社会之间的竞争中强者将淘汰弱者，而人类社会便可以在这种弱肉强食的状态中不断地提升改进。斯宾塞的理论在当时被用来为自由放任资本主义（laissez-faire capitalism）和国家最小化（minimal State）提供支持，这些观点在20世纪中期也被叫作"社会达尔文主义"（Social Darwinism）（Weikart，2009）。

　　和优生学一样，这些早期的社会演化理论在当代西方主流学界早已失去了当年的荣光，并被或多或少地污名化。今天我们所说的"演化社会科学"（evolutionary social sciences）实际上是对应用演化论来对人类行为和文化现象进行学术研究的一个非常笼统的方法论的总称。① 这里的方法论并非哲学意义上的认识世界的基本原则，而是一种解答问题的方式（approach）或视角（perspective）。与强调应用的优生学和社会达尔文主义不同，现代的演化社会科学家对人类行为和文化现象的解释更倾向于"价值中立"（value free）。这种新的演化社会科学依赖于20世纪中后期演化生物学理论的显著

---

① 在英文世界中，evolutionary social sciences 有时又特指社会生物学的现代分支，即和"演化人类学"含义类似（Smith et al.，2001）。

的发展。这一阶段的演化理论研究的特点在于数学论证[①]的广泛应用，以及用抽象的模型来描述和解读某些特定情境下的演化逻辑。威廉·唐纳德·汉密尔顿（William Donald Hamilton）、约翰·梅纳德·史密斯（John Maynard Smith）、乔治·普莱斯（George Price）等是这一时期的典型代表。其中汉密尔顿率先提出了广义适合度（inclusive fitness）的概念用来解决进化生物学里"利他"（altruism）的难题，史密斯从经济学里引入博弈论（game theory）来理解生物个体之间的"策略互动"（strategic interaction），普莱斯则提出了以其名字命名的普莱斯方程，用来描述性状在群体里一代一代变化的规律（见罗力群 [2016，第六章] 对这一时期西方演化理论的详细介绍）。然而，这些理论的解释范围基本限于非人类的动物，真正将演化理论率先应用于人类行为的应该是哈佛大学的生物学家爱德华·奥斯本·威尔逊（Edward Osborne Wilson）。威尔逊在其开创性的著作《社会生物学：新的综合》（*Sociobiology: The New Synthesis*）的最后一章里明确指出了用演化生物学理论来解释人类社会行为和文化现象的可能性。"Sociobiology"通常的中文翻译"社会生物学"让它听起来像是社会学的一个小分支，但是社会生物学的核心理论是彻头彻尾的演化生物学理论，社会生物学家基本可以被看成是对人类行为感兴趣的动物行为学家。事实上，威尔逊的《社会生物学：新的综合》大部分时间都是在讨论动物行为，只是在最后一章的时候好像是"忘记了刹车"（蒋湘岳，2008）。

    社会生物学从一出现就引起了极大的争议，争议的关键点在于

[①] 需要特别指出的是，这种数学模型并不涉及数据，是一种通过数学演绎得到的"概念证明"（proof of concept）式的分析模型。对于这种模型在演化理论中的价值和应用，参见塞尔韦迪奥等的著述（Servedio et al.，2014）。

演化理论是否可以对复杂的人类行为提供满意的解释。很多批判者指出社会生物学只不过是"另一种生物决定论"（Lewontin，1980），并将其和已经被污名化的优生学和社会达尔文主义理论联系在一起（Gould et al.，1996；Sahlins，1976）。学界对于社会生物学的激烈反应还在一定程度上反映出当时西方（尤其是美国）复杂的政治和意识形态斗争：如果人性在很大程度上取决于无法轻易改变的基因，那么人类社会中的政治和经济现状（如不平等）就可以被合理化。直到今天，西方学界对于威尔逊和社会生物学的评价仍然没有盖棺定论，① 但是无人能否认其学说造成的强烈而深远的影响。从某种意义上说，虽然"社会生物学"这个词由于其争议性也被污名化了，② 但是社会生物学的理论已经在事实上被很多社会科学研究者所接受（Hagen，2015），并逐渐形成了成熟的研究范式（如下节会提及的演化心理学和人类行为生态学）。

罗力群在其2016年的著作《进化社会科学导论》中详细介绍了演化社会学、演化人类学、演化心理学和演化经济学这四个当代演化③ 社会科学的分支。笔者在本文中也将大体遵循此分类方式，但会结合自己的学术背景和对西方当代学界的了解对这些学科进行有侧重点的综述。其中，演化人类学会被细分为人类行为生态学和

---

① 威尔逊于2021年12月26日逝世。三天之后，美国著名科普网站"科学美国人"（Scientific American）发布了署名文章指责威尔逊学说中的"科学种族主义"（scientific racism），此文遭到了众多演化生物学家和演化人类学家的强烈反对。

② 今天，没有学者会公开承认自己是一个社会生物学家。很多学术期刊在20世纪90年代也通过改名来撇开和"社会生物学"的直接联系。例如，演化心理学的旗舰期刊就在1996年由《行为学和社会生物学》（*Ethology and Sociobiology*）改名为《演化和人类行为》（*Evolution and Human Behavior*）。

③ 罗力群（2016）遵循了中国学术翻译的传统，采用了"进化"而非"演化"来翻译"evolution"。

基因-文化共同演变（或文化演变），并不对"演化社会学"进行单独讨论。这是因为"演化社会学"实际算不上一个传统意义上的学科，它既没有自己的专业组织也没有自己的期刊（见图1各个演化社会科学分支学科在谷歌学术和科学引文索引的关键词搜索返回数量）。自称"演化社会学家"的学者在绝对数量上要远远少于其他分支，而在学术文章中出现的"演化社会学"通常指的是单个社会学家应用演化论所进行的一些社会现象研究。与之形成鲜明对比的是，演化心理学已经在主流心理学界成为了一支不可忽视的学术力量，拥有自己的专业组织、期刊和年会，很多其他分支的心理学家也会在自己的研究中或多或少地加入演化解释。演化人类学与主流的社会文化人类学在研究方法上有根本的差别，形成了自己相对独立而繁荣的学术领域。演化经济学虽然还算不上主流的经济学（Hodgson，2019），但是也有自己的一席之地。我们将在下一节对这些演化社会科学的学术分支进行更详尽的介绍。

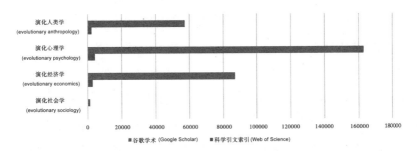

注：图1展示了科学引文索引（Web of Science）和谷歌学术（Google Scholar）对关键词"evolutionary anthropology""evolutionary psychology""evolutionary economics"和"evolutionary sociology"的搜索结果返回次数。相比于其他演化社会科学分支，演化社会学几乎可以忽略不计。

图1　各类"演化"社会科学在学术文献数据库中出现次数的比较

二、演化社会科学的当代学术分支

（一）人类行为生态学

从学术理论传承的角度来讲，人类行为生态学（human behavioral ecology）、演化心理学（evolutionary psychology）以及基因-文化共同演变（gene-culture coevolution）可以算是社会生物学的直系子嗣（Driscoll，2022）。其中，和社会生物学关系最直接的是人类行为生态学。实际上，社会生物学本身从严格意义上讲就是一种"行为生态学"（behavioral ecology），即从演化论，尤其是适应（adaptationist）的角度来理解动物行为。人类行为生态学家便是从演化论的角度来研究人类行为是如何适应其所在环境的。理论上，人类行为生态学强调：1）人类行为的灵活性（flexibility）和可塑性（plasticity）[①]；2）人类个体行为的"最优性"（optimality），即人类在某些特定环境中的行为是如何最大化其适合度（fitness）的（通常用繁殖成功率 [reproductive success] 来测量）。方法上，大多数人类行为生态学的实证研究都是以远离西方文明的小规模社会（small-scale society）作为研究对象，并通过大量的数据搜集和分析来检验通过数学模型所得到的假说。这种工作一般是用来说明人类个体在某一个环境中表现出的行为（在几个不同的行为选择中）是最有利于增加繁殖成功率的。

需要指出，人类行为生态学经常使用"表型策略"（phenotypic gambit）的假设。表型策略是一个演化生物学的概念，指的是在研

---

① "表型可塑性"（phenotypic plasticity）是演化生物学里的术语，指生物体的行为、形态、生理因其所处独特环境而发生的表现型的差异。

究表型的时候可以忽略遗传学并直接通过分析表型的适应性以确定生物种群的演化动态（Rubin，2016）。研究行为时，这个假设意味着研究者可以跳过中间机制直接研究选择压力（selective pressure）和行为的关系。这种将行为决策机制看作"黑箱"（black box）并将其无视的研究方法遭到了很多诟病（Mulder，2013），并成为了区分人类行为生态学及其兄弟学科演化心理学的一个关键点。

（二）演化心理学

如果单论学术影响力，当代演化社会科学中最成功的应该是演化心理学。威尔逊自己在《社会生物学：新的综合》的二十五周年再版的导读里也指出"社会生物学现在也被叫作演化心理学"。事实上，演化心理学有着和社会生物学显著不同的侧重点。社会生物学的主要解释目标是行为（在这一点上人类行为生态学和社会生物学更加接近），而演化心理学的主要解释目标是心理机制（psychological mechanism）。[1] 在演化心理学家看来，自然选择所选择的并不是行为本身，而是这些导致行为的心理机制。这些心理机制有时又被称为"模块"（module），常常被描述成人脑在长期演化历史中所形成的解决某些频繁出现的问题的"心智算法"（mental algorithm）（Cosmides & Tooby，1992）。演化心理学认为不同模块之间相互独立，并常常强调这些模块是"特定的"（domain-specific），即一个模块解决某一特定种类的问题。这些问题具体是什么呢？圣

---

[1] 在近期演化心理学的文献中，这种心理机制通常被描述成一种"计算机制"（computational mechanism），参见巴雷特等的著述（Barrett et al.，2014）。

芭芭拉（Santa Barbara）学派的狭义演化心理学[①]有一个非常明确的答案：这些问题是人类祖先在更新世（Pleistocene）[②]时期生存和繁衍所遇到的适应性问题（adaptive problems），如亲属识别（kin detection）（Lieberman et al.，2007）、求偶策略（mating strategy）（Buss，1996）、社会交换（social exchange）（Cosmides & Tooby，1992）等。这些问题有的在今天的社会仍然存在，但是很多已经在现代生活中不再重要甚至不存在了。因此，演化心理学里常见的一种解释就是"演化错配"（mismatch），即由于人类在石器时代演化出的心理机制适应那个时候的自然和社会环境，而现代人类和彼时极大不同的生活环境使这些心理机制常常"失火"（misfire）。一个经典的心理机制在不该触发的时候被触发的例子是现代人对无亲缘关系者的利他行为。图比等（Tooby et al.，1996）提出，在人类祖先的生活环境中，绝大多数人与人的交流都出现在有亲缘关系和互助可能的个体之间，所以我们利他的倾向在那时是适应环境的（增加个体的生存和繁衍概率），而现代社会环境的一个标志性的特点是许多只有一面之缘的陌生人之间的互动，这种环境的变化导致我们在久远的过去演化出的利他性倾向在现代社会不再适应环境。[③]

和人类行为生态学不同，演化心理学的研究对象一般是当代大

[①] 即约翰·图比（John Tooby）和莱达·考斯迈德斯（Leda Cosmides）在加利福尼亚大学圣芭芭拉分校所创立的演化心理学流派。这两位学者对于演化心理学的发展有着极其重要的影响，而圣芭芭拉学派演化心理学也常常用首字母大写的"Evolutionary Psychology"来表示。

[②] 更新世时期约为距今一百七十万至一万年前。

[③] 关于人类对于陌生人的利他行为有多种演化论的解释，学界至今仍无定论。对于此问题现状的介绍，参见弗莱里克的著述（Vlerick，2021）。

学生群体。这是因为演化心理学所感兴趣的是一般性，是全人类共有的心理机制，而非不同地区人类的行为差异。这两派学说的共同点则是强调"先天"（innate）因素对人类心理和行为的影响。当然，这并不是说演化心理学家完全忽视后天文化因素的作用，而只是因为：1）演化心理学家所关注的性状大多是先天因素占主导的心理和行为倾向；[①] 2）进行跨文化研究的演化心理学家一般认为文化现象并不是随机出现的，不同地区的文化差异常常可以用演化论原理来解释（Apicella & Barrett，2016）。换一种说法来讲，很多人类文化差异是被不同的生态和社会环境所"诱发的"（evoked），在这一点上演化心理学和人类行为生态学是站在同一战线的。在下一小节，我们将系统地介绍将文化信息的传播作为理论核心的演化社会科学方法。

（三）基因-文化共同演变（或文化演变）

在《社会生物学：新的综合》出版的同时期，一些群体基因学家（population geneticist）开始对人类文化信息（cultural information）的传承产生兴趣，[②] 并尝试将文化信息本身作为选择单位，应用达尔文的理论来研究其在人类群体中的动态演变。需要注意，这种研究方法与前文提到的人类行为生态学和演化心理学的根本区别在于这里是借用达尔文演化论的逻辑来研究一个和生物性状遗传非常不同的实体：文化信息。"文化信息"指的是通过"社会学习"（social learning）所获得的信念、价值观、技巧、态度等（Richer-

---

① 笔者在美国曾遇到演化心理学的博士生半开玩笑地说得克萨斯大学奥斯汀分校的演化心理学研究"一半的学者研究求偶策略，另一半研究合作策略"。

② 实际上威尔逊自己很快也意识到了文化传播的重要性，并在1981年出版了《基因、心智和文化》（*Genes, Mind and Culture*）一书。

son & Boyd，2005）。事实上我们也能很容易地看出，演化论的核心"差异-遗传-选择"和生物并没有必然的联系，任何满足"差异-遗传-选择"的实体都可以用演化论来描述并解释其在群体层面的变化。生物性状遗传渠道只有"父母-子女"，而文化信息因为可在毫无亲缘关系的个体之间传播，则拥有更复杂的传播模式（Creanza et al.，2017）。由于人类个体的性状是由基因和文化环境共同决定的，其性状演变会产生与经典群体遗传学非常不同的情况。[1] 这一学派的早期研究极为依赖数学模型，[2] 如卢卡·卡瓦利-斯福扎（Luca Cavalli-Sforza）和马尔克·费尔德曼（Marc Feldman）1981年的《文化传播和演化》（*Cultural Transmission and Evolution*）以及罗伯特·博伊德（Robert Boyd）和彼得·里彻森（Peter Richerson）1985年的《文化及其演化进程》（*Culture and the Evolutionary Process*）几乎从头到尾都在利用数学模型来进行论证。从现在（2023年）的角度来看，博伊德和里彻森的书无疑是更有影响力的。根据谷歌学术的统计，《文化及其演化进程》这本书被引用超过一万次，[3] 他们的学生们（如哈佛大学的约瑟夫·亨里奇 [Joseph Henrich]）成功地继承并发展了书中的核心理论。在博伊德和里彻森的理论框架中，人类社会学习的能力（也叫作"文化能力"，cultural capacity）是自然选择得到的基因层面的能力。由于这种社会学习

---

① 因为比经典群体遗传学里的没有文化信息传播的生物个体多了一个传播渠道，此派学说又被叫作"双遗传理论"（dual-inheritance theory）。

② 威廉·德拉姆（William Durham）1991年的《共同演化：基因、文化和人类多样性》（*Coevolution, Culture, and Human Diversity*）是一个例外。但是德拉姆在此书出版之后就很少再涉及文化演变的学术讨论了（罗力群，2016）。

③ 相比之下，《文化传播和演化》被引用五千余次，威尔逊的《基因、心智和文化》被引用三千余次，另一部这一领域的经典作品，威廉·德拉姆的《共同演化：基因、文化和人类多样性》也被引用三千余次。

能力的存在，我们能够通过和他人的信息交流来获得对自己生存和繁衍有益的信息。《文化及其演化进程》的一个主要目的就是通过数学模型来推断出人类个体会演化出什么样的信息传播或社会学习偏差（bias）。这里，"社会学习"指的是学习者通过选择群体中的"榜样"（model）并模仿其携带的"文化变体"（cultural variant，即在群体中存在的所有可选择的文化信息的单位）的过程。书中着重讨论的偏差包括：1）"从众偏差"（conformist bias），即人类个体更倾向于学习群体中更常见的文化信息；[①] 2）"回报偏差"（payoff bias），即人类个体更倾向于学习回报更高的文化信息。[②] 举例来说，我们知道打乒乓球有两种持拍方式：直板和横板。初学者该如何选择持拍方式呢？他们可以观察其他打乒乓球的人都是如何持拍的，并选择那种更流行的持拍方式；他们也可以通过观察哪种持拍方式更容易获胜，并选择赢球率更高的持拍方式。虽然这些偏差保留了平常语言中字面上的意思（如"从众""回报"），但是它们都有正式的数学定义并可用于严谨的数学模型分析。

进入 2000 年之后，很多学者开始忽略基因本身的演变（即假

---

① 罗力群（2016）将 conformist bias 翻译成"随大流偏差"，payoff bias 翻译成"报酬偏差"。约瑟夫·亨里奇的《我们成功的秘密》（*The Secret of Our Success*）中译本里"conformist transmission"被译成"顺应传播"。本文统一使用"从众偏差"（心理学中已有"从众"的概念）和"回报偏差"（"回报"往往不仅仅是金钱上的报酬）来减少可能产生的误解。

② 在博伊德和里彻森 1985 年的著作中，传播偏差被分为"直接偏差"（direct bias）、"间接偏差"（indirect bias）和"频率依赖偏差"（frequency-dependent bias）。其中，"直接偏差"和"间接偏差"在当代学界基本被"内容偏差"（content bias）和"回报偏差"（payoff bias）所取代，而大多数"频率依赖偏差"都属于"从众偏差"，因而这些术语在今天已经不太常用。

定群体中的所有个体都拥有相同的基因型）[①] 而专注于研究文化信息在群体中的传播。这些研究实际上也就变成了"文化演变"（cultural evolution）。由于"文化"是一个外延很广的标签，几乎所有的人类（广义上的）行为都可以使用文化演变的方式来研究，包括但不限于经济行为（Cordes et al.，2008）、心理倾向（Kline et al.，2018）、婚姻模式（Henrich et al.，2012）、科学技术（Boyd et al.，2013）、宗教信仰（Norenzayan et al.，2014）、巫术和占卜（Hong & Henrich，2021；Singh，2017）、民俗禁忌（Henrich & Henrich，2010）等。值得一提的是，文化演变学者认为我们通过社会学习得来的文化信息并不全是有益的，尽管社会学习的能力使我们通常能够获得有助于生存和繁衍的信息，但是由于文化信息的传播有自己独特的逻辑，我们偶尔也会获得不利于生存和繁衍的文化信息，比如亨里奇（Henrich，2016）研究的通过社会学习产生的自杀行为。这也是基因–文化共同演变（或文化演变）区分于人类行为生态学和演化心理学的重要特征之一。

（四）演化经济学

广义上来说，演化论在经济学里有两种不同的应用方式。第一种是借用演化心理学的理论来研究人类个体的经济偏好（economic preferences）。正统经济学（即新古典经济学，neoclassical economics）对于经济偏好的来源不感兴趣，而主要关注其性质以及在功效最大化（utility maximization）数学模型中的应用（Etzioni，2014）。

[①] 笔者认为，造成这种情况的原因之一是美国学界的日渐严重的左倾趋势，假定人类个体之间在心理和行为方面存在基因差异的研究常常被视作"政治不正确"（politically incorrect）。

但是，对于起源的忽略挡不住好奇者的问题：为什么人类有这样的经济偏好？此问题在我们面对与"理性人"假设相冲突的偏好的时候变得尤为棘手。一部分受演化心理学影响的经济学者便使用演化论的逻辑来为现代人类的经济偏好如风险厌恶（risk aversion）和禀赋效应（endowment effect）提供解释（Robson，2001）。

现在学界一般意义上的"演化经济学"指的是和文化演变类似，直接把达尔文演化论的核心"差异-遗传-选择"用来分析非生物个体性状演变的方法。文化进化旨在解释所有形式的人类行为，而演化经济学则主要关注与经济有关实体的演化动态。尽管在早期经济学家如弗里德里希·哈耶克（Friedrich Hayek）和米尔顿·弗里德曼（Milton Friedman）的学说中或多或少出现了演化的思想，但系统的演化经济学理论在20世纪80年代才出现。其中，理查德·纳尔逊（Richard Nelson）可以算是这种非主流经济学的领军人物，在其与西德尼·温特（Sidney Winter）的著作《经济变迁的演化理论》（*An Evolutionary Theory of Economic Change*）中，纳尔逊着重强调了应用演化论来研究市场环境下企业能力和行为的发展和变化。在纳尔逊的理论框架中，企业受利润驱动，并致力于寻找提高利润的方法，但他们的行为并不被假定为在外生给定的选择集（exogenously given choice sets）上实现利润最大化，而是利润较高的公司将利润较低的公司在市场竞争下淘汰的结果。这里我们可以清楚地看到其和生物演化的类比：生物性状差别-企业行为差别，生物性状遗传-企业行为传承，自然选择-市场淘汰。

达尔文式"差异-遗传-选择"也在最近被应用到经济学的邻近领域，如金融学（Amir et al.，2011；Evstigneev et al.，2009）。在"演化金融学"（evolutionary finance）中，选择单位由企业行为变成了投资者的投资管理策略，选择机制则由企业的优胜劣汰变成了投资者之间的相互模仿。这种强调模仿和社会学习的对金融市场投资策略的研究框架已经非常像上一节所介绍的文化演变了。在2021年刊登在《美国科学院院报》（*Proceedings of the National Academy of Sciences*）的一篇论文中，阿克恰伊和赫舒拉发（Akçay & Hirshleifer，2021）直接利用了文化演变中的模型和工具来分析金融市场中的参与者的行为，并考虑了一系列和金融有关的更广泛的文化性状，如储蓄倾向、交易策略、投资理念等。阿克恰伊和赫舒拉发将这种综合了行为金融学、演化金融学以及文化演变的理论框架称为"社会金融学"（social finance），从一个侧面也体现出了近期跨学科研究的活跃。

三、一个演化社会科学分析的具体案例：人口转型

人口转型（demographic transition）是工业革命后出现在西方世界的一个社会现象，吸引了社会学、经济学、人类学、心理学、生物学等各个领域学者的兴趣。一般来说，人口转型有两个相关的组成部分：首先，从社会整体层面来说，随着生活水平的提高和物质资源的丰富，人们的生育率却下降；其次，在个体层面，同一个社会里富有的家庭往往比贫穷的家庭生育率要更低（Mulder，1998）。概括来说，人口转型指的就是人类生育率和物质资源的关系由正相关变成负相关的过程。和许多重要的社会文化现象如战争、婚姻、宗教相比，人口转型可能看似不起眼，但是它却是演化社会科学里一个极为重要的问题。丹尼尔·瓦伊宁（Daniel Vining）将其称为使用演化理论解释人类行为的"终极问题"：根据演化论的逻辑，

人类的行为应该最大化（至少增加）其生存和繁衍的概率，为什么人们在物质条件更好的情况下繁衍率[1]却降低了（Vining，1986）？

演化科学家们没有回避这个问题。[2] 如今，"演化人口学"已经成为了一个独立的学术分支（Takada & Shefferson，2018），而人口转型是其中一个核心研究问题（Sear，2015；Sear et al.，2016）。科勒兰（Colleran，2016）指出，利用演化理论来解释人口转型总体来说有三个角度：演化心理学、人类行为生态学和文化演变。在下文中我们会详细分析这三种角度的异同，并与传统（非演化）社会科学解释进行对比。

（一）人类行为生态学：数量-质量权衡

在上文中我们提到，人类行为生态学的一个关键是强调个体行为的最优性。因此，很多看起来降低适合度（fitness）的行为实际上是增加适合度的。在人口转型的例子里，短期内降低生育率会（至少在理论上）在特定环境下增加长期适合度或谱系（lineage）的繁殖成功率（Rogers，1990）。举例来说，现代社会中婚姻和养育子女的成本的大幅度增加可以在理论上将最优生育率降到非常低的水平（Mace，1996，1998；Turke，1989）。这种理论的逻辑如下：由于现代社会中养育子女的成本非常高，养育子女的数量和子女的质量处在一种此消彼长的权衡（trade-off）之中，养育更多的子女意味着每个子女的质量（如每个子女所受教育程度、所能继承

---

[1] 在现代社会，由于医疗条件和生活水平相对于传统社会的大幅度提高，繁衍成为了决定适合度的主要因素。

[2] 事实上，人口学所研究的对象如出生、死亡、迁移等同时也是演化生物学里的关键概念，达尔文在提出其演化论的过程中也受到了英国人口学家托马斯·马尔萨斯（Thomas Malthus）的重要影响。

的财富等）更低，而这些低质量的子女在下一轮的生育竞争中会产生更少的子嗣（Kaplan，1996）。用通俗的话来说，在研究现代社会生育率的时候我们应该关注的不是子辈的数量而是孙辈的数量：高收入高社会地位的人虽然有较少的儿子和女儿，但是有更多的孙子和孙女。因此，我们所观察到的现代社会中财富和社会地位与生育率的负相关实际上也是一种增加适合度的最优行为。

不幸的是，在随后的大多数[①]实证研究之中，研究者们并没有发现支持这种理论的数据（Goodman et al.，2012；Kaplan et al.，1995；Mueller，2001）。例如，古德曼（Goodman，2012）发现：在超过14000个出生于1915—1929年的瑞典群体样本中，第一代个体的高社会经济地位虽然增加了第二代人的生育率，但是在三代以后的生育率反而是更低的。另外，人类行为生态学的这种分析还存在一些理论上的问题，例如，在研究长期适合度的时候我们应该考虑多少代人（Colleran，2016）？如何解释人类社会中家庭规模可遗传的现象（Pluzhnikov et al.，2007）？在笔者的印象中，很多人类行为生态学家已经逐渐放弃了人口转型的适应性（adaptive）理论，而转向了演化心理学和文化演变角度的解释。

（二）演化心理学：现代环境与心理机制的错配

从演化心理学的角度来讲，现代社会中生育率降低可以被认为是一种"演化错配"：在人类祖先的生活环境中，社会地位、性行为频率和子嗣数量呈强烈的正相关。我们并没有演化出关注家庭规模或繁衍的后代数量的心理机制，而是关注对性行为和社会地位的

---

① 当然，学界也有少数支持此假说的例子，如盖勒和克伦普的著述（Galor & Klemp，2014）。

追求。两百年的时间不足以让我们从基因的层面适应当今市场经济的丰富资源，而有效的避孕药具也可以切断性与生殖之间的关系。佩吕斯（Pérusse，1993）即从现代社会广泛使用的避孕措施的角度来解释后工业化社会里社会地位和生育率为何缺乏相关性（甚至呈负相关）。佩吕斯指出，在加拿大，尽管男性的社会地位和富有程度与他们的实际（actual）生育率没有相关性，但是与他们的潜在（potential）生育率呈高度正相关，即社会地位和富有程度更高的男性性行为次数更加频繁。这种"高地位+财富=高性交频率"的现象，与在许多传统社会中发现的情况非常相似，如果不是避孕措施的广泛使用，现代社会中财富地位与生育率之间也会存在实质性的正相关。

然而，这种"演化错配"的解释并不能够完全令人信服，至少不是一个完整的对于人口转型的解释。欧洲的过渡早在有效的节育技术出现之前就开始了；此外，在许多当代非洲国家，尽管避孕药具也广泛存在，但没有发生类似的人口转型（Mulder，1998）。

（三）文化演变：文化信息的传播导致生育观念转变

演化心理学和人类行为生态学一样，关注演化出的先天性状，而忽略了后天文化信息的传播在人类生育决策中的影响。文化演变则相反，通过对于文化信息传播的达尔文式建模来研究人类行为的演变。前文提到，由于文化信息的传播有其独特的逻辑，我们通过社会学习所获得的文化信息未必是增加适合度的。在解释人口转型这一谜题时，文化演变研究者一般会强调成功偏差和声望偏差（prestige bias）的作用：在现代社会里竞争激烈的市场经济中，没有孩子的人（或孩子数量少于平均数量的人）在教师、商人或政治家的职业生涯中更容易成功并获得较高的声望，从而成为群体中其他人的榜样（Boyd & Richerson，1985）。一旦少子的小家庭成为社会中的主流，高生育率甚至可能会被视为违反社会规范（social norm）并受到排斥和轻视。这种通过社会学习行为对生育率造成的影响甚至会导致基因层面的演变：笔者曾对和社会地位呈高度正相关的受教育程度（educational attainment）与生育率的关系进行演化建模，在假定受教育程度有一定的遗传基础的情况下（Lee et al.，2018），人类个体模仿高学历者的低生育率会导致受教育程度的基因成分（genetic component）[1]在短期内上升，但长期内则呈现下降趋势（Hong，2020）。

从今天来看，文化演变相对于其他两种利用演化理论来解释人口转型的方法更为成功。[2]在笔者近十年参加的关于人口转型的学术讲座里，报告者或多或少都会承认文化信息的作用。但这并不是说文化演变为人口转型提供了一个完整的最终解释：首先，我们对为什么有影响力的、引领潮流的人选择较低而不是较高的生育率，还没有一个令人满意的解释（Mulder，1998）。虽然人类个体在寻求社会经济地位和早期生育率之间需要权衡取舍，但是在人们取得足够的资源之后为何不把之前落下的生育率弥补上（甚至赶超社会经济地位较低个体的生育率）仍然是一个谜题。此外，人们如何结

---

[1] 在现代基因学中，基因对于"受教育程度"这样的复杂性状的影响可以通过"多基因分数"（polygenic score）来表示。这里的"多基因分数"是遗传学里的一个概念，代表许多不同的遗传变异对于个体表现型的预计影响，一般用和性状相关的等位基因（allele）的加权和来计算（Dudbridge，2013）。
[2] 截至2022年8月，以"cultural evolution"和"demographic transition"作为关键词的谷歌学术搜索2010—2022年的返回数量为1260次，多于"human behavioral ecology"的743次和"evolutionary psychology"的230次。

合多种不同的信息传播偏差来进行生育决策仍需要进行更多的理论和实证研究。例如，在一个群体里多数人拥有较低的社会地位和较高的生育率，为什么个体在社会学习时会更倾向于成功偏差而不是从众偏差？这些问题只有留给未来的学者来解答了。

（四）与传统社会科学的对比

上文对于人口转型的演化解释主要起到举例说明的目的，因而倾向于概括而简略，事实上，这三种学术流派中的每一种对人口转型都有多个不同的解释，而很多学者也会承认人类生育决策这样的复杂现象需要结合多种角度来分析。这些演化解读和传统社会科学的主要不同点在于，传统社会科学倾向于直接的、偏常识的成本效益解释。人口学家诺特斯坦（Notestein，1952）在对于人口转型的经典阐述中，明确指出：在人类社会现代化的过程中，人类个体需要学习新的技能来应对新的机遇和挑战，在这种大环境下教育就变得尤为重要。因此，养育儿童的成本增加了，而儿童们直接的经济贡献（如童工）则下降了。同时，死亡率的下降导致父母不需要生育像从前那么多的孩子。经济学家加里·贝克尔（Gary Becker）将这种语言逻辑（verbal logic）转化成了完整的经济学式的功效最大化模型：一对夫妻从他们自己的消费、其存活子女的数量以及质量[①]中获得功效。孩子们被视为一种耐用消费品（consumer du-

---

[①] 这里的"质量"是一个经济学专业术语，贝克尔在其1960年的论文中将其定义为花费在孩子身上的金钱、时间、精力等。例如，为孩子提供额外的卧室，送他们去私立学校读书，带他们去参加舞蹈和音乐补习班，等等。简言之，"更高质量的孩子"在贝克尔的理论框架等于"更昂贵的孩子"。虽然一般来说富养的孩子更容易成材，但是孩子未来的人生结果和贝克尔的理论没有直接关系。换句话说，即便穷养的孩子后来成材了，在贝克尔的分析中这些孩子也属于"低质量"，因为其父母在养育他们的时候没有花费太多。学界对这一点常常有误解，如李宏彬等的著述（Li et al.，2008）。

rable)，因为他们在较长时间内给父母带来了心理上的满足（Becker，1960）。在这种功效最大化的模型中，我们不难找到个体最优解为低生育率的情况。但是从演化论的角度来看，需要解释的恰恰是人类个体为什么会有这样的功效模型，因为如果假定功效模型是可以遗传的"策略"，根据演化论的逻辑，那些导致低生育率的功效模型在自然选择的过程中会被淘汰。

　　演化科学家们喜欢刨根问底式的解释，即人口转型背后所体现的人类个体生育行为属于什么形式的自然选择的结果。对于人类行为生态学和演化心理学来说，关注的焦点在于和生育决策直接相关的、先天的行为策略和心理机制；对于文化演变来说，关注的焦点在于社会学习的机制（人类个体如何从其他个体获取信息以及我们为什么会演化出这些获取信息的方式）和文化信息本身的传播属性（哪些信息在文化层面的自然选择中更占优势）。这并不是说在演化社会科学"差异–遗传–选择"的框架中没有理性的存在空间。实际上，我们能够注意到贝克尔对于人口转型中个人生育决策的经济学分析与人类行为生态学有着惊人的类似：两者都依赖于一种最大化分析。[1]经济学中个体被假定致力于最大化"功效"，功效函数中的偏好被假定为给定的（传统经济学家对于偏好的起源不感兴趣），而人类行为生态学中个体被假定致力于最大化"适合度"，即长期的生存繁衍成功率。个体在最大化适合度的过程中完全可以做出一些从经济学角度来看非常理性的选择，但是人类行为生态学要求最终的解释落在后代子嗣的长期数量上，而不是在概念上有些难以捉摸的"功效"。简单来说，在这个意义上，传统社会科学利用常识

---

[1] 事实上，人类行为生态学和经济学常常使用完全相同的术语"数量–质量权衡"来描述人类的生育决策，只不过"质量"的含义有所不同。

来建立语言逻辑或数学模型，而演化社会科学则尝试为这些常识提供达尔文自然选择式的解释，[①] 即性状在其演化历史上的选择优势。因此，和传统社会科学的因果推断相比，演化社会科学往往能够提供一种更深层次的"为什么"，从而加深我们对于人类个体行为以及社会现象的理解。

四、演化社会科学——现代社会科学中的聚合力？

著名演化生物学家西奥多修斯·杜布赞斯基（Theodosius Dobzhansky）曾如此描述演化论在生物学中的核心地位："如果不从演化的角度来看，生物学的一切都无从理解。"（Dobzhansky，1973）在理解达尔文演化论对于学界深远影响的时候我们应该注意到，自然界中生物对于环境的精巧适应直到19世纪还被普遍地解释为上帝的创造，而演化论则为造物主看起来有意的"设计"提供了一种自然的解释。因此，演化论早期的意义在于"破"，即用一种易于理解的、个体在群体中一代代变化的机制来说明，生物性状与其环境的匹配[②]并不需要一个全知全能的设计者。在随后的学术发展中，人类行为生态学和演化心理学直接借鉴了演化论的基本逻辑，用来解释人类行为和心理中由基因所遗传的那部分生物基础。

但是，我们在前文已经提到，演化论的逻辑并不局限于通过生物遗传的基因的性状。自然选择机制适用于所有满足"差异-遗传-

---

① 在生物学中，这种依赖于演化功能（function）的解释被称为"远因"（ultimate），和直接解释因果关系的"近因"（proximate）相对应。

② 诚然，人类个体的很多心理和行为性状确实可以被理解为自然选择的结果，然而，人类个体在社会群体中复杂的行为并不仅仅是各种各样的"适应"。这种过分依赖于适应性解释的学术倾向早在社会生物学争论的初期就被指出（Gould & Vrba，1982）。

选择"变化规律的实体（Campbell，1960）。今天，我们听到的"普适达尔文主义"（Universal Darwinism）指的就是将演化论的应用扩展到其他非生物的领域，如语言（Castro et al.，2004）、宗教（Norenzayan et al.，2014）、技术（Mesoudi & O'Brien，2008）、知识（Hull，2015）、艺术（Ashlock，2008）、伦理（Wilson，2007），甚至计算机算法（Xue et al.，2016）。我们可以注意到，这些领域大多属于广义上的"文化"的范畴，因而可以进行文化演变式的分析。需要注意的是，这种分析并不是完全忽略人类个体决策中的目的性和有意识的、深思熟虑的决策，[①] 而是强调人类个体在做决策的时候往往存在相当大的结果不确定性，而且影响决策的因素往往是自然选择的结果（Nelson，2007）。例如，在20世纪30年代飞机设计者尝试改进轮子和机身或机翼的接合技术以提高速度时，他们在当时的知识水平下已经想到了几种不同的方案。但是正如温琴蒂（Vincenti，1994）所指出的那样，设计师们在做出选择的时候多少是有些盲目的。这并不是说他们对于飞机整体的构造设计以及机轮接合技术一无所知；温琴蒂的主张是，虽然专业知识和对目标的理解极大地集中了解决问题的努力，但是各种设计方案所达到的最终结果仍然存在许多不同的可能性，设计师们自己也不确定哪种方案会被实践所证明是最好的，从而为自然选择提供了空间。类似地，阿克恰伊和赫舒拉发（Akçay & Hirshleifer，2021）提出的"社会金融学"并不否认人类个体在决策中的主动的思考和谋划，而是意图将经典金融学中的信念和偏好描述成文化信息被动传播和主动思维共同作用的结果。

---

① 实际上，人类决策的"前瞻性"（foresight）与达尔文演化论没有根本上的冲突，参见梅苏迪的著述（Mesoudi，2008）。

　　由于人类个体的心理和行为在很大程度上受到群体中同类的影响，而人类社会又是由许多个体组成，因此完整的社会科学必须考虑个体间社会学习的情况。以文化演变为首的演化方法则为研究社会学习的机制和群体层面的结果提供了一个强有力的工具。今天，广义上的文化演变已经成为了社会科学中的万金油，并通过大量借鉴群体遗传学（population genetics）和演化动力学（evolutionary dynamics）中的数学工具以及心理学、人类学、经济学中的实证方法，为很多旧问题带来了新的研究角度和解决方案。笔者认为，演化论在社会科学中所能起到的"聚合力"就在于此。人类社会中的复杂现象往往难以被归结为单个基因或者模块式心理机制的作用，但是只要其中存在文化实体的遗传（包括文化信息的传播），我们便可以利用演化论的逻辑来帮助理解这些现象的起源、发展和变化。从这个角度来说，演化论对于社会科学的作用类似于数学对于自然科学的作用；也许对于大多数社科学者来说，所需要的并不是一种严格意义上的独立的"演化社会科学"，而是"带一点演化解释的社会科学"。

　　在当今学界，演化论在社会科学中的应用方兴未艾。不仅各种社科的主流期刊普遍地接受使用演化方法的研究，演化社会科学的论文也频繁发表在知名综合性期刊如 *Nature* 和 *Science* 上。[①]专业学术组织如"人类行为和演化论学会"（Human Behavior & Evolution Society）自1989年起已经连续举办了超过三十届年会，并吸引了心理学、人类学、经济学、语言学、生物学、哲学等各路学者的积极参与。其官方期刊《演化与人类行为》（*Evolution and Human Behav-*

----

① 一些近期的例子参见普兹基等（Purzycki et al.，2016）和汤普森等（Thompson et al.，2022）的著述。

ior）更是行为科学中极具影响力的学术刊物。① 在2017年，文化演变学者们也创立了自己的专业组织"文化演变学会"（Cultural Evolution Society），并于2017、2018、2021、2022年成功举办了年会。需要指出，文化演变学会的学术目标范围超越了一般意义上的社会科学：凡是具有文化信息传播属性的实体即可被作为研究对象，因而文化演变的年会每次必有一个动物文化行为专题（如黑猩猩向同类学习使用竹棍捕捉白蚁、鸟类个体相互学习鸣叫模式等）。事实上，近二十年来（2001—2021年）以"文化演变"作为研究方法的学术文章确实出现了突飞猛进的增长。根据谷歌学术的统计，从2001年到2021年以"文化演变"作为关键词的期刊论文发表增加了近四倍（由4060增加到15300）。② 英国皇家学会的旗舰刊物《自然科学会报》（*Philosophical Transactions of the Royal Society*）也在2021年推出了专题"文化演变的基础"（Foundations of Cultural Evolution）。目前看来，文化演变（至少在研究方法上）确实有望起到一种"聚合"的作用，并和直接应用于基因层面的、用自然选择来解释人类行为的生物性的学派（如演化心理学）共同为当代社会科学研究加入一点"演化"的味道。

五、结语

社会科学是研究人和人类群体的科学，而人作为百万年来演化出的动物，必然和所有其他生物一样，在生理、心理和行为上体现

---

① 2021年影响因子5.327，在中国科学院分区中为（大类）心理学2区Top，在（小类）行为科学、心理学：生物，以及社会科学：生物医学均为1区。
② 相比之下，以"社会学""心理学""人类学""经济学"这些学科名称作为关键词的期刊论文发表却都出现了明显的下降。

着演化的痕迹。此外，人类社会学习的能力又使文化实体可以用演化的"差异–遗传–选择"逻辑来分析，从而为理解复杂的人类文化现象提供了一个有力的工具。在演化方法在当代各个学科中蓬勃发展的大背景下，演化社会科学作为一种有希望聚合各学科的研究手段大有可为。

参考文献

罗力群，2016，《进化社会科学导论》，北京：社会科学文献出版社。

蒋湘岳，2008，《爱德华·威尔逊社会生物学思想研究》，华中师范大学硕士论文。

Akçay, Erol & David Hirshleifer 2021, "Social finance as cultural evolution, transmission bias, and market dynamics." *Proceedings of the National Academy of Sciences of the United States of America* 118(26).

Allen, Garland E. 1986, "The eugenics record office at Cold Spring Harbor, 1910–1940: an essay in institutional history." *Osiris* 2.

Amir, Rabah, Igor V. Evstigneev, Thorsten Hens & Le Xu 2011, "Evolutionary finance and dynamic games." *Mathematics and Financial Economics* 5.

Apicella, Coren L. & H. Clark Barrett 2016, "Cross-cultural evolutionary psychology." *Current Opinion in Psychology* 7.

Ashlock, Dan 2008, "The Art of Artificial Evolution: A Handbook on Evolutionary Art and Music." *Journal of Mathematics and the Arts* 2(2).

Barrett, Louise, Thomas V. Pollet & Gert Stulp 2014, "From computers to cultivation: Reconceptualizing evolutionary psychology." *Frontiers in Psychology* 5.

Becker, Gary S. 1960, "An economic analysis of fertility. Demographic and economic change in developed countries." In *NBER conference series*, 11:209 - 231. Princeton, NJ: Princeton University Press.

Borgerhoff Mulder, Monique 1998, "The demographic transition: Are we any closer to an evolutionary explanation?" *Trends in Ecology and Evolution* 13(7).

Boyd, Robert & Peter Richerson 1985, "*Culture and the evolutionary process.*" Chicago: University of Chicago Press.

Boyd, Robert, Peter Richerson & Joseph Henrich 2013, "The cultural evolution of technology: Facts and theories." In P. J. Richerson & M. H. *Christiansen (eds)*, *Cultural Evolution: Society, Language, and Religion*. Cambridge: MIT Press.

Buss, David M. 1996, "Paternity uncertainty and the complex repertoire of human mating strategies." *American Psychologist* 51(2).

Campbell, Donald T. 1960, "Blind variation and selective retentions in creative thought as in other knowledge processes." *Psychological Review* 67(6).

Carr, Richard & Bradley W. Hart 2012, "Old Etonians, Great War demographics and the interpretations of British eugenics, c. 1914−1939." *First World War Studies* 3.

Castro, Laureano, Alfonso Medina & Miguel A. Toro 2004, "Hominid cultural transmission and the evolution of language." *Biology and Philosophy* 19.

Colleran, Heidi 2016, "The cultural evolution of fertility decline." *Philosophical Transactions of the Royal Society B: Biological Sciences* 371(1692).

Cordes, Christian, Peter J. Richerson, Richard McElreath & Pontus Strimling 2008, "A naturalistic approach to the theory of the firm: The role of cooperation and cultural evolution." *Journal of Economic Behavior and Organization* 68.

Cosmides, Leda & John Tooby 1992, "Cognitive adaptations for social exchange." In Jerome H. Barkow, Leda Cosmides & John Tooby (eds.), *The Adapted Mind: Evolutionary Psychology and the Generation of Culture*. Oxford: Oxford University Press.

Creanza, Nicole, Oren Kolodny & Marcus W. Feldman 2017, "Cultural evolutionary theory: How culture evolves and why it matters." *Proceedings of the National Academy of Sciences of the United States of America* 114(30).

Dobzhansky, Theodosius 1973, "Nothing in Biology Makes Sense Except in the Light of Evolution." *American Biology Teacher* 35.

Driscoll, Catherine 2022, "Sociobiology." In Edward N. Zalta (ed.), *The Stanford Encyclopedia of Philosophy*. Metaphysics Research Lab, Stanford University.

Dudbridge, Frank 2013, "Power and Predictive Accuracy of Polygenic Risk Scores." *PLoS Genetics* 9(3).

Etzioni, Amitai 2014, "Crossing the Rubicon: Including preference formation in theories of choice behavior." *Challenge* 57.

Evstigneev, Igor V, Thorsten Hens & Klaus Reiner Schenk−Hoppé 2009, "Evolutionary finance." In Thorsten Hens & Klaus Reiner Schenk−Hoppé (eds.), *Handbook of Financial Markets: Dynamics and Evolution.* Amsterdam: Elsevier.

Fiorito Luca 2019, "Social stratification, hereditarianism, and eugenics. A Harvard tale ☆." In Luca Fiorito, Scott Scheall & Carlos Eduardo Suprinyak (eds.), *Including a Symposium on Robert Heilbroner at 100.* Leeds: Emerald Publishing Limited.

Galor, Oded & Marc Klemp 2014, *The biocultural origins of human capital formation.* Cambridge, MA: National Bureau of Economic Research.

Gillham, Nicholas W. 2001, "Sir Francis Galton and the birth of eugenics." *Annual Review of Genetics* 35.

Goodman, Anna, Ilona Koupil & David W. Lawson 2012, "Low fertility increases descendant socioeconomic position but reduces long-term fitness in a modern post-industrial society." *Proceedings of the Royal Society B: Biological Sciences* 279 (1746).

Gould, Stephen Jay 1996, *The Mismeasure of Man.* New York: W. W. Norton & Company.

Gould, Stephen Jay & Elisabeth S. Vrba 1982, "Exaptation—a Missing Term in the Science of Form." *Paleobiology* 8(1).

Hagen, Edward H. 2015, "Controversial issues in evolutionary psychology." In David M. Buss (ed.), *The Handbook of Evolutionary Psychology.* Wiley Online Library.

Henrich, Joseph 2016, *The secret of our success: How culture is driving human evolution, domesticating our species, and making us smarter.* Princeton: Princeton University Press.

Henrich, Joseph, Robert Boyd & Peter J. Richerson 2012, "The puzzle of monogamous marriage." *Philosophical Transactions of the Royal Society B: Biological Sciences* 367(1589).

Henrich, Joseph & Natalie Henrich 2010, "The evolution of cultural adaptations: Fijian food taboos protect against dangerous marine toxins." *Proceedings of the Royal Society B: Biological Sciences* 277(1701).

Hodgson, Geoffrey M. 2019, *Is there a future for heterodox economics? Institutions, ideology and a scientific community.* Cheltenham, UK; Northampton, MA, USA: Edward Elgar Publishing.

Hong, Ze 2020, "Modelling the on-going natural selection of educational attainment in contemporary societies." *Journal of Theoretical Biology* 493.

Hong, Ze & Joseph Henrich 2021, "The cultural evolution of epistemic practices."

Human Nature 32.

Hull, David L. 2015, "Evolutionary epistemology." In James D. Wright (ed.), *International Encyclopedia of the Social & Behavioral Sciences*. Amsterdam: Elsevier.

Hume, David 2003, A treatise of human nature. Chelmsford: Courier Corporation.

Kaplan, Hillard 1996, "A theory of fertility and parental investment in traditional and modern human societies." *American Journal of Physical Anthropology* 101 (S23).

Kaplan, Hillard S, Jane B Lancaster, John A Bock & Sara E Johnson 1995, "Fertility and fitness among Albuquerque men: a competitive labour market theory." In R. I. M. Dunbar (ed.), *Human Reproductive Decisions*. London: Macmillan Education UK.

Kline, Michelle Ann, Rubeena Shamsudheen & Tanya Broesch 2018, "Variation is the universal: Making cultural evolution work in developmental psychology." *Philosophical Transactions of the Royal Society B: Biological Sciences* 373(1743).

Lee, James J., Robbee Wedow, Aysu Okbay, Edward Kong, Omeed Maghzian, Meghan Zacher, Tuan Anh Nguyen-Viet, et al. 2018, "Gene discovery and polygenic prediction from a genome-wide association study of educational attainment in 1.1 million individuals." *Nature Genetics* 50.

Lewontin, R. C. 1980, "Sociobiology: another biological determinism." *International Journal of Social Determinants of Health and Health Services* 10(3).

Li, Hongbin, Junsen Zhang & Yi Zhu 2008, "The quantity-quality trade-off of children in a developing country: Identification using Chinese twins." *Demography* 45(1).

Lieberman, Debra, John Tooby & Leda Cosmides 2007, "The architecture of human kin detection." *Nature* 445.

Mace, Ruth 1996, "Biased parental investment and reproductive success in Gabbra pastoralists." *Behavioral Ecology and Sociobiology 38*.

——1998, "The coevolution of human fertility and wealth inheritance strategies." *Philosophical Transactions of the Royal Society B: Biological Sciences* 353(1367).

Mandeville, Bernard 1989/1806, *The fable of the bees; or, private vices, public benefits*. London: Penguin Books.

Mesoudi, Alex 2008, "Foresight in cultural evolution." *Biology and Philosophy* 23.

Mesoudi, Alex & Michael J. O'Brien 2008, "The cultural transmission of great basin projectile-point technology Ⅱ: An agent-based computer simulation." *American*

Antiquity 73(4).

Mitchell, Duncan & J. D. Y. Peel 1973, "Herbert Spencer on Social Evolution." *The British Journal of Sociology* 24(3).

Morgan, Lewis Henry 2019, Ancient society: *Or, researches in the lines of human progress from savagery, through barbarism to civilization.* Good Press.

Mueller, U. 2001, "Is there a stabilizing selection around average fertility in modern human populations?" *Population and Development Review* 27(3).

Mulder, Monique Borgerhoff 2013, "Human behavioral ecology—necessary but not sufficient for the evolutionary analysis of human behavior." *Behavioral Ecology* 24(5).

Nelson, Richard R. 2007, "Universal Darwinism and evolutionary social science." *Biology and Philosophy* 22.

Norenzayan, Ara, Azim F. Shariff, Will M. Gervais, Aiyana K. Willard, Rita A. McNamara, Edward Slingerland & Joseph Henrich 2014, "The cultural evolution of prosocial religions." *Behavioral and Brain Sciences* 39.

Notestein, Frank Wallace 1952, *Economic problems of population change.* Oxford: Oxford University Press.

Pérusse, Daniel 1993, "Cultural and reproductive success in industrial societies: Testing the relationship at the proximate and ultimate levels." *Behavioral and Brain Sciences* 16(2).

Pluzhnikov, Anna, Daniel K. Nolan, Zhiqiang Tan, Mary Sara McPeek & Carole Ober 2007, Correlation of intergenerational family sizes suggests a genetic component of reproductive fitness. *American Journal of Human Genetics* 81(1).

Purzycki, Benjamin Grant, Coren Apicella, Quentin D. Atkinson, Emma Cohen, Rita Anne McNamara, Aiyana K. Willard, Dimitris Xygalatas, Ara Norenzayan & Joseph Henrich 2016, "Moralistic gods, supernatural punishment and the expansion of human sociality." *Nature* 530.

Richerson, Peter J. & Robert Boyd 2005, *Not by genes alone: how culture transformed human evolution.* Chicago: University of Chicago Press.

Robson, Arthur J. 2001, "The biological basis of economic behavior." *Journal of Economic Literature* 39(1).

Rogers, Alan R. 1990, "Evolutionary economics of human reproduction." *Ethology and Sociobiology* 11(6).

Rubin, Hannah 2016, "The phenotypic gambit: selective pressures and ESS methodology in evolutionary game theory." *Biology and Philosophy* 31.

Sahlins, Marshall David 1976, *The use and abuse of biology: An anthropological critique of sociobiology*. Michigan: University of Michigan Press.

Sear, Rebecca 2015, "Evolutionary Demography: A Darwinian Renaissance in Demography." In James D. Wright (ed.), *International Encyclopedia of the Social & Behavioral Sciences*. Amsterdam: Elsevier.

——2021, "Demography and the rise, apparent fall, and resurgence of eugenics." *Population Studies* 75(sup1).

Sear, Rebecca, David W. Lawson, Hillard Kaplan & Mary K. Shenk 2016, "Understanding variation in human fertility: What can we learn from evolutionary demography?" *Philosophical Transactions of the Royal Society B: Biological Sciences* 371 (1692).

Servedio, Maria R., Yaniv Brandvain, Sumit Dhole, Courtney L. Fitzpatrick, Emma E. Goldberg, Caitlin A. Stern, Jeremy Van Cleve & D. Justin Yeh 2014, "Not Just a Theory—The Utility of Mathematical Models in Evolutionary Biology." *PLoS Biology* 12(12).

Singh, Manvir 2017, "The cultural evolution of shamanism." *Behavioral and Brain Sciences* 41.

Sloan, Phillip 2019, "Evolutionary Thought Before Darwin." In Edward N. Zalta (ed.), *The Stanford Encyclopedia of Philosophy*. Metaphysics Research Lab, Stanford University.

Smith, Eric A., Monique Borgerhoff Mulder & Kim Hill 2001, "Controversies in the evolutionary social sciences: A guide for the perplexed." *Trends in Ecology and Evolution* 16(3).

Soloway, Richard A. 2014, *Demography and degeneration: Eugenics and the declining birthrate in twentieth-century Britain*. Chapel Hill: UNC Press.

Takada, Takenori & Richard Shefferson 2018, "The long and winding road of evolutionary demography: preface." *Population Ecology* 60(1-2).

Thompson, B., B. van Opheusden, T. Sumers & T. L. Griffiths 2022, "Complex cognitive algorithms preserved by selective social learning in experimental populations." *Science* 376(6588).

Tooby, John & Leda Cosmides 1996, "Friendship and the banker's paradox: Other pathways to the evolution of adaptations for altruism." In W. G. Runciman, J. M. Smith & R. I. M. Dunbar (eds.), *Evolution of social behaviour patterns in primates and man.* Oxford: Oxford University Press.

Turda, Marius 2009, "The Biology of War: Eugenics in Hungary, 1914‑1918." *Austrian History Yearbook* 40.

Turke, P. W. 1989, "Evolution and the demand for children." *Population & Development Review* 15(1).

Tylor, Edward Burnett 2010/1871, *Primitive culture: researches into the development of mythology, philosophy, religion, art, and custom Vol. 2.* Cambridge: Cambridge University Press.

Vincenti, Walter G. 1994, "The retractable airplane landing gear and the Northrop 'anomaly': Variation–selection and the shaping of technology." *Technology and culture* 35(1).

Vining, Daniel R. 1986, "Social versus reproductive success: The central theoretical problem of human sociobiology." Behavioral and Brain Sciences 9(1).

Vlerick, Michael 2021, "Explaining human altruism." *Synthese* 199.

Weikart, Richard 2009, "Was Darwin or Spencer the father of laissez–faire social Darwinism?" *Journal of Economic Behavior and Organization* 71(1).

Wilson, Catherine 2007, "Evolutionary Ethics." In Mohan Matthen & Christopher Stephens (eds.), *Philosophy of Biology.* Amsterdam: North–Holland.

Xue, Bing, Mengjie Zhang, Will N. Browne & Xin Yao 2016, "A Survey on Evolutionary Computation Approaches to Feature Selection." *IEEE Transactions on Evolutionary Computation* 20(4).

《社会研究方法评论》征稿启事

《社会研究方法评论》是以集刊方式创办的专业学术交流出版物，由中国社会科学院社会学研究所社会调查与数据处理研究中心负责编辑，每年2~4期，并委托重庆大学出版社出版。目前，刊物开设"论文""方法评论""调查报告""田野与课堂""铸器坊""新知与书评"等栏目，热诚欢迎国内外学者投稿。投稿注意事项如下：

1. 《社会研究方法评论》（srmr@cass.org.cn）为本刊唯一投稿渠道，不接受邮寄纸质投稿。

2. 本刊刊登以社会研究方法为主题的各类学术论文和研究述评等，不刊登国内外已公开发表的文章（含电子网络版）。学术论文以15000～20000字为宜，其余稿件以3000～30000字为宜。

3. 稿件第一页应包括以下信息：（1）文章标题；（2）作者姓名、身份证号码、单位、联系电话、通信地址、E-mail等。

4. 稿件第二页应包括以下信息：（1）文章标题；（2）中文提要（不超过200字）；（3）3～5个中文关键词；（4）文章的英文标题、作者姓名的汉语拼音（或英文）；（5）英文提要（不超过200个单词）。

5. 投稿文责一律自负，凡采用他人成说务必加注说明。在引文后加括号注明作者、出版年份及页码，详细文献出处作为参考文献列于文后，以作者、出版年份、书名（或文章名）、译者、出版地点、出版单位（或期刊名）排序。文献按作者姓氏的第一个字母依A—Z顺序分中、外文两部分排列，中文文献在前，外文文献在后，外文文献中的书名及期刊名用斜体，论文题目写入""内。作者本人的说明性文字均采用当页脚注。

6. 文章正文的文内标题、表格、图、公式以及脚注应分别连续编号。一级标题用编号一、二、三……二级标题用（一）、（二）、（三）……三级标题用1.、2.、3.……四级标题用（1）、（2）、（3）……一级标题居中，二级标题左对齐，三级标题左缩进两格。

7. 每张表格、图均应达到出版印制要求，并置于文中恰当位置。

8. 本刊取舍稿件唯以学术为标尺，实行匿名评审稿件制度，未来将实行三审定稿制。

9. 文章一经发表，版权及著作使用权即归中国社会科学研究院社会学研究所社会调查与数据处理研究中心。凡涉及国内外版权及著作使用权问题，均遵照《中华人民共和国著作权法》及有关国际法规执行。本刊刊登的所有文章如需转载或翻译，须经社会调查与数据处理中心书面授权。

10. 本刊刊登的所有文章的网络版版权及著作使用权归社会调查与数据处理中心所有。

11. 请勿一稿数投。投稿3个月未收到刊用通知者请自行处理。来稿一经采用，即奉稿酬和当期刊物电子版。

12. 本刊热诚欢迎国内外学者将已刊行或出版的学术论文或专著赠予本刊编辑部，亦热诚欢迎国内外学者或机构将社会方法研究领域的重要学术信息及时通报给我们，以期将《社会方法研究评论》建设成学术交流的平台。

13. 本刊不收取任何版面费，如发现违规行为可拨打举报电话：010-85195567。